◆ お詫びと訂正 ◆

『児童相談所一時保護所の子どもと支援【第2版】』

本文中に掲載の図表の記述に誤りがございました。読者の皆さまには謹んでお詫び申し上げるとともに、次の通り訂正させていただきます。

34頁　表1-2 特別区と中核市の児童相談所開設年

［誤］　令和3年4月開設の「港区児童相談所」の記載が抜けていた。

［正］　「港区児童相談所」の記載を追加。

表 1-2　特別区と中核市の児童相談所開設年　　　　　　　　　　　　　　［正］

開設年	特別区	開設年	中核市
令和2年4月	世田谷区児童相談所	平成18年	金沢市
令和2年4月	江戸川区児童相談所	平成18年	横須賀市
令和2年7月	荒川区子ども家庭総合センター	平成31年	明石市
令和3年4月	港区児童相談所	令和4年	奈良市
令和4年4月	中野区児童相談所		
令和4年7月	板橋区子ども家庭総合支援センター		
令和5年2月	豊島区児童相談所		
令和5年10月	葛飾区児童相談所		
令和6年度	品川区児童相談所		
令和7年度	文京区児童相談所		
令和8年度	杉並区児童相談所 北区児童相談所 上記以外にも児童相談所の設置を検討している。		

ISBN 978-4-7503-5651-8

児童相談所
一時保護所の子どもと支援

ガイドライン・第三者評価・権利擁護など
多様な視点から子どもを守る

第2版

和田一郎／鈴木 勲
［編著］

明石書店

はじめに

　前書である『児童相談所一時保護所の子どもと支援──子どもへのケアから行政評価まで』(明石書店、2016年) は、数多くの方からフィードバックがあった。その主な読者層は、筆者が想定した一時保護所職員に限らず、社会福祉を学ぶ学生、児童福祉に関心を有する施政者、そして現在措置中の子どもたちと多様であった。同書の発行から5年以上が経過し、一時保護所に対する注目の高まりにより、保護所を取り巻く環境はドラスティックに変化している。例えば、保護所における職員の配置基準等は大幅に向上される見込みであり、本書ではこれら数値の変化を羅列するのではなく、保護所の運用に関して新たに追加された議論や実装例をまとめた。

　一時保護所は「子どもたちを守る最後の砦」と言われている。ダイバーシティの時代であるにもかかわらず、いまだに伝統的な家族規範は一般家庭に残り、そればかりかその名を「家庭的養護」という名に変え、児童養護施設や里親等の保護の現場に影響を及ぼしている。その一方で、やむをえず家族から引き離され、一時保護所に保護しなければならない子どもたちがいる。

　児童相談所に寄せられる相談数から推察すると、一時保護所に保護される子どもの状況は、例えて言えば「正規分布の99.7%に相当する3 σ の範囲の外」と表現できる。この0.3%の世界は、「アンナ・カレーニナの法則」とも重なる。トルストイの著作に由来するこの法則は、作品中の言葉「すべての幸せな家庭は似ている。不幸な家庭は、それぞれ異なる理由で不幸である」から転じ、失敗原因の多様性を示唆している。そこは0.3%という少数でありながら、多様で離散的なデータで構成される世界だ。すなわち、一時保護所に保護されるのは、標準モデル化が難しく、多様な課題に直面してい

る家庭の子どもたちなのだ。そこが「最後の砦」とされるゆえんである。

　ところがいま、子ども家庭福祉領域はそれにふさわしい状況ではない。従事者の専門性は軽視され、子どもたちの処遇も「民間団体に丸投げ」されていると言えるほどだ。「3σの外」にある子どもたちの生育環境と本人の特性は多様であるにもかかわらず、現場のリソースは限られ、そこで働く職員は試行錯誤を強いられる厳しい状態だ。

　一時保護所をめぐる最近のトレンドとして、「第三者評価」の導入や「子どもアドボカシー」があげられる。

　「第三者評価」の導入で、3年ごとに定期的に業務品質の評価が行われることとなり、長年の課題であった全国にある児童相談所の業務フロー標準化や、業務品質の目線合わせの基盤となる仕組みが構築された。先行的に実施した結果のレビューを通じて、一時保護所が直面する多くの課題が見え、それらが制度／予算／人員配置によって解決できることも明らかとなった。この結果は、一時保護所を含む児童相談所、そして児童虐待防止に関わる課題の多くが、行政の現場からのボトムアップではなく、政治・政策からのトップダウンにより解決可能であることを示している。

　「子どもアドボカシー」は意見表明支援にフォーカスがあてられているが、このたび創設された制度は、児童福祉の専門性が軽視されていると言わざるをえない。制度では、その担い手の養成に数十時間の研修が課せられているのみだ。ところが、苦境の中から保護され、家族関係に多様な課題を有し、虐待の影響を含む多様な発達課題を有する子どもに対峙するために必要な援助技術は、未だ確立していないのだ。それなのに特段の訓練を受けず、数十時間の研修を経ただけの者が「アドボカシー支援員」（意見表明支援員）を名乗り、一時保護所や措置決定の場面に参画することになる。はたしてこれで良いのか。一時保護所がこれまで蓄積してきた行動観察等の援助技術がここでは軽視され、そればかりか、児童福祉法第2条にある「国及び地方公共団体は、児童の保護者とともに、児童を心身ともに健やかに育成する責任を負う」という理念とも相容れないのではないのか。さらに言えば、アドボカシー支援員が措置決定等に介入して代弁行為を行うことは、法的な代理人の

資格を定めた弁護士法第72条にも明確に反すると、筆者は考える。

　本書はこれらの児童福祉の最近のトレンドから独立し、一時保護所をめぐる最新の議論と実践について解説する。その範囲は、一時保護の設立経緯や歴史的経緯、ガイドライン、子どもの視点からの環境、第三者評価、職員研修、シェルター、新規保護所の設置、各自治体の実践など、多岐にわたる。

　そのボリュームの中、本書ではあえて、初めて一時保護所を利用したユーザーの声に一章を割いた。「当事者の声」は貴重である。しかし一方で、スピークアウトする際の心理的安全性には十分配慮する必要がある。カウンセリング等の枠内で語るのとは、事情が異なるからだ。「語り」を賞賛されて承認欲求が満たされると、「当事者であること」からの解放は困難になる。ある当事者は、実名を明かし顔を出して出自を語ることにした。そうなると、講演回数を競うようになり、聞き手の関心を引くために「語り」の内容が過激になってゆくのである。そんな例がしばしば見られるのだ。

　筆者は日本子ども家庭総合研究所の最後の主任研究員として勤務した。そこでの一時保護所研究が、研究者としての第一歩であった。同研究所には、社会的養護当事者や経験者が日々集まり、ともに議論を行った。当時議論に積極的に参加した当事者がいたが、その中にはメンタルに不調をきたす者も現れた。そしてそんな状況でも、周囲の支援者や研究者は、十分にサポートできなかった。筆者はその反省を踏まえ、以降は議論に参加する当事者に、次の3点を守ってほしいと語りかけるようになった。

・まずは安定したポジションにつく。
・20代はとにかく仕事／勉強に励み、安定したポジションを得るまでは実名で活動しない。
・ネットに書き込むときには、未来の自分やパートナー、子どものことまで考える。

である。

　その後、当時の参加者は会社員、弁護士、医師、看護師、児童相談所職員、大学の研究者など多様な職業に就き、中には日本子ども虐待防止学会で再会

する者もいる。いずれも当事者性にこだわらず、市井の人として活躍されているのは喜ばしい。

　最終章を担当した山本剛さんは、児童養護施設退所者であり、SNSでの交流を通じて今回執筆を依頼した。山本さんには、企業研究者としての立場から組織マネジメントと品質管理の目線で一時保護所に対する提言をまとめていただいた。

　こども家庭庁が発足し、施策に対するこども・子育て当事者等の意見の反映という基本理念のもと、こども政策推進会議には社会的養護の当事者が多く参画している。出自を公開し、当事者性に頼った発言を繰り返していると"当事者であることが専門家である"と錯覚してしまう場合も多い。一方、20～30代の大切な時期、自分の幸せのために仕事や勉強をして自己実現をするモデルケースもあるが、それはなかなか表に出ない。それは当事者性からの卒業を意味するからである。山本さんこそはそのモデルケースであり、さらにご自身の専門性を活かして当事者のための支援制度の創設にも尽力されてきた方である。「当事者の声」を発する一つの姿として、読者にもぜひ知っていただきたい。

　これまでの児童福祉は、研究をしない研究者に甘く、地方行政にも甘く、国にも甘く、全方位的にガバナンスが機能しない状況を放置し、現場の職員と何より苦境にある家族と子どもたちに多大な負担を生じさせた。これから社会変革のスピードが加速する中、研究者と政治と行政が、現場と子どもたちをバックアップしてよりよい社会にするよう、これからも研究を通じて支援したい。そして本書を足がかりにして、共著者である鈴木勲先生など、数少ない本領域の研究者がよりよい一時保護所のあり方を追求してくれることを期待している。

和田一郎

目次

II
環境・評価・研修

第6章
職員研修の制度検討

III
現場からの声

第**9**章
自治体の新たな取り組み

IV
これからの一時保護所に向けて

第10章
改革には何が必要なのか　240

第11章
子どもたちにとってより良い一時保護所とは　259

＊本書の略語について
　本文中に頻出する語を、おおむね以下のように略記する（見出し等を除く）。

　児童相談所　→　児相
　一時保護所　→　一保
　厚生労働省「一時保護ガイドラインについて」→「ガイドライン」

I
一時保護所とは何か

第1章
一時保護所の成り立ち、
課題、取り組み

1……誕生の経緯と役割

戦後からの変遷

　今日の一保の課題は、過去から続く歴史の延長線上にあるとも言える。

　振り返ると、戦災孤児対策まで歴史は遡る。戦後、ちまたにあふれた戦災孤児を行政が保護したことがその始まりである。現在の一保は養護相談（虐待）を想定した体制で運営されているが、当時の一保は、そのような想定で運営基準を整備したわけではなかった。

　まず、児童福祉法が制定された1945（昭和20）年、この頃多数存在した戦災孤児や浮浪児対策の一つとして、7大都市に一保が設置されている。保護された児童に衣食住の提供を行うのが当初の課題であった。1950（昭和25）年頃になると、国連から派遣されて来日したアリス・K.キャロル女史の機構改革構想もあり、児相の方針と役割が明確化されていく（藤田、2013）。児童福祉法成立時から児相及び一保数は増加した。1949（昭和24）年に児相の設置が義務化され、1950（昭和25）年代には、一保も100か所を超えた。

　こうして児相及び一保は、戦災孤児・浮浪児の保護から、養護相談・障害相談・教育相談等、多様な問題に対応する施設へと次第に変化していった。

　1960（昭和35）年代には、複数箇所あった一保を中央児相に集約化して、職員体制を強化したり、統廃合する自治体が見られた。1970（昭和45）年代は、児相自体が障害者相談所や女性相談所等、他の行政の相談機関と一つの庁舎

に集約される等、統合されていく時期に移る。

　1980（昭和55）年代初期以降は、児相の相談件数自体が減少傾向を辿り、養護相談も減少していくことになる。

1989（平成元）年には『児童の権利に関する条約』が国連総会で採択される。そして、国際的に子どもの権利保護が明文化された。日本が1994年に批准した児童の権利に関する条約の19条には、締約国は児童が父母、法廷保護者または監護する他の者による監護を受けている間において、あらゆる形態の身体的もしくは精神的な暴力、傷害若しくは虐待、放置若しくは、怠慢な取り扱い、不当な取り扱いまたは搾取（性的虐待を含む）からその児童を保護するためすべての適当な立法上、行政上、社会上および教育上の措置をとるとある（花田ら、2007）。

　国は児童虐待の保護に取り組むことを明示し、このことを踏まえ、1990（平成2）年代に入ると、虐待相談が増加傾向に入る。児童虐待は、わが国においても1990年代以降は特殊な家族環境での問題ではなく、一般家庭でも起きる社会的な問題として認識されるようになった（花田ら、2007）。そのため、虐待が疑わしい児童、緊急保護した被虐待児童の受け皿として、一保が積極的に活用されることになる。そして、一保の役割は被虐待児の保護先だけでなく、被虐児童の支援を行う場となっていく。

　こうして一保には、児童指導員や保育士に加えて、被虐児童の支援のために心理職員や個別担当職員が配置されるようになった。また、児童の学習環境を充実させるために、学習指導員等の人材配置に必要な経費も計上されるようになっている。これに限らず、一保では、かつてなかった児童のための新しい取り組みが試みられるようになっていく。

　このように歴史の変遷を辿ってくると、一保は、時代のニーズに合わせて様々な形で児童の福祉のために対応を行ってきた存在と言える。その間、役割が曖昧で位置づけについては不明確な部分が多かったが、厚生労働省の定めた「一時保護ガイドライン」でその目指す方向性が示されることになった。

　児相は、戦後すぐは孤児対応が主であったが、非行相談、障害相談、虐待相談等と、社会情勢に合わせる形で多くの領域を担うようになった。時代の

変化に合わせながら、現代の一保は、虐待等によって家庭で養育することが難しい児童を保護し、次の処遇が決定するまで一時的に生活する生活の場（緊急保護の場）として機能している。しかし、この生活の場は、児童の権利を保障しにくい状況にある。「ガイドライン」にもあるとおり、児童の権利の保護は重要な課題であるが、その達成のための人員が十分とは言えない。児童が前向きな人生を歩んでいくためにも、より良い形で一保の体制を整えていく必要がある。

この 10 年の改善

　一保に関する大規模調査研究は、「児童相談所一時保護所の現状と課題に関する研究」（高橋ら、2003）が、わが国における初の調査結果だと思われる。その後、安部（2006、2009）、和田（2013、2016）による継続的な調査がなされ、続いて本書の旧版、本書と、一保に関する研究が蓄積され、一保の業務や環境構成に役立つ知見が積み上げられてきている。

　ここでは、安部ら（2009）らが『一時保護所の子どもと支援』で語っていた 10 年以上前の一保の課題が、どのように改善されてきたのかを整理していくことにする。具体的には、①多様な児童との混合処遇（共同生活）、②日課に基づく集団生活、③外出や外部との接触の制限、④私物の制限、⑤保護期間の長期化、⑥定員を超過した一時保護、⑦教育権保障の制限、⑧児童福祉施設最低基準に準拠した運営、等である。

　2020（令和2）年4月1日の改正「ガイドライン」は、これら課題に対する解決の方向性を示している。①、②、④について、児童の安全安心と子どもの権利の保障は両立させるべきであることは間違いない。また、児童が友人や学校、地域から離れた場所、かつ制限や閉鎖性の多い生活環境で、長期にわたり規則性の高い集団生活を強いられることは、子どもの権利擁護の観点からも望ましくない。「ガイドライン」では、「一時保護所内で開放的環境を確保する」、「委託一時保護を活用する」という指針を示し、児童の実態に合わせて個室整備による個人の空間、個人の生活場面の確保が目指されてい

る。そのため、一保新設や既存一保の改修の際には、居室の個室化が進んでいる。また、児童の状況に配慮した委託先があることで、①混合処遇や⑥定員超過の改善につなげていくことが可能になった。

③児童に対する制限の緩和策については、余暇時間を工夫して外出の機会を設けたり、児童と職員が共に考え、月に1度程度、所外活動を定例化している一保もある。外出は、児童同士の関係や職員と児童との関係が良い方向に向かうきっかけになり、さらに強固なものになる機会ともなる。また、外部との接触制限においては、児童の置かれている状況によっては、児童の最善の利益を考慮して保護者との面会交流を制限せざるを得ない場合もある。この制限については、児童に対し、それがなぜ今必要なのかを時間をかけて丁寧に説明して納得感を得ることも必要になる。

⑤、⑥一時保護期間の長期化と定員超過については、川松（2009）が、児童福祉施設の定員不足が理由の一つであると論じている。当時の都市部においては、児童養護施設や児童自立支援施設等の児童福祉施設が、どこも定員いっぱいの入所率であり、特に川松（2009）の勤務地である東京都では、年度当初から児童養護施設に定員近い子どもが入所していると15年前に述べている。その後も保護期間の長期化は続いているが、保護期間が長くなると一保の満足感が低下したり、イライラ感が強まったり、行動化したり、身体症状・抑うつ感が見られることが知られている（安部、2006）。

また、⑦子どもの教育権が保障されないことや、③外部との生活が遮断され、児童の集団構成が日々変化する可能性があることについては、児童の成長への影響も懸念されていた。これらを避けるためにも、一時保護の期間は原則2か月を超えてはならないとされている。しかし、児相長又は都道府県知事等は、必要があると認められるときは、引き続き一時保護を行うことができる（児童福祉法第33条第3項及び第4項）。その上で、不必要に一時保護を継続すべきではないことも「ガイドライン」に示されており、2018（平成30）年以降、2か月を超える一時保護に関しては、児相長の判断で入所が継続される形ではなく、家庭裁判所の審査・承認を必要とする制度の見直しがなされるようになった。

⑦教育権を保障することは、児童の健全な発達な観点からも重要である。一保では日課に沿って生活する中で、スケジュール内に一定の学習時間が確保されている。各一保によって1日の流れは異なるが、午前中は学習・保育、午後はレクリエーションや自由時間、入浴といったスケジュールで生活を送っている場合が多い。しかし、一保の学習は、非常勤の学習指導員が学習教材を用意してプリント学習を行う形が主流である。これは、新しいものを学んでいくというよりは、これまでの学びを復習し、分からなかった部分を確認するものである。そのため、原籍校に戻った際には、学習の遅れを取り戻さなければならないことになる。このような課題を解決するために、「ガイドライン」では「子どもの意見を聞きながら子どもの外出や通学について可能な限り認めると共に、できる限り原籍校への通学が可能となるよう里親家庭や一時保護専用施設など一時保護の場の地域分散化などを進めることが望ましい」ことを示している。

　先進的な取り組みをしている自治体の一つである福岡市では、一時保護もまた代替養育であり、ここにも「家庭養育優先原則」が適応されるべきとされたことを念頭に置きながら、一時保護の改革を進めている。2018（平成30）年から積極的に一時保護委託（一時保護委託については2章も参照）を活用し、2019（平成31）年からは一保の定員を削減し、保護児童の対象を緊急保護に限定するなど、子どもの権利保障の観点から、閉鎖的空間での一時保護は児童の安全確保に要する必要最小限としている（福岡市、2019）。このように、一保の環境構成の工夫や職員の育成といった取り組みだけではなく、そのあり方そのものの改革に歩みだしている自治体もある。

　上記の例では、児相に併設されている一保、里親家庭、一時保護機能を持たせた児童養護施設に一時保護を委託している。福岡市の一時保護委託数を平成29年度から令和元年の3年間でみてみると、一保の入所件数が減り、里親家庭や一時保護機能を持つ児童養護施設での委託児童数が増加している。大規模な一保での長期にわたる保護の弊害は以前から言われてきたことであり、児童の状況に応じて多様な一時保護委託先を確保することも求められている。また、各自治体においても、一時保護後の児童の生活について、「家

庭養育優先原理」を意識した形態の普及が望まれている。

　⑧児童福祉施設の設備及び運営に関する基準に準拠して施設を運用することについても、議論は続いてきた。これまでは、一保独自の運営基準、配置基準に基づいた運営が望ましいと言われてきている。特に保護された児童を丁寧にみるための職員配置基準や、一保の環境構成については、さまざまな議論がなされている。

　そもそも一保は、児相に附設するか、あるいは児相と密接に連携できる距離に設置し、その運用や基準については児童福祉施設の設備及び運営に関する基準に準拠する必要がある。この運用の最低基準についても、大きな変化ではないが少しずつ改善がなされている。例えば、居室面積の最低基準の引き上げが行われ、1人あたりの面積が3.3㎡から4.95㎡に改善されている（乳幼児のみ居室1室の定員は6人以下、面積は1人につき3.3㎡以上）。また、居室定員は15人以下から4人以下に引き上げられている。15年程前は、デイルームのテーブルが朝は食卓、学習時間になれば勉強机になり、昼食時には再度食卓となる一保もあった。しかし現在では、多くの一保で食堂とデイルーム、学習室は分離されている。個室化も進み、乳幼児の居室は別として、学齢児の個室や2人部屋等の配置が進んでおり、年齢や特別に配慮を必要とする児童への対応もできる設備を備えた一保が増えてきている。特別区や中核市で新たに児相を設置した自治体に、特にその傾向が見られる。

　最後に、過去と現在の変化として、児童の権利についても触れておく必要がある。すべての一保の児童指導員や保育士等は、児童の最善の利益を守ることを最優先にして、児童支援にあたっている。このことは、「ガイドライン」においても明文化されており、実行されるようになってきた。

　例えば、各一保では、児童の権利を整理して権利ノートに掲載しているが、その権利が侵害されたときには、誰にどのように相談すれば解決できるのかを入所時に児童に説明したり、子どもの年齢に応じて、常に子どもが閲覧できるようにしておくという対応方法がある。

　他にも、一時保護された児童の意見が適切に表明されるように、月に1回程度子どもたちが生活について意見を出し合うなど、児童の声や要望をくみ

取るという姿勢を持ち、児童の権利を守るためにできることを考えていく必要がある。日常の生活場面の中で児童の意見が表明されなければならないが、児童にとっては言いにくいことや、変則時間勤務のために話しやすい職員、話してもいいと思う職員が不在のことも考えられる。そのため、誰にも見られずに、児童の意見を入れることのできる意見箱を用意するといった工夫や、意見や相談を受け付けるための窓口の設置、状況によっては第三者委員を予め設定して児童の権利が侵害されるような事態が生じた際には、すぐに対応できる体制づくりも求められる。

　このように10年以上前の実態よりも現在の方が、はるかに児童の権利保護に対する職員の意識改革は進んでいるが、具体的な案として実行できているかは不明瞭な部分がある。各一保に対しては、ここまでの例を参考にしたよりいっそうの課題解決を望みたい。

三つの役割

　児相は、児童福祉法に定められた児童臨床の専門的な役割を果たす行政の相談機関であり、各都道府県や政令市に設置が義務づけられている。近年では中核市や特別区でも設置が認められたため、児童と家庭に対する諸問題に迅速に対応すべく、児相を新規設置する動きが見られる。

　また、一保は児相に附設された機関であるが、各自治体によって組織形態が異なる。一般的に、児相という一つの建物の中に、相談部門と判定部門、そして一保が組み込まれている形が多い。一方で、児相の設置にあたり建設予定地を確保しにくい自治体や、一保を新たに設置した自治体等では、相談部門・判定部門と別の建物を利用する一保も見られる。ただし、このようなケースでも、相談判定部門と一時保護部門が緊密に連携をとれる距離に設置されている。その他の形態として、児相に一保が併設されている自治体や、一つの児相に一保を集約させている自治体もある。

　このように、形態や配置は各自治体の判断によって若干の違いはあるが、2023（令和5）年2月1日時点で全国に230か所の児相と151か所の一保が

表 1-1　一時保護の三つの役割

①緊急保護	緊急保護は虐待や放任等、児童の権利が侵害されたり、児童の行動が自己または他者の生命、財産、身体に危害を及ぼすおそれがある場合に実施される。
②行動観察	行動観察は、何らかの行動上の特性を有する児童に対して、適切かつ具体的な援助指針を定めるために、保護所での生活をとおして十分な行動観察や生活指導等を行う必要がある場合に実施されるものである。
③短期的な 入所指導等	短期入所とは、短期間の心理療法やカウンセリング、生活指導等が有効であると判断される児童について、居住地が地理的に遠隔地であったり、児童の性格、条件等により、他の方法による援助が困難又は不適当であると判断される場合に実施される。

設置されている（厚生労働省、2023）。総定員数は 3348 人分となっている（厚生労働省、2022）。

　そして、児童一時保護の目的は、児童福祉法第 33 条において「都道府県知事等が必要と認める場合には、子どもの安全を迅速に確保し、適切な保護を図るため、又は子どもの心身の状況、その置かれている環境その他の状況を把握するため、都道府県等が設置する一時保護施設に保護し、又は警察署、福祉事務所、児童福祉施設、里親その他児童福祉に深い理解と経験を有する適切な者に一時保護を委託することができる」と定められている。

　厚生労働省の示す「ガイドライン」によれば、一保は、表 1-1 のとおり、①緊急保護、②行動観察、③短期的な入所指導等、三つの目的に整理することができる（厚生労働省、2020）。

　一保にはこの三つの機能があるが、最も利用される機能は、児童虐待等の被害から児童の生命を守る際等に使用される緊急保護である。高岡ら、(2018) によれば、一時保護理由として多いのは、「子どもの安全確保のため」または「調査を必要としたため」である。さらにこれらを理由とした場合、一時保護期間が 2 か月を超える傾向があることが分かっている。

　一保の目的は、家庭分離により、一保に入所することになった児童の援助である。よって児童の心身の状況を把握しながら、安全安心な生活環境を提供し、短期間といえども安心感をもって生活できるように支援する姿勢が重要である。

　しかし、ただ安心して生活できればいいわけではない。入所期間中、児童

それぞれには児童指導員や保育士が担当につき、かつ一保職員全体で児童のアセスメントが行われる。この行動観察会議の結果は、児童の処遇を決定する際に役立つ資料となる。

　資料の作成においては、以下の点に注意しておきたい。①定期的に他の児童指導員や保育士と行動観察結果を協議し、比較検討することによって、総合的な行動観察を記すこと。②資料内に、保護児童の思い、児童本人が退所後の生活をどのように考えているのかを記すこと。この2点の記載は、子どもの権利を保障するとともに、児童自身の意見表明の観点からも重要な取り組みである。

　実際に行われたアセスメントの内訳を見ると、一時保護期間が2か月を超えない場合は助言指導や継続指導が中心となっており、施設入所や医療機関へ委託したケースでは2か月を超えての入所となる傾向が示されている（高岡ら、2018）。

　このように、児童の心身の安定を図るとともにアセスメントを行うことも、一保の重要な役割の一つである。特にアセスメントは一時保護解除後の援助方針を決めるという重要な位置づけであり、児童の持つ背景の複雑化に伴い、今後も力を入れていくべき業務と言える。

2……現況と課題

構造的な困難

　一保での児童の権利保護、及び運営の困難について考えるために、まずは一保の一日の流れについて記述する。一保の運営は、起床から就寝に至るまでの間、基本的な日課に沿った生活が送られている。午前中は学齢児に対して学習指導、未就学児に対しては保育を行い、午後は自由遊びやレクリエーション等のプログラムを基本とした日課が組み立てられている。

　入所児童は、被虐待児、非行児、不登校児、発達障害児等、抱える問題も年齢、性別も異なり、児童の入退所も頻繁にあるため、児童集団が安定しに

くいという問題が常に存在する。本来運営や児童支援においては、日課にあてはめるのではなく個々の児童の状況に合わせた柔軟な支援が求められている。

　一時保護先の抱える構造的な問題として、多様な児童が集団生活を送ることから閉鎖的な環境となり、画一的な支援に陥りやすい点がある。入所児童の多くは、住み慣れた家庭、地域から分離され、初めて出会う児童と集団生活を送るため、養育環境の変化により、入所初期は高い不安感を持ちやすい。また、これまでの養育環境の中での逆境体験が積み重なり、行動上の問題行動や精神的な反応、不調が顕著に表れることもあるため、心理的、治療的な支援も必要になる。

　近年では入所児童の背景も多様化し、支援の困難さを抱える児童の入所割合が高まっている。被虐待児の特徴として、被害が重層化しやすく、心身に及ぼす傷つきについても、就学前に児相が介入した児童ほど、特にACE（児童期逆境体験）得点が高いことが明らかになっている（鈴木、2015）。

　このような児童と短期間ではあるが起居を共にしながら支援にあたる一保職員には、児童の背景や特性に合わせた専門性の高い丁寧な支援が強く求められる。

　虐待等による危機的状況から救い出された児童にとって、一保という生活空間は、もっと楽しく、安全安心に生活でき、児童が信頼できる大人や他者との相互関係をとおして心の傷を癒し、明るく温かい雰囲気の中で他者に勇気づけられる場所として機能していくことが望まれている。

　しかし、児相に対する社会の印象はお世辞にも良いとは言えない。悲惨な虐待事件や児童が関係する重大事件が起きるたびに、その一部分だけが抜き取られて伝えられている。その姿は全体的な活動のごく一部分に過ぎず、かつ報道は主に虐待事件の表面的な事柄や児童福祉司らによる虐待対応の適切さを問うているのだが、本質が視聴者に伝わっているとは言い難い。

　一時保護部門は、その現状や課題、生活する保護児童の様子、児童のために働く児童指導員や保育士等の現状を正しく伝えられていなかったように思われる。これからますます保護児童が増加していくと見られる中で、一保が

自らの実態を良い面も悪い面も含めて発信していき、世間からの理解を勝ち取ることも、長期的に見て児童の幸福に寄与する手段と言えるだろう。

保護児童の増加と運営

　児相に通告される児童虐待相談件数は年々増加し、2021（令和3）年度は20万件を超え、過去最多となった。相談件数増加に伴い、全国の一保に保護された児童の総数も増加傾向にある。実際、2015（平成27）年度の保護児童は1855人であったが、2020（令和2）年度には2360人まで増加している。

　その要因として、市民からの通報増加という視点を外すことはできない。児童虐待の防止等に関する法律第8条は、虐待を受けている、あるいは虐待を受けている可能性のある児童を発見した場合には、児相や市町村、都道府県の設置する福祉事務所等に通告することをすべての国民に義務づけている。通報を受けて48時間以内に、児相の児童福祉司等が、目視で児童が安全安心な状況にあるかを確認し、一時保護がなされるかどうか判断される。児童虐待の早期発見義務が社会全体に浸透してきたことにより市民からの相談が増え、最終的な保護児童数増加につながっている。また、相談者の中には、子育てに悩む養育者も一定数いるため、件数増加の全てが虐待によるものとは言えない。

　一保の役割や重要性は世間にあまり知られていないが、それでも「虐待が疑われるケースは通報する」という認識が一般社会に浸透してきたことは大きな変化と言える。

　しかし、様々な理由で相談件数が増加している実情に対し、一保の職員数や予算、システム等が十分に整っているとは言い難い。地域差はあるが、多くの一保職員は多忙を極めながらも危機的状況から救い出された保護児童の支援を行っている。特に児童の緊急保護においては、急激な養育環境の変化を緩和させる取り組みや児童に安心感を与える丁寧な支援が求められるため、相談件数増加は相談員の負荷増加に直結している。

　近年は、中核市や特別区においても一保を附設した児相が新設されるよう

になった。実際に 2018（平成 30）年から 2022（令和 4）年にかけて、一保は14 か所も増加している（厚生労働省、2022）。児童虐待がニュースになることも多く、自治体内で発生した児童と家庭に関する問題について、地元自治体で迅速に対応し解決できる仕組みを整える方向で改善が進んでいる。

　しかしながら、進んでいない面もある。児相・一保は世間からさまざまな評価を受けているが、全体的にイメージが良いとは言えないのが実情だ。

　何らかの問題が起きた際に、一保の実態を調べていない相手から、不当にバッシングされるケースも存在する。世間のイメージも明るいものとは言えないため、優秀な人材が集まりにくい。それでも、児童の生命と安全を考えれば、緊急一時保護は待ったなしであり、その際に保護児童を受け入れるのは一保の役割である。仕事は増えるが職員は増えない危機的状況のなか、毎日薄氷を踏む思いでその職務にあたっている組織は、もっと社会から評価されるべきではないか。この視点は、今後議論されていくべき課題と言える（藤原、2021）。

　また、2022（令和 4）年 6 月の児童福祉法改正により、児相が一時保護を開始する際に、親権者等が同意した場合等を除き、事前又は保護開始から 7日以内に裁判官に一時保護状を請求する等の手続きも行われるという形で、司法の関与も見られるようになってきた。

　一時保護される児童の増加に伴い、その一時保護が適切であったのか中立的な立場で裁判所が関与できる仕組みが整いつつある。一時保護は児童の行動を制限するため、児童の権利の視点からも一保の運営について再考される時期が来ている。

人手不足と予算不足

2022（令和 4）年 7 月 1 日時点で児相は全国 229 か所に設置されている。そのうち、一保が附設されているのは 150 か所にのぼる（厚生労働省、2022）。児童福祉司は 5783 人と前年度比 615 人増、児童心理司は 2347 人で、前年度比 276 人増であった。一方、一保職員の職員数は、4261 人であり、内訳と

して、非常勤職員数 2154 人が含まれる。つまり一保の職員の 50.5％は非常勤職員となっている。よって、一保は非常勤職員に支えられている側面がある。

　元々、一保の受け持つ役割は過酷である。虐待・非行等、様々な背景や問題を抱えた幅広い年齢層の児童を、夜間も含めて 24 時間保護しなければならない。また、男女の問題も含めた生活援助の場面での分離対応が必要となる。しかし現時点では、設備的にも体制的にも不十分な状況であり、職員配置の充実をはじめとした改善が特に急務と言える（厚生労働省、2006）。

　また、保護人員の増加と共に、平均在所日数が増加していることも、職員の負担となっている。2022（令和 2）年度に一保に保護された 2360 人の平均在所日数は 32.5 日であった（図 1-1）。年間の平均入所率においては、100％以上の一保が 22 か所（15.0％）、入所率 80％以上 100％未満 17 か所（11.6％）となっている（図 1-2）。このように、全体の 25％程度の一保が、日々満床もしくはそれに近い状況で児童のケアを行っていることが明らかになっている。一方で、入所率が 20％の一保も 13 か所（8.8％）も存在する（厚生労働省、2022）。このように、児童保護の実態は、地域間で格差が見られる。

　地域差が大きい以上、一保が抱える課題は全国一律ではなく、各一保ごとに実情に合わせた課題解決が望まれる。そして具体的課題は異なっていても、一保に人員的余裕があれば課題の解決に希望が持てる。しかし相談件数増加、保護件数増加に伴い人員不足はむしろ悪化しており、現状では解決が難しくなっている。

　一保の課題解決、あるいは課題の把握のために、職員増員は必須と言える。その前段階として、職員の内訳、業務内容についても触れなくてはならない。

　一保の設備及び職員配置基準は、児童福祉法施行規則第 35 条「児童養護施設に係わる児童福祉施設設備運営基準」（昭和 23 年省令）の規定を準用している。そのため人員配置にあたっては、一保の実態に即した基準設定が望まれる。職員の内訳は、児童指導員、保育士、嘱託医、心理療法担当職員、個別対応職員（児童定員が 10 人以下の場合には置かなくても可）、栄養士、調理員等となり、多様な専門職によって児童の支援が行われている。

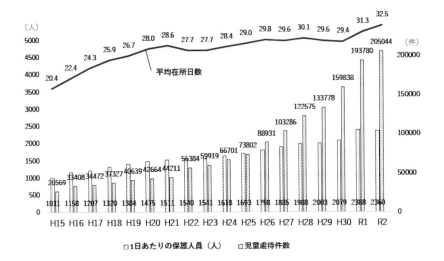

図1-1　児童虐待相談件数と1日あたりの保護人員数の推移等
厚生労働省令和4年度全国児童福祉主管課長・児相長会議資料をもとに筆者が作成

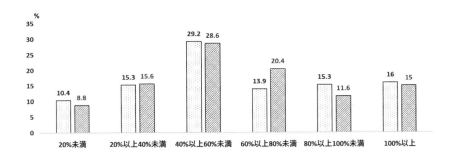

図1-2　令和2年度と令和3年度の年間平均入所率の比較
厚生労働省令和4年度全国児童福祉主管課長・児相長会議資料をもとに筆者が作成

牛島ら（2022）によれば、一保職員の採用形態は福祉職や保育職などの専門職採用が一般的になってきており、一定の知的なバックグラウンドを有した勤続3年未満の職員が多数を占めていることが指摘されている。また、近年の地方自治体の福祉職採用試験においては、当初予定されていた募集人員に申込者が達しない事態も見られている。

　①丁寧で重層的な支援ができる職員配置基準の見直し、②経験知や実践知の浅い3年未満の職員に対する人材育成のあり方、③人材育成をとおした個人の専門職の能力向上に加えて組織としての総合力の向上、④福祉職としての素地を身につけた職員の採用、という4点が、一保職員を取り巻く課題となっている。

　一時保護児童の増加に伴い、職員が担当する児童数は増え、アセスメントの実施件数も増加している。また、児童を取り巻く状況もますます多様になっていることから、心理担当職員を配置する等、職員体制の強化をはじめとした一保の機能の充実と強化が必要である。児童の適切なケアのために、人員増加は必要不可欠である。

　心理担当職員としては、児童福祉司や児童心理司の増員が望まれる。ただし、両者は担当が異なるため、ここで改めて比較し整理しておく（全国児相所長会議資料、2022）。

　児相の多くは、①相談部門、②判定部門、③一時保護部門という3部門によって構成されている。人員配置については、①相談部門は主に児童福祉司、②判定部門は児童心理司、③一時保護部門は、児童指導員や保育士の担当となっている。

　児童虐待相談が高い水準で移行している現在、どの部門においても、職員の安定的な確保と定着の維持が求められる。つまり、児相においても、職員の量的な拡充と質の向上が求められているが、児童虐待防止対策体制総合プラン（平成30年12月18日児童虐待防止に関する関係省庁連絡会議決定）の中で、具体的な数値目標を掲げて、2019年度から2022年度にその増員を図ったのは児童福祉司や児童心理司のみであった（厚生労働省、2018）。新たな児童虐待防止対策体制総合強化プランにおいても、一保職員は児童福祉司や児童心

理司のような増員目標を掲げる等の具体的な目標は示されなかった（厚生労働省、2022）。

　保護された児童が一保の中で丁寧な支援を受けるためには、③一時保護部門における児童指導員や保育士も、具体的な数値目標を決めて増員を図っていくべきである。

　各一保でいくら業務改善を行ったとしても、限られた職員数の中では質の向上には限界がある。多様な入所背景を持つ児童に対して個別的な支援、質の高い支援を続けていくためには、一時保護部門の児童指導員や保育士の増員も必要になる。

　また、一保を取り巻く状況を踏まえれば、児童や家庭の状況に応じた一時保護の委託先の選択肢も充実させる必要がある。具体的には一時保護機能を有する児童養護施設や、里親への委託一時保護が可能なように、受け皿や支援の体制を整備していく必要もある。その際には、委託先と連携して、アセスメントの実施や、児童の生活を充実させることも求められる。そして、それらを可能にするための一時保護委託費の充実の拡大も図られるべきである。

3……これからの一時保護所に向けて

新たな潮流

　2016（平成28）年の児童福祉法改正により、児童福祉法の理念が明確化され「児童は適切な養育を受け、穏やかな成長・発達や自立等を保障されること等の権利を明確化」することが規定された。また同法は、家庭と同様の環境における養育を推進していくために「国・地方公共団体は児童が家庭において穏やかに養育されるよう、保護者を支援するものとする。ただし、家庭における養育が適当でない場合には、児童が家庭における養育環境と同様の養育環境において継続的に養育されるよう、必要な措置を講ずるもの」と定めている（厚生労働省、2016）。この児童福祉法改正の理念を具体化するために「新しい社会的養育ビジョン」が提示され、このビジョンの実現に向けた

工程の中に、児相・一保改革が含まれている。

　一保に直接的に関係してくる部分は概ね次の3点である。

　①「児相職員への各種研修の実施と効果検証、中核市・特別区による児相設置への計画的な支援」、②「一時保護の機能を2類型に分類（緊急一時保護とアセスメント一時保護）し、閉鎖空間での一時保護は数日以内とする」、③「一時保護時の養育体制を強化し、概ね5年以内に子どもの権利が保障された一時保護を実現する」、以上が改革の目的とされている。

　この「新しい社会的養育ビジョン」で方向性が示された結果、これまで制度の狭間に埋もれていた一保を取り巻く諸問題にも光が当てられるようになってきている。

　例えば、児童の養育の一義的な責任は養育者にあり、それを国・地方公共団体で協力して養育していくが、虐待等、児童の権利が著しく損なわれる場合には、児童を一時的にその養育環境から分離せざるを得ない場合もある。これは児童にとって心身の負担が大きい。そのため、閉鎖空間での一時保護は数日とし、児童の状況に応じた一時保護先を整備していくのが新しい方向性である。

　また、今後の方向性として、平均入所率が100％を超えている一保がある自治体が定員超過解消計画を策定し、厚生労働省が承認した場合における一保の新設や増改築等の整備費に係る補助嵩上げ（1/2⇒9/10）により一保の定員超過解消を図ること、原籍校との連携も含めた一時保護中の学習機会の確保に向けた支援について検討を図ることが示されている（厚生労働省、2022）。

広域行政と基礎自治体

　2016（平成28）年の児童福祉法改正により、政令で定める特別区は、児相を設置できるようになった（現行法上、政令で定める中核市（現在は、横須賀市、金沢市、明石市、熊本市、奈良市）も児相を設置するものとされており、政令で定める特別区もこれと同様とすることになっている）（厚生労働省）。また、法改正の5

年後を目処として、中核市・特別区が児相を設置できるように、その設置に係る支援等の必要な措置を講ずるものとされている（改正法付則）。この改正を受けて、東京23区のうち、22区が児相の設置に向けて検討を進めることを2019（令和元）年6月に表明し、その後協議の継続や、職員の派遣研修、都との検討会を重ね、児相移管に係わる課題の対応をとりまとめている。その後、令和2年4月に世田谷区児相、江戸川区児相が開設され、同年7月には荒川区児相が開設されている。直近、新設又は、設置が見込まれる児相を整理すると、以下のとおりである（これらの児相には一保が附設されている。現時点で、特別区ではすでに6所の児相が設置されており、今後も開所が予定されている（坂入、2017）。

　なぜ、児相の新設が続くのか。特別区や政令市、中核市で児相を設置することのメリットについて、井上（2019）は、「中核市が児相をもつ最大のメリットは、市町村のもつ子育て支援に関する機能等と児相の機能を一元化することにある。基礎的自治体は、住民基本台帳を管理し、母子保健、子育て支援サービス、生活保護、小中学校の教育、何れをとっても市が得意とする情報や資源を持っている。それに対して、広域行政は、基礎的自治体から個人情報を知り得たり、地域資源やサービスを使い、対応や支援につなげている。ここに、意思疎通のロスや齟齬が発生し、二元体制故の問題を起こしている。この問題を解消するために、児相の新設が望ましい」と述べている。このように、機能を一元化することによって、児童虐待等をはじめとする子どもの問題に対して、迅速に切れ目のない支援ができるようになるのである。一方、中核市のうち、4分の3の自治体が児相の新設を検討していない。その理由は、財政的課題と人材確保の困難さであることを示している。よって、これらの課題が解決できれば、中核都市において新規設置が進む可能性もある。

　一保を新設する自治体においては、ハード面について既存の一保の課題を整理し、同程度の規模の一保を視察する等、自分たちの自治体ではどのような一保を創りたいのか、その理念と併せて新たな一保づくりが行われている。また、人材面・運営面においても、事前に都道府県の児相に職員を派遣して

表1-2　特別区と中核市の児童相談所開設年

開設年	特別区	開設年	中核市
令和2年4月	世田谷区児相	平成18年	金沢市
令和2年4月	江戸川区児相	平成18年	横須賀市
令和2年7月	荒川区児相	平成31年	明石市
令和4年4月	中野区児相	令和4年	奈良市
令和4年7月	板橋区児相		
令和5年2月	豊島区児相		
令和5年10月	葛飾区児相		
令和6年度	品川区児相		
令和7年度	文京区児相		
令和8年度	杉並区児相 北区児相 上記以外にも11区で児童相談所の設置を検討している。		

職務を学ぶとともに、「ガイドライン」に沿った運営が行われている。

　井上（2019）は都市、地方都市には特有の課題や地域差があると捉え、児相を、地方都市型、県庁所在地型、地方都市・都市型、大都市型の大きく四つに分類している。一保の問題を考える際には、地域差があることを前提とし、この分類を考慮する必要がある。一方で「ガイドライン」は一保の標準化を示しているため、その基準を守った上で、地域性を考慮した運営が必要となる。

　地域性の例として、井上（2019）は、自身の臨床経験を踏まえて、「勉強に躓いていた子どもは、習熟度に応じた個別の学習指導をすれば、できることの楽しさを体得することがあり、自己肯定感や達成感を高めることができ、個別の学習指導をすることによって躓きを乗り越えて、一時保護解除にあたり、スムースな移行ができる」としている。これは入所定員に余裕がある一保において、比較的可能な支援である。

　また、一保の教育権の問題で、委託一時保護の通学の有無について「有（原籍校）」「有（施設入所の子どもと同じ学校）」を合わせると約21％となって

いる。この結果は、一保の約4％より高く、通学が保障されていることが分かっている（厚生労働省、2020）。

　このように、地域性を踏まえつつ、実践の最低基準と児童の権利保障を守りながら、どこに入所しても児童が不利益を被ることがないような支援が、それぞれの一保に求められている。

4……おわりに

　児相・一保は、戦後、歴史的な使命を帯びて誕生し、時代に応じて児童の保護にあたってきた。そして、2020（令和2）年4月1日の改正「ガイドライン」において、今後の課題が明確化し、目指すべき方向性が示されている。

　そもそも、戦後から時代が下るにつれ、市民の虐待・育児・養育についての意識が変化する中で児相への通報が増え、保護児童が増加したことは、児童が幸福になる機会が増えたことと考えたい。しかし、その難易度の高い業務に対して世間からの評価は十分とは言えない。市民から理解と、より一層の協力を得ることは一保全体の大きな課題と言える。

　一保の変化については、ここ10〜15年間の文献や報告書等と現代の一保の体制を比較すると、その中心に据えるべき役割の一つである「一時保護されたすべての児童が落ち着いた環境の下で安全安心した生活が送れるように、児童に寄り添った丁寧な支援」を目指すことについては、より進化してきていると考えられる。

　一方で、新たな児相の設置で、現場で初めて業務にあたる児童指導員や保育士も増えてきており、それら職員をどのように育成していくかは喫緊の課題である。現場では、単に知識、技能を身につけた職員ではなく、一保にたどり着かなければならなかった児童の心の痛みに寄り添える職員の養成が望まれている。

　一保ごとに実情が異なることも踏まえ、現場の課題解決においては、職員増員がもっとも有効な手段と考えられる。実際に児童福祉司や児童心理司は数値目標を掲げた職員増加が進んでいる。一時保護部門を担う職員について

も増員が見込まれるが、数値的な増員目標の設定、及び非常勤の割合を減らし正規職員を採用すること、及びその定着が望まれる。

　また、児童福祉施設の設備及び運営に関する基準の見直しや新たな一保の新設、改築等により、一保の小規模化や個室割合の増加等、施設整備面の拡充も進んでいることは喜ばしい変化である。同時に、個別対応や、混合処遇の解消を図るための多様な一時保護形態の創設も始まっている。一時保護を「家庭養育優先」と捉え、一保と里親、一時保護機能を有した児童養護施設の活用により、これまでよりも保護先の選択肢が増えていくことは、児童のための大きな変化と言える。

　近年は、一保も第三者評価を受審しており、外部の目をとおした児童に対する処遇や運営の評価、不備な面の整理、改善といった PDCA サイクルにより、第三者評価をとおした見直しが可能になり、支援の質を保障していく取り組みも行われるようになった。全体として一保は時代ごとに新しい課題を抱えつつも、より児童のためになる形へと変化しているのである。

　このように、今後の児相・一保は、時代、環境の変化に柔軟に対応しながら、現状の見直しと改善が進められていくものと考えられる。

［鈴木勲］

引用・参考文献

安部計彦（2006）「要保護児童の一時保護に関する研究」（総括報告）平成 18 年度　厚生労働科学研究費補助金（子ども家庭総合研究事業）『児童虐待等の子どもの被害、及び子どもの問題行動の予防・介入・ケアに関する研究』、pp.1-20

安部計彦編著（2009）『一時保護所の子どもと支援』明石書店

e-Gov 法令検索児童福祉法施行規則第 35 条（昭和二十三年厚生省令第十一号）
　https://elaws.e-gov.go.jp/document?lawid= 児童福祉法施行規則（最終アクセス 2023 年 3 月 1 日）

e-Gov 法令検索児童福祉法第 33 条（昭和二十二年法律第百六十四号）
　https://elaws.egov.go.jp/document?lawid=322AC0000000164_20221216_504AC0000000104&keyword= 児童福祉法（最終アクセス：2023 年 3 月 1 日）

井上景（2019）「中核市等児童相談所設置における課題——奈良市の児童相談所設置準備にみる課題とビジョン」『甲南女子大学研究紀要 I』第 55 号、pp.36-40

川松亮（2009）「児童相談所が抱える困難　ケースワークを難しくする社会資源の不足」浅

井春夫編『福祉・保育現場の貧困人間の安全保障を求めて』明石書店、pp.120-136

厚生労働省全国児童相談所一覧（令和 5 年 2 月 1 日現在）

　https://www.mhlw.go.jp/stf/seisakunitsuite/bunya/kodomo/kodomo_kosodate/zisou
ichiran.html（最終アクセス：2023 年 3 月 1 日）

厚生労働省「児童虐待防止策の更なる推進について（ポイント）」令和 4 年 9 月 2 日関係閣
僚会議決定資料 https://www.mhlw.go.jp/content/11907000/000989487.pdf（最終アクセ
ス 2023 年 3 月 1 日）

厚生労働省令和 4 年度全国児童福祉主管課長・児童相談所長会議資料

　https://www.mhlw.go.jp/content/11900000/000987723.pdf（最終アクセス：2023 年 3 月
1 日）

厚生労働省令和 2 年度子ども・子育て支援推進調査研究事業「一時保護所の実態と在り方
及び一時保護等の手続きの在り方に関する調査研究」（安部計彦、鈴木浩之、澤田稔、
馬場貴孝、松崎佳子、茂木健司、和田一郎、渡邊忍ら）実施主体：MUFG 三菱 UFJ リサー
チ&コンサルティング

厚生労働省子ども家庭局長通知令和 2 年 3 月 31 日子発 0331 第 4 号「一時保護ガイドライ
ンについて」

　https://www.city.kawasaki.jp/450/cmsfiles/contents/0000119/119537/ichijihogo01.pdf
（最終アクセス：2023 年 3 月 1 日）

厚生労働省令和 3 年度子ども・子育て支援推進調査研究事業「一時保護所職員に対して効
果的な研修を行うための基礎的な調査研究」（牛島康晴、小島明子、沢村香苗、今川成樹、
菅章）実施主体：株式会社日本総合研究所、2021

　https://www.jri.co.jp/MediaLibrary/file/column/opinion/detail/2021_13364_1.pdf（最終
アクセス：2022 年 3 月 2 日）

厚生労働省平成 30 年度子ども・子育て支援推進調査研究事業「里親担当福祉司、一時保護
所の児童指導員等及び市町村要保護児童対策調整機関職員の勤務実態に関する横断的全
国調査と一都道府県に対する縦断的 IOT センサーを用いたタイムスタディー」（髙岡昂
太、坂本次郎、北條大樹、橋本笑穂、坂上佐知子・村川尚子・先光毅士・北村光司・本
村陽一ら）実施主体：国立研究開発法人産業技術総合研究所人工知能研究センター、
2018

厚生労働省平成 27 年度子ども・子育て支援推進調査研究事業「非行児童の支援のあり方に
関する研究」（鈴木勲、和田一郎、川並利治、茂木健司ら）実施主体：公立大学法人会
津大学、2015

厚生労働省「児童虐待防止対策体制総合プラン」資料

　https://www.mhlw.go.jp/content/000468293.pdf（最終アクセス 2023 年 3 月 1 日）

厚生労働省「児童虐待防止対策に関する関係府省庁連絡会議」・「児童虐待防止対策に関す
る緊急局長会議」・「児童虐待防止対策推進本部」

　https://www.mhlw.go.jp/stf/seisakunitsuite/bunya/0000128770.html（最終アクセス 2023
年 3 月 1 日）

坂入健二「中核市・特別区に設置される児童相談所について——中核市・特別区の強みを生かした新たな児童相談所の設置に向けて」厚生労働省資料 https://www.mhlw.go.jp/file/05-Shingikai-11901000-Koyoukintoujidoukateikyoku-Soumuka/3-1.pdf（最終アクセス：2023年2月28日）

高橋重宏、澁谷昌史、才村純他共著（2003）「児童相談所一時保護所の現状と課題に関する研究」『日本子ども家庭総合研究所紀要』第40集、pp.7-57

花田裕子、永江誠治、山崎真紀子、大石和代（2007）「児童虐待の歴史的背景と定義」『長崎大学保健学研究』、pp.1-2

藤田恭介（2013）「東京都における占領期の児童相談事業及び一時保護事業の変遷」『帝京科学大学紀要』Vol.9、pp.133-137

福岡市（2019）「福岡市における社会的養護のあり方について」福岡市社会的養育のあり方検討会資料

和田一郎編著（2016）『児童相談所一時保護所の子どもと支援——子どもへのケアから行政評価まで』明石書店

和田一郎ら（2013）（チーム研究3）「一時保護所の支援の充実 一時保護所の概要把握と入所児童の実態調査」『日本子ども家庭総合研究所紀要』第50集、pp.59-113.

＊本章の法令に関しては、電子政府の総合窓口e-Gov「法令検索」サービスを活用した。

第2章
一時保護ガイドラインの方向性と課題

1……児童相談所と一時保護所

法的根拠

　一保は児相の組織の一部であるので、まず児相の設置根拠について解説する。

　児相は児童福祉法第12条第1項で「都道府県は、児童相談所を設置しなければならない」と規定され、設置が都道府県の義務となっている。しかし同法第59条の4第1項で「この法律中都道府県が処理することとされている事務で政令で定めるものは、指定都市及び中核市並びに児童相談所を設置する市（特別区を含む）として政令で定める市（以下「児相設置市」という）においては、政令で定めるところにより、指定都市若しくは中核市又は児相設置市（以下「指定都市等」という）が処理するものとする。この場合においては、この法律中都道府県に関する規定は、指定都市等に関する規定として指定都市等に適用があるものとする」とある。このうち「政令で定める」とは、児童福祉法施行令第45条第1項で政令指定都市が、また同施行令第45条の2で児童福祉法第59条の4第1項の政令で定める市（特別区を含む）の名前を列挙している。

　これらのことから、都道府県以外に政令指定都市は設置の義務があるが、東京都の特別区と中核市は設置が任意となっている。ただし厚生労働省は特別区と中核市での児相の設置について通知を出して、その設置を推奨してい

る（厚生労働省、2018a）。

　一保については児童福祉法第12条の4で「児童相談所には、必要に応じ、児童を一時保護する施設を設けなければならない」として、児相に一保の設置を義務付けている。

不十分な現状

　しかし「必要に応じて」と必ずしもすべての児相に一保の設置を求めていないことから、2022（令和4）年4月1日現在の全国の児相相談所数は228か所（同日設置の中野区と奈良市を含む）であるが、一保は149か所で65.4%である（厚生労働省、2022a、p.1855）。その結果、例えば北海道のように8か所の児相にすべて一保を設置しているところもあれば、青森県のように6か所の児相に対して1か所の一保しかないところもある。

　その結果、一保が児相に付設されていない場合には、「片道1時間以上かかって一時保護した子どもを輸送したり、一時保護中の子どもに面会や検査をするためにも同距離を通う必要がある」（安部、2009、p.26）。何より一時保護されて家族や友人と離れ、初めて会う人たちとの生活をする子どもたちにとって、担当児童福祉司とひんぱんに会えないのは寂しさだけでなく権利の侵害ではないだろうか。

　一保を集中することで職員体制や設備を充実させるというメリットもあるが、上記のデメリットを考えれば、本来はすべての児相に一保を付設すべきと考える。

2……保護の判断と認定

誰がどう決めるのか

　一時保護については児童福祉法第33条第1項で、「児童相談所長は、必要があると認めるときは、第26条第1項の措置（注：児童相談所長の措置）を

採るに至るまで、児童の安全を迅速に確保し適切な保護を図るため、又は児童の心身の状況、その置かれている環境その他の状況を把握するため、児童の一時保護を行い、又は適当な者に委託して、当該一時保護を行わせることができる」としている。なお、この規程中「児童の一時保護を行い」は児相の一保で一時保護を行うことであり、「適当な者に委託して」のことを「委託一時保護」と言われている。詳細は後述する。

　また同法同条の第2項では、「都道府県知事は、必要があると認めるときは（略）児童相談所長をして、児童の一時保護を行わせ、又は適当な者に当該一時保護を行うことを委託させることができる」として、一時保護は児相長の権限として規定している。

　この児相長の判断で一時保護ができる規程は、そもそも一保設立の契機となった戦災孤児対策だけでなく、現在でも迷子や家出、被虐待児等の緊急保護の必要性から生まれたものである。

　一方、子どもの権利条約第9条第1項では「締約国は、児童がその父母の意思に反してその父母から分離されないことを確保する。ただし、権限のある当局が司法の審査に従うことを条件として適用のある法律及び手続に従いその分離が児童の最善の利益のために必要であると決定する場合は、この限りでない」として、司法関与のない子どもの保護者からの分離を禁止している。そのため長年、行政機関である児相長の行う一時保護は子どもの権利条約違反であるとの指摘は、明石市（2020）や和田（2021）など多かった。

　このような議論により2022（令和4）年に児童福祉法の一部を改正する法律が制定され、親権者の意向に反した「一時保護は開始した日から7日以内に（略）裁判所の裁判官に次項に規定する一時保護状を請求しなければならない」（官報、2022、p.16）とした。同条同項の改正法の施行は2025（令和8）年と定められているが、裁判所への提出書類の様式や内容については、今後検討されると思われる。

　この結果、子どもの保護者からの分離に関して司法判断が入り、子どもの権利条約に合致するという肯定的な意見がある一方、裁判手続きの煩雑さや例えば性的虐待などの物的証拠が乏しい場合に児相が親権者の意向に反した

一時保護に消極的になるのではないかという懸念が子どもシェルター全国ネットワーク会議（2021）や各地の弁護士会、例えば兵庫県弁護士会（2021）から表明されている。

　どのような場合に一時保護を行うかについては、以前は児童福祉法第33条第1項で「児童相談所長は、必要があると認めるときは」と、全面的に児相長に判断を委任していた。

　しかし、これでは「あまりにフリーハンドすぎる」との批判もあり、2016（平成28）年の児童福祉法改正で一時保護の判断基準を「児童の安全を迅速に確保し適切な保護を図るため、又は児童の心身の状況、その置かれている環境その他の状況を把握するため」と、①子どもの安全確保と、②調査のための2点が明示された。そして「ガイドライン」では「一時保護の判断を行う場合は、子どもの最善の利益を最優先に考慮する必要がある」（厚生労働省、2018b、p.2）としており、一時保護は子どもの安全確保や権利擁護を目的に行わなければならないとされている。

　ただ前述の2025年から適応される親権者の意向に反した一時保護に関する準備段階では、現在の規定では「一時保護の必要性の判断基準として不十分」との意見もあり、今後「児童虐待のおそれがあるときなど、一時保護の要件を法令上明確化」（厚生労働省、2022b、p.7）が行われると思われる。

保護期間はどのくらいか

　児童福祉法第33条第3項で「一時保護の期間は、当該一時保護を開始した日から2月を超えてはならない」とされているが、続く同条第4項では「前項の規定にかかわらず、児童相談所長又は都道府県知事は、必要があると認めるときは、引き続き（略）一時保護を行うことができる」としている。しかし一時保護期間の原則は2か月以内であり、特段の理由がある場合にのみ延長することができると解釈すべきである。

　ただし同条第5項で「前項の規定により引き続き一時保護を行うことが当該児童の親権を行う者又は未成年後見人の意に反する場合においては、児童

相談所長又は都道府県知事が引き続き一時保護を行おうとするとき、及び引き続き一時保護を行つた後2月を超えて引き続き一時保護を行おうとするときごとに、児童相談所長又は都道府県知事は、家庭裁判所の承認を得なければならない」として、親権者等の意に反して一時保護を行う場合は、裁判所の承認が必要になる。これは児童福祉法第28条の児童養護施設等への措置や里親委託と同様に、長期の分離に際しては行政機関である児相長の判断ではなく、司法判断が必要と考えられたためであろう。

　また同条第6項により、家庭裁判所に延長の申立てをしている場合には、2か月超が可能となっている。ただ原則は2か月を超える場合は家庭裁判所の承認が必要なことから、実務的には一時保護して40日程度で家庭裁判所への審判請求の作業が行われている。

　さらに児童福祉法第33条第8項で「児童相談所長は、特に必要があると認めるときは、（略）一時保護が行われた児童については満20歳に達するまでの間、次に掲げる措置を採るに至るまで、引き続き一時保護を行い、又は一時保護を行わせることができる」と規定し、①第31条第4項の規定による措置（在所延長）や②児童自立生活援助（自立支援ホーム）の実施が適当と認める場合には、18歳を超えても一時保護することができると規定している。これらの規定は、児童福祉法の対象である18歳を超えた場合でも、子どもの福祉にとって必要な場合に児童福祉法が規定する支援が行えるようにするためである。ただ逆に、18歳を超えての新規の児童福祉施設措置や里親委託はできず、すでに入所している場合の在所延長や自立支援ホームの利用等に限られる。

　なお一時保護期間は実際には2021（令和3）年度の全国の一保の平均在所日数で32.5日（2022a、p.1882）であるが、平均で60日を超えている自治体もある。

委託一時保護とは

　既に少し述べたように、児童福祉法第33条第1項では「児童の一時保護

を行い、又は適当な者に委託して」として、児相の一保だけではなく「適当な者」に委託が可能と「委託一時保護」を規定している。このうち一保での一時保護の実態については次章で詳しく説明されているので、ここでは委託一時保護について概略する。

委託一時保護の委託先について「ガイドライン」では「警察署、福祉事務所、児童福祉施設、里親その他児童福祉に深い理解と経験を有する適切な者（機関、法人、私人）」と例示（2028b、p.2）している。

実際には、2021（令和3）年度の一保での一時保護は、福祉行政報告例では2万6435件で、そのうち虐待相談での一時保護は1万5263件（57.7%）であった。一方、委託一時保護については、総数2万3548件で、そのうち虐待相談は1万2061件で（51.2%）あった（総務省、2022a）。委託一時保護の内訳については、児童養護施設7418件・日（31.5%）、乳児院3109件・日（13.2%）、警察等が2303件・日（9.8%）、障がい児関係施設1257件・日（5.3%）、里親5225件・日（22.2%）など（総務省、2022b）で入所施設や里親の割合が66.9%を占めたが、割合は少ないものの多様な委託一時保護が行われている。なお一時保護全体に占める委託一時保護の割合は47.1%である。

委託一時保護はさまざまな目的で、いろいろな機関に委託して行われるため一概には言えないが、一保での一時保護と同じくらいの子どもが委託されていることには留意が必要であろう。

運営の規定

一保の設備や運営については児童福祉法施行規則第35条で「（児童福祉）法第12条の4の規定による児童を一時保護する施設の設備及び運営については、児童養護施設に係る児童福祉施設最低基準の規定（略）を準用する」と定められている。

その結果、例えば児童福祉施設の設備及び運営に関する基準第41条の「児童の居室の一室の定員は、これを4人以下とし、その面積は、1人につき4.95平方メートル（約3.2畳）以上」や同42条の「児童指導員及び保育士

の総数は、通じて、満2歳以上満3歳に満たない幼児おおむね2人につき1人以上、満3歳以上の幼児おおむね4人につき1人以上、少年おおむね5.5人につき1人以上とする」が適用される。

　その結果、第3章で詳しく解説されるため詳細は述べないが、以前に建設された一保では居室の狭さや職員体制の脆弱性は、児童福祉法施行規則第35条によるところが多いと思われる。

　ただ現行の規定では不十分として2022（令和4）年の児童福祉法改正では「ケアの困難度が高い子どもの入所という一時保護所の特性を踏まえ、新たに設備・運営基準を策定」（厚生労働省、2022b、p.7）することが決まると同時に、特に平均入所率が100%を超えている一保がある自治体は、定員超過解消のための計画を策定することが求められた。

　近年新規設置や改築を行っている一保では設備や人員配置は上記基準を大きく上回っており、その実施は2024（令和6）年度からであるが、充実した基準になることを期待すると同時に、新規設置された一保のレベルを下回る基準にならないことを祈念する。

3……「ガイドライン」に見る安全確保と権利擁護

「ガイドライン」とは

　一時保護の理念の中心は、子どもの安全確認と子どもの権利擁護と思われる。そこで、一時保護について詳細に規定している「ガイドライン」を概略したうえで、一時保護の二つの理念の葛藤について検討したい。

　児相の運営方法や組織体制の詳細は厚生労働省児童家庭局長から出されている通知「児童相談所運営指針」（旧：児童相談所執務提要）で示されている。一時保護は児相の持つ特有の機能であり、一保も児相の組織の一部であるため、この指針の中にさまざまな規定があった。

　しかし2016（平成28）年の児童福祉法改正や2017（平成29）年の「新しい社会的養育ビジョン」を受け、厚生労働省は一時保護について「子ども等の

最善の利益を守るために行われるものである。しかしながら、子どもの安全確保のみならず、権利擁護も図られる必要があることに加え、子どもの安全確保に重きが置かれ、子ども一人一人の状態に合わせた個別的な対応が十分できていないことがあることや、ケアに関する自治体間格差、学校への通学ができないことが多いなど学習権保障の観点からの問題、一時保護期間の長期化などの問題が指摘されている（厚生労働省、2018b、p.1）」と課題が多いことを挙げ、その解消を目的として 2018（平成 30）年に「ガイドライン」を策定し、同時に児相運営指針から一時保護に関する記載を削除した。

　そもそも「一時保護は、児童相談所が行う相談援助活動の中で一時保護による子どもの安全確保やアセスメントが必要な場合に行うものであり、その期間中に、生活場面で子どもと関わり寄り添うとともに、児童相談所において関係機関と連携しながら子どもや家族に対する支援内容を検討し方針を定める期間となる」（厚生労働省、2018b、p.2）と一時保護について、（ア）安全確保、（イ）アセスメント、（ウ）生活の場、（エ）方針決定の期間と、その性格を説明している。

　また「子どもにとってもこの期間は自分自身や家庭のことを振り返り、周囲との関係や生活を再構築する意義がある期間であり、そのための環境を整えるとともに、子どもの生活等に関する今後の方針に子どもが主体的に参画し、自己決定していくことができるよう支援を行うことが必要となる」（厚生労働省、2018b、p.2）と子どもにとっての意義も、（ア）振り返り、（イ）生活の再構成、（ウ）方針決定への参加、（エ）自己決定と書かれている。そのために一時保護にかかわる職員は子どもの「振り返り」や関係や生活を「再構築」することを援助するために「環境を整え」る必要がある。さらに「今後の方針に子どもが主体的に参画し、自己決定していくことができるよう支援を行うこと」が必要で、子どもが権利の主体者として選択し決定できるような支援が求められている。

　そのために「一時保護においては、こうした目的を達成するとともに、子どもの精神状態を十分に把握し、子どもの心身の安定化を図り、安心感をもって生活できるよう支援する」（厚生労働省、2018b、p.2）と、一時保護は安全

で安定した生活ができることが必要である。

　ただ「一時保護の多くは、子どもを一時的にその養育環境から離す行為であり、子どもにとっては、養育環境の変化により、精神的にも大きな不安を伴うものである」（厚生労働省、2018b、pp.2-3）と指摘し、児相の職員は子どもに対して変化に伴う不安などの負荷をかけていることへの自覚を求めている。さらに「子どもによっては、一時保護を行う場所が福祉的支援と初めて会う場となることも少なくない」（厚生労働省、2018b、p.3）機会である。その子どもがおとなや社会を信用するか、誰かが助けてくれると思えるか、そもそも自分が生きていてもいいと思えるか、そんな将来の人生の岐路に立っていることも職員は自覚して子どもたちにかかわる必要がある。

　そのためには「子どもに安心感をもたらすような十分な共感的対応を基本とした、個別化された丁寧なケアが必要」（厚生労働省、2018b、p.3）となる。

　このように一時保護においては、子どもの安全確保が最優先されると同時に、子どもへの個別ケアや自己決定への支援など、子どもの権利擁護も重要な責務である。

安全確保

　緊急保護をはじめ、子どもの安全確保は児相の重要な役割であり、家庭が安全でないと判断された場合に行われる一時保護は、子どもの安全確保の中心機能である。

●緊急保護

　一時保護の有する機能は、「緊急保護とアセスメントである」（厚生労働省、2018b、p.4）としているが、さまざまな目的で短い期間一時保護する「短期入所指導」も可能としている。

　そのうち緊急保護について「ガイドライン」では、（ア）棄児、迷子、家出した子ども等現に適当な保護者又は宿所がない場合、（イ）虐待等の理由によりその子どもを家庭から一時引き離す必要がある場合、（ウ）子どもの行動が自己又は他人の生命、身体、財産に危害を及ぼす若しくはそのおそれ

がある場合、（エ）殺人等一定の重大事件に係る触法少年（14歳未満で刑罰法令に触れる行為をした少年：少年法第3条第1項2号）と思料すること等のため警察から児童福祉法第25条に基づき通告（要保護児童の通告義務）等を例示（厚生労働省、2018b、p.5）している。

　特に（イ）については虐待死亡事例等が起こると児相には「もっと早く一時保護をすべきであった」と非難されることが多い。

　このような事態が起こる要因の一つとして、児相としては保護者等からの反発が予想される場合には前述のように現在でも一時保護開始後2か月超えの場合には家庭裁判所の承認が必要であることがある。そのため「ガイドライン」では「客観的に一時保護に至った理由、引き続いての一時保護が必要な理由等を明らかにするため、事案に応じて、次のものを添付することが望ましい。」として、例えば「(a) 虐待等の状況を明らかにする写真（撮影者、日時、場所を記載した写真撮影報告書）等の資料、(b) 虐待等や子どもの身体的発育等に関する医師の診断書（必要に応じてカルテ、レントゲン写真等）、意見書等、(c) 保育園、幼稚園、学校の担任の面接録取書、学校照会書等」（厚生労働省、2018b、p.16）を例示している。　そのため家庭裁判所に審判を請求する際の証拠として確実な事実が明確でない場合に、一時保護に消極的なる傾向が一部でみられる。特に性的虐待のように「虐待が認定できない以上、子どもの話だけでは一時保護はできないと、頑なに一時保護委託を拒む児童相談所もあります」（子どもシェルター全国ネットワーク会議、2021、p.2）という事態が起きている。

　もう一つの要因は、上記のように親の親権を一時的に制限するという面を持つだけではなく、のちに述べるように一時保護は子どもの自由や教育権を制限する面もあることから、子どもの権利擁護の面から一時保護の実施に消極的に考える児相もある。

●一時保護の強行性

　前述のように一時保護は行政機関である児相長の権限で行われる。それは保護者や親権者（以下「保護者等」とする）からの依頼であっても、あくまで行政処分（行政庁の行為のうち、その行為によって直接、国民の権利義務を形成し

またはその範囲を確定することが法律上認められているものをいう（最高裁判所、1955、p.217））として行われる。特に児童虐待において子どもの安全確保を目的として行われる一時保護は、保護者等の意向に反して行われる場合も多い。このような場合について「ガイドライン」では「これは、子どもの安全を迅速に確保し適切な保護を図る必要があることや、一時保護が終局的な支援を行うまでの短期間のものであること等から認められているものである」（厚生労働省、2018b、p.4）としている。

　一方、保護者等は行政不服審査法第2条（児童相談所長又は都道府県知事等が措置を行った場合の都道府県等に対する審査請求）に基づき不服申立てを行うことができる。一般には一時保護に際して「一時保護決定通知書」を保護者等に交付することから、その書面の中に行政不服を申し立てることができる旨が記載されている（厚生労働省、2022b、p.46）。

　このように一時保護は保護者等に対しては強行性を有するが、子どもが一時保護を拒否した場合は、「その際には、関係機関が子どもの意向に沿わない判断をした理由を提示し、子どもの納得が得られるよう、尽力しなければならない」（厚生労働省、2018b、p.4）として、説得して同意を得ない限り一時保護できない。さらに子どもが行政不服審査法第82条第2項に基づき「利害関係人として行政処分（一時保護）に不服申立てしたい旨の申出があった場合には、不服申立ての方法等について教示しなければならない」（厚生労働省、2018b、p.5）としている。2022（令和4）年度の児童福祉法改正により一時保護中の子どもの権利擁護やアドボケイトの取り組みが始まっているが、今後は一時保護開始時に子どもへの説明や一保での生活に不満を示す子への対応の中で、不服申し立てについての説明が必要になるかもしれない。

●子ども同士の暴力防止

　筆者は以前、一保では子どもからの暴力が生まれやすい構造があることを指摘（安部、2009、p.174）した。その要因として、（ア）それまで慣れ親しんだ家族や友人から切り離され、（イ）知らない人との（集団）生活であり、（ウ）これから先にどうなるか分からない不安を持ち、（エ）登校や外出ができない等の制限があり、（オ）一保という（狭い）空間に閉じ込められている

等からイライラした気持ちが湧いてくる。このイライラが職員や一時保護中の他の子どもに向かう時に暴力が生じる、などが考えられる。このうち（ア）から（エ）までは委託一時保護により一保以外で一時保護したとしても同様であり、一時保護に伴う普遍的な課題である。

この点に対して「ガイドライン」では、（エ）に対しては通学可能な子どもに対しては一時保護以前に通っていた原籍校への登校を勧めている。また（ウ）については、一時保護中の子どもに定期的に面会すると同時に、今後について子どもの自己決定を保障する対応を促している。さらに（オ）については前述のように一保の設備と運営についての見直しが行われているが、現状でも第3章で述べられているような工夫により、子どもの負担を軽減するような取り組みが行われている。

また（ア）と（イ）については、子どもの安全確保やアセスメントという一時保護の目的から避けられないマイナス面であるが、児相職員は一時保護された子どもの心情を十分理解し、そのイライラ等の負担が最小限になるための取り組みが必要である。

このように考えれば、一保での子どもの暴力は「子どもの問題行動」という捉え方ではなく、「子どものSOS」と理解する必要性がある。そしてその対応は一保職員だけではなく、児相の子どもへの対応全体が問われていることになる。

権利擁護

●教育権の保障のための一時保護専用施設と里親委託

「ガイドライン」では子どもの安全やアセスメントが可能であれば、できるだけ開放的環境での一時保護を求めており、「子どもの意見も聞きながら子どもの外出や通学について可能な限り認める」（厚生労働省、2018b、p.11）よう求めており、特に教育保障に関しては「できる限り原籍校への通学が可能となるよう里親家庭や一時保護専用施設など一時保護の場の地域分散化などを進めることが望ましい」（厚生労働省、2018b、p.11）と具体的な対応方法

を挙げている。

　ここで名前が挙がった一時保護専用施設とは、2017（平成29）年に厚生労働省雇用均等・児童家庭局長通知で示されたもので、乳児院や児童養護施設等の既存の施設が運営する建物で受入定員は本体施設の定員とは別に4名から6名と小規模である。

　一時保護専用施設への入所の形態は委託保護である点で従来の施設への委託保護とは変わらない。ただ、従来の施設での委託保護は、一時保護された子どもにとっても、従来から長期に入所している子どもにとってもストレスが高いことから、両者の生活空間を分けることを目的としている。

　「ガイドライン」ではこの一時保護専用施設に別の役割を期待し、原籍校への登校など教育権の保障と行動の自由など開放的環境での一時保護を行うものである。

　全国的には徐々に設置が進んでいるようであるが、筆者の住む福岡市では児童養護施設3か所中2か所で一時保護専用施設が設置され、基本的にすべての子どもの原籍校登校が行われている。また「校区里親」と称する2か月程度の短期間での委託受入を原則とする養育里親を全中学校区で確保する取り組みを行っている。

　これらの状況を説明すると、ある一保の職員から「自分のところの一時保護児の生活態度や行動を考えると、原籍校登校や里親委託は考えられない」と質問された。この点について「ガイドライン」の説明は逆であり、「開放的保護が可能な子ども」が対象である。ただ前述のように、一保での生活の長期化が子どもの行動の過激化を生んでいる可能性も考慮する必要がある。一時保護専用施設や里親委託の活用により、家庭復帰の可能性の高い子どもについては原籍校登校の保障を検討する必要がある。

　また中核市や特別区、政令指定都市など管轄地域が比較的狭くて送迎が可能な地域ではない都道府県での一時保護では、原籍校への通学は「困難」と言われることも多い。それでも上述のように、一時保護専用施設や里親からの原籍校通学は可能であり、閉鎖的な一時保護が必要のない一時保護児の教育権の保障は真剣に検討する必要がある。

●一時保護開始時の説明と子どもの納得

　先に述べたように、一時保護は保護者等が反対しても児相長の判断で強行
できるが、子ども自身が納得しない場合には強制できない。これは子どもを
権利の主体者と考えた場合には当然である。

　そのために「ガイドライン」では一時保護開始時において、子どもにてい
ねいに説明することを求めている（厚生労働省、2018b、p.12）。一時保護が（ア）
登校できない、（イ）自由に外出できない、（ウ）保護者や友人にも自由に会
えない等子ども自身の行動を制限する面があるため、その不自由さ以上の子
どもの利益を子ども自身が納得することが必要である。そして一時保護を受
け入れるかどうかを自己決定することで、権利の主体者としての選択が可能
となる。

　しかし、そもそも子どもの権利条約第12条第1項では「締約国は、自己
の意見を形成する能力のある児童がその児童に影響を及ぼすすべての事項に
ついて自由に自己の意見を表明する権利を確保する。この場合において、児
童の意見は、その児童の年齢及び成熟度に従って相応に考慮されるものとす
る」と規定している。一時保護は「その児童に影響を及ぼすすべての事項」
に当たるため、子どもは意見を申し立てる権利を有していることを忘れては
ならない。

　児相職員は、単に「ガイドライン」等で「子どもの意見を聞くように」要
請されているからではなく、子どもの権利条約第12条第1項に規定されて
いる権利であることを自覚し、子どもに一時保護を説得するだけではなく、
子どもの権利としての選択であることを自覚し、積極的に自己決定を尊重す
ることが必要であろう。

●権利保障の手続きとしての一時保護所用子どもの権利ノートと意見箱

　2022（令和4）年の児童福祉法改正では、「都道府県知事又は児童相談所長
が行う一時保護の決定時等に意見聴取等を実施」することが求められ、「子
どもの最善の利益を考慮するとともに、子どもの意見又は意向を勘案して措
置等を行うために、あらかじめ、年齢、発達の状況その他の子どもの事情に
応じ意見聴取その他の措置を講じなければならない」（厚生労働省、2022b、p.6）

とされ、都道府県等の事業として一時保護中の子どもたちへの「意見表明等支援事業」が開始される。

　しかしこれまでも全国の一保では一時保護中の子どもたちへの権利擁護の動きがあり、それは一時保護中の子どもへの「一時保護所の権利ノート」の作成・配付や意見箱の設置であった。例えば三菱UFJリサーチ＆コンサルティング（以下「MURC」とする）の調査では、「意見箱を置いている」は回答一保の75.7％、「権利ノートなどを使って子どもの権利擁護について説明している」33.3％（MURC、2021、p.71、p.73）である。またそれ以外でもさまざまな取り組みが紹介されている。

　しかし権利ノートの配付や意見箱の設置は手段であって目的や必須条件ではない。特に意見箱については、設置はしてあるが実質的に用紙や筆記具が制限され、自由に意見箱に投函できない状況も見られる。さらに意見表明支援についても全国的に取り組みが始まったばかりで試行錯誤が続いている。

　一時保護での権利擁護の重要性が認識され始めたが、実質的に権利擁護が実現するのか、今後の取り組みを注視したい。

安全と権利との葛藤

　一時保護された子どもの「安全確保」のための対応が、往々にして「子どもの自由の制限」という権利侵害ではないかと問われる場面がある。この点のいくつかについて検討したい。

●権利制限

　「ガイドライン」では一保での一時保護は「子どもの安全を確保するための閉鎖的環境（一定の建物において、子どもの自由な外出を制限する一時保護の環境をいう。以下同じ）で保護する期間は、子どもの権利擁護の観点から、子どもの安全確保のために要する必要最小限」（2018b、p.6）としており、特に「外出、通学、通信、面会に関する制限は、子どもの安全の確保が図られ、かつ一時保護の目的が達成できる範囲で必要最小限とする」（厚生労働省、2018b、p.7）としている。

ここで重要なのは、閉鎖的環境での一時保護を全面的に否定しているわけではなく、閉鎖的環境での一時保護が必要な子どもが存在し、閉鎖的環境での対応を認めている点である。ただ「一人の子どものために、必要のない子どもまで権利が制限されることのないよう、個々に判断することが原則である」（厚生労働省、2018b、p.8）ことを明記している。

　この点については一保の職員から「一部の子どもだけに行動制限を行うことは不可能だ」という声を筆者も聞いたことがある。これに対して「ガイドライン」の考え方は明確であり、一時保護専用棟などを含めた委託保護を活用する「開放的環境（閉鎖的環境以外の一時保護の環境をいう）においても子どもの安全確保が可能であると判断される場合は、速やかに開放的環境に子どもを移すことを検討する」（厚生労働省、2018b、p.6）ことである。

　なお「ガイドライン」では「閉鎖的環境での保護の継続が必要な場合は、子どもや保護者等の状況に応じ、その必要性を2週間以内など定期的に検討した上で児相長が決定し、その内容を記録に留めるとともに、その必要性や見通し等を子ども及び保護者に説明する」（厚生労働省、2018b、p.6）ことを求めている。寡聞にして筆者は全国の状況は分からないが、一保での一時保護の必要性についての説明責任が求められていることを忘れてはならない。

●面会・通信制限

　児童虐待の防止等に関する法律第12条第1項の規定により児相長は「児童虐待を受けた児童について（略）厚生労働省令で定めるところにより、当該児童虐待を行った保護者について（略）当該児童との面会」や「通信」の「全部又は一部を制限することができる」としている。

　しかし実際には、「福祉行政報告例によれば、接近禁止命令を行う前提となる面会通信の全部制限処分については2016（平成28）年度30件、2017（平成29）年度24件、2018（平成30）年度28件、2019（令和元）年度42件と、一時保護や入所等の措置の全体に比して件数が少ない。

　その理由として、実態把握調査においては、面会・通信の制限が必要となる事例がそもそも多くない（約57%）との回答も多かったが、そうした事例がある場合も、児童虐待防止法による面会通信制限以外の手段により対応し

ているという回答（約45%）が、接近禁止命令の場合に比べ多かった」（厚生労働省、2021、p.21）と法令に基づかない面会制限が行われていることが推定される。角南が引用した厚生労働省子ども家庭局家庭福祉課調べのデータでは、2021（令和2）年10月-3月の実施状況面会通信制限は児童虐待の防止等に関する法律に基づく措置が20件であった一方、児童福祉司指導として行われたのが102件、行政指導として行われたのが4987件であった（角南、2022）。この実態は、子どもの権利条約9条3項の「締約国は、児童の最善の利益に反する場合を除くほか、父母の一方又は双方から分離されている児童が定期的に父母のいずれとも人的な関係及び直接の接触を維持する権利を尊重する」という規定に違反している可能性が高い。

　これに対して、「子ども虐待対応の手引き」においては、「（児童虐待の防止等に関する法律）第12条によらない、『指導』としての面会・通信制限もありうることから、まずは『指導』としての面会・通信制限を行い、それが守られない場合に『行政処分』としての制限を行う」との記載があり、こうした記載も踏まえて、全国の児童相談所においては「処分として現れていない面会通信制限が行われているものと考えられる」（厚生労働省、2021、p.21）と理解を示している。

　詳しくは第4章で検討されるが、一時保護された子どもは「親にも友達にも会えない」現状は子どもの権利を制約し、子どもの権利条約に違反していることの自覚が児相職員には必要である。

⦿いじめの防止と行動管理

　一保内で子ども同士の暴力は起こりやすい（安部、2009、p.134）。それが「弱い者いじめ」にもなるため、その防止も重要である。その結果、「限られた職員数ですべての子どもの状況を把握するためには、子どもを体育館やリビングなど1か所に集め、常におとなの目が届くようにする必要」（安部、2009、p.136）が全国で生じている。

　この記載は10年以上前であるが、一保の第三者評価にかかわる筆者の印象では現在もこの課題は続いている。その要因は先述の通り職員の配置基準の課題もあるが、「子どもの安全確保」を最優先した結果、子どもへの権利

侵害が軽視される傾向があり、現状変革の必要性は高い。

◉個々に応じた支援と集団生活

　すでに述べているように、「ガイドライン」では一時保護された子どもへの個別ケアの必要性は強く謳われている。

　しかし全国の一保や一時保護専用施設を含めた委託一時保護であっても、一時保護された子どもたちは集団生活を強いられる。全国の一保の職員は日々「なぜあの子だけよくて自分はできないの？」という子どもからの問いに迫られ、どうしても画一的なルールで生活するようなことが行われている。

　各地の取り組みは第5章で紹介されているので詳しくは述べないが、「ガイドライン」で描く個別対応が集団生活の場でどのように実現できるか、全国の一保の職員は苦労していると思われる。

4……おわりに

　本書は一保に関する最新の取り組みや課題を踏まえ、将来像を考える場である。そのため児相の一保に限らず一時保護そのものの仕組みや構造的な課題について検討してきた。

　子どもの安全確保のために一時保護は必要であるが、その実施にあたっては常に子どもの権利擁護も必要である。しかし、その両者の両立は容易ではなく葛藤が生まれやすい状況であることが明白になった。

　一方、厚生労働省も「ガイドライン」等で方向性を示し、予算措置等で改善に向けて対応しているが、全国の一保の状況は今後も課題解決に向けて取り組む必要があることが示された。

　児相が行う一時保護は今後も継続することが想定されているが、子どもの安全確保と権利擁護を、どのように両立させるのか。一時保護をめぐる大きな転換点のなかで、児相や一保の職員のさらなる権利意識の向上と子どもの権利擁護への取り組みが求められている。

［安部計彦］

参考文献

安部計彦編著（2009）『一時保護所の子どもと支援』明石書店

明石市（2020）「一時保護制度の在り方をめぐる議論の状況」こどものための一時保護の在り方に関する検討会第2回、資料2

官報号外第127号（2022）

子どもシェルター全国ネットワーク会議（2021）「一時保護の司法審査導入に関する意見書」

厚生労働省（2022a）「令和4年度全国児童福祉主管課長・児童相談所長会議資料」

厚生労働省（2022b）「児童相談所運営指針について」厚生省児童家庭局長通知

三菱UFJリサーチ＆コンサルティング（2021）「一時保護所の実態と在り方及び 一時保護等の手続の在り方に関する調査研究 報告書」

厚生労働省（2021）「児童相談所における一時保護の手続等の在り方に関する検討会とりまとめ」

厚生労働省（2018a）「児童相談所設置に向けた検討及び児童相談所設置自治体の拡大に向けた協力について」厚生労働省子ども家庭局長通知

厚生労働省（2018b）「一時保護ガイドラインについて」厚生労働省子ども家庭局長通知

厚生労働省（2017）「児童養護施設等における一時保護児童の受入体制の整備について」厚生労働省雇用均等・児童家庭局長通知

最高裁判所（1955）「最高裁判所判決昭和30.2.24民集9（2）」

角南和子（2022）「通信・面会制限について」日本子ども虐待防止学会ふくおか大会発表資料

総務省（2022a）「令和3年度（2021年度）福祉行政報告例児童 第15表 児童相談所における所内一時保護児童の受付件数及び対応件数、相談の種類×年齢階級・対応の種類別」

総務省（2022b）「令和3年度（2021年度）福祉行政報告例児童 第16表 児童相談所における委託一時保護児童の委託件数、委託解除件数及び対応件数、相談の種類×年齢階級・委託解除の種類・対応の種類別」

兵庫県弁護士会（2021）「一時保護の司法審査導入に関する意見書」https://www.hyogoben.or.jp/wp-content/uploads/2022/01/220121.pdf#:（2023年2月5日取得）

和田一郎（2021）「日本の『児童虐待対応』世界から取り残されるワケ」東洋経済オンライン：https://toyokeizai.net/articles/-/438207（2023年2月5日取得）

II
環境・評価・研修

第3章
子どもにとっての環境とは

1……児童福祉での環境

　一保に限らず、子どもたちにとっての生活環境とはいったい何だろうか。広辞苑には「①めぐり囲む区域。②四囲の外界。周囲の事物。特に、人間または生物をとりまき、それと相互作用を及ぼし合うものとして見た外界。自然的環境と社会的環境とがある」とある。生活環境とは、図3-1のように考えられるのではないか。つまり、子どもが生活する上において「見えるもの」「触れるもの」「聞こえるもの」「香る・におうもの」と言える。

　ところで、児童福祉分野でも養育環境、家庭環境など生活環境に類した用語が頻繁に表れる。例えば、「要支援児童とは、保護者の養育を支援することが特に必要と認められる児童であって要保護児童にあたらない児童のことをいう。具体的には、育児不安（育児に関する自信のなさ、過度な負担感等）を有する親の下で監護されている子どもや、養育に関する知識が不十分なため不適切な**養育環境**に置かれている子どもなどがこれに含まれる」「要保護児童とは、保護者のない児童又は保護者に監護させることが不適当であると認められる児童のことをいう。具体的には、保護者の家出、死亡、離婚、入院、服役などの事業にある子どもや、

図 3-1　子どもと生活環境　　　　筆者作成

虐待を受けている子ども、**家庭環境**などに起因して非行や情緒障害を有する子どもなどがこれに含まれる」(「子ども虐待による死亡事例等の検証結果等について社会保障審議会児童部会児童虐待等要保護事例の検証に関する専門委員会第6次報告　資料3」より引用)。

　児童養護施設運営ハンドブックには「安全で安心な生活環境の下で、食事、衣服、排泄、入浴、睡眠など、生活を営むうえ上で不可欠な要素を、子どもの発達段階　に即して、着実に身につけられるよう支援していきます」とあり、保育所保育指針解説では、「**保育の環境**には、保育士等や子どもなどの人的環境、施設や遊具な　どの物的環境、更には自然や社会の事象などがある。保育所は、こう　した**人、物、場などの環境**が相互に関連し合い、子どもの生活が豊かなものとなるよう、次の事項に留意しつつ、計画的に環境を構成し、工夫して保育しなければならない」との記述がある(ゴシック体は筆者による)。

　これらのことから一保の生活環境とはトータルとして図3-2のように考えられる。

　児童福祉施設において生活環境を重視しているのがわかる。生活環境や家庭環境が重視されるのは、子どもを取り巻くすべての状況やかかわりが子ど

図3-2　子どもと生活環境(トータル)　　　　　筆者作成

もの安心感や人格形成上あるいは教育効果上、大きな影響力を及ぼすからに他ならない。生活環境と言った場合、それは「もの」との関係性と「人」との関係性の両面から考える必要がある。

一保の子どもにとって、その生活環境が安心感を得られ、成長発達にプラスとならなければならない。しかし、設定によっては、子どもに有害となる生活環境にもなりうる。

本章では、子どもの望ましい生活環境としての「大人」特に生活に直接かかわる児童指導員や保育士の問題、同時に一時保護されているほかの子どもとの問題、これを児童指導員や保育士がどのように調整していくかの問題、生活用品をどのように準備し、生活の中で活用していくかの問題について記述したい。

生活空間の問題については、次章で述べていきたい。

2……周囲の大人もまた環境

一保は、安全な生活を保障することを前提に、権利擁護と子どもの最善の利益のための①生活の場、②癒しの場、③育ちの場、であるとも言える。この三つの場を計画的に提供していくのが一保という組織であり、日々子どもとかかわっていく児童指導員等の組織と職員一人一人である。

職員の存在、職員との関わり

子どもが生活の主体者という視点を持った時に、職員の存在や職員の子どもへの関わりは、まさに生活環境である。職員がどんなふうに子どもに関わっていくのか子どもにとっては生活環境なのだ。したがって、職員の子どもへの関わり方の統制は、子どもにとっては環境調整ともいえる。では、具体的にどんな環境であればよいのか考えていきたい。

安全を守り、癒し・育ちの場であるためには、その環境としての職員は、具体的に次のような存在である必要があろう。

○身体を守り成長を促進させる存在

→衣食住、健康、疾病時の対応、健全な生活習慣

○心を守ってくれる存在

○感情に寄り添い、プラス感情を強化させたり、マイナス感情を減少させたりしてくれる存在

○知識・技能を高めてくれる存在

○間違った行動を指摘し、正しい行動を教えてくれる存在

○意欲を高め前向きにさせてくれる存在

○困った時に助けてくれる存在

○恐怖や不安を和らげてくれる存在、また和らげる方法を教えてくれる存在

○楽しいことを増強させてくれる存在

○自分のことを分かってくれる存在

○大事にされる環境の第一義的存在

○いっしょに楽しんだりしてくれる存在

○勇気づけ、力づけてくれる存在（育ちを促進させる）

○目標とすべき存在（目標モデル）

こうした存在であるために職員が行うべき行動は

○優しく接してくれる

○話をよく聞いてくれる

○一緒に遊んでくれる

○楽しく遊べるよう工夫してくれる

○勉強のわからないところを分かりやすく丁寧に教えてくれる

○困っているときに声をかけてくれる

○自分を否定しない

などが挙げられる。

大切にされる環境

　大切にされてこなかった子どもたちに対して、児相がまず第1に伝えなければならないことは

　①大切なあなたであること

　②かけがえのないあなたであり、個人として尊重されること

　③幸福を追求できること

　④自分の意見を言っていいこと。自分の将来に対して「ああしたい」「こうしたい」と言ってよいこと。

　そのうえで、衣食住の保障、安全の保障、所属欲求の保障、承認欲求の保障、最終的には「自己実現」を目指し幸福を追求するきっかけとする生活や大人との出会いの場であることが求められる。

　子どもたちの望ましい環境として浮かび上がるのは、次のような職員の姿である。

　子どもたちには優しく接し、大切に扱っていく。良い意味で心理的に近い距離に身をおき、否定せず、一人ひとりのためを思い、一人ひとりに向き合っていくことが基本的な態度となる。

　行動面に関しては、暴言・暴力がないのは当然のことながら、乱暴な言葉も使わず、話を良く聞いてあげ、子どもの味方になってあげられる。悩んでいそうな子どもには職員の方から話しかける。さっと話せる環境、学べる環境を準備し、時に悪いところは指摘し、大人になるための話しをする。いっしょに遊んだり、みんなが遊びで満足できるよう工夫する。時には、子どもの趣味にあわせて話を合わせたり、好きなグループのCDなどを聞かせたりもする。

　子どもを差別することなく、不適切な行動をとる子どもには大きい声で怒るのではなく、注意し、子どもどうしのけんかやトラブルには止めるなどして、すぐに対応する。特定の子どもに気をかけすぎることなく、平等に扱う。職員一人ひとりが機嫌の良し悪しで対応が異なるようなことにはならず、職員間のルールが統一されるのは当然ながら、職員間の悪口も語られない。職

員は男女のバランスが取れ、夜、必要な時間は職員が部屋にいられるなど、職員の人数が少なく感じられることのないような態勢や、十分な職員数を増やして助け合う。

　職員が勝手に決めず、子どもの願いや希望も取り入れて生活できる。

職員にはどんな支援スキルが求められるのか

　児相における心理支援場面や保護者支援場面、また社会的養護現場における子どもへの支援場面では、いくつかのプログラムの導入が図られている。代表的なものを紹介したい。

○ペアレントトレーニング

　ペアトレは発達障害のある子どもたちへの支援方法として開発されたもので、行動理論・学習理論に基づいた支援スキルである。適切な注目を与える（褒める、叱る等）こと、好ましい行動を増やす：褒め方のコツや工夫、好ましくない行動を減らす：上手な「無視」のしかた、効果的な指示の出し方：子どもの協力を増やす方法、より良い行動を増やす方法、などの内容は発達障害の有無にかかわらず、すべての子どもに通用できる支援スキルと言える。

○コモンセンスペアレンティング® [1]

　コモンセンスペアレンティング（Common Sense Parenting ®）は、アメリカのボーイズタウンが開発したペアレンティングのプログラムで、「子どもの良い行動を励まし、悪い行動を減らし、代替行動を教えます。参加者は効果的なしつけ、積極的な態度で子どもと向き合う方法を学」ぶものである。専門職むけ研修や講座は、認定団体のみが行っている。

○ CARE

　「CARE（Child-Adult Relationship Enhancement）は、子どもとよりよい関係を築く時に大切な養育のスキルを体験的に学ぶことができる、トラ

---

1) 商標登録されている。

ウマインフォームドな視点から生まれたペアレンティングプログラムです。CARE は治療のためのものではなく、子どもと関わるすべての大人を対象にしてい」(一般社団法人 CARE-Japan ホームページより)るプログラムで、具体的にほめる、くり返す、行動を言葉にすることを行うべき行動とし、避けるべき行動として、命令、質問、批判を挙げている。

○機中八策Ⓡ [2]

伝わりにくい暴力的コミュニケーションの切り札(ちょっと青ざめるブルーカード)の頭文字をとって「ひ・ど・い・お・と・ぎ・ば・なし」。

伝わりやすい非暴力コミュニケーションの切り札(ほっこり温かいオレンジカード)の頭文字をとって、「ほ・ま・れ・か・が・や・き・を」。

開発した児相長でもある渡邉は、非暴力コミュニケーションが子どもの心に「これでいいんだ」という自信・自己肯定感・自己効力感が育ち、たくさんの成功体験をした子どもは、自分で自分のことができる(考えられる)人として育つと言う。機中八策Ⓡパンフレットでは、次のような場面を紹介している。

(例)学校から帰ってきたら宿題をすることになっているのに、子どもが宿題をせずにテレビを見ている……

暴力的コミュニケーションとして

何やってんの!?	ぎ→疑問形
いつも言ってるでしょ!!	ど→怒鳴る、叩く
テレビ見るなって!!	ひ→否定形(禁止)
今日という今日は許さないからね!!	お→脅す
テレビ視てたから一週間テレビ禁止!!	ば→罰を与える
これでいいと思ってんの?何する時間?	と→問う、聞く、考えさせる
何回言っても分からないなんて、バカじゃないの?	なし→なじる
はぁ(ため息)……いつもこうだといいのにねぇ……	い→いやみ

非暴力的コミュニケーションとして

深呼吸して気持ちを切り替える	を→落ち着く(感情)
「テレビを消してもらえる」等子どもが話せる状態を待つ	ま→待つ
穏やかに近づき(環境)	が→環境づくり(いちおし環境)

---

2) 商標登録されている。

テレビ視たいよね〜でも……	**き**→気持ちに理解を示す
まずは宿題をしてほしい	**か**→代わりにする行動を提示
わかった？（子どもが）「わかった！」	**や**→約束
じゃあ、学校から帰ってきたら何する？	**れ**→練習（確認・反復）
えらい!! 宿題が終わったらテレビ視ていいよ	**ほ**→褒める

ゴシック体の文字を並べ替えると、「ひ・と・い・お・と・ぎ・ば・なし」と「ほ・ま・れ・か・が・や・き・を」になる

　これらの多くはライセンスが設定されており、研修や講座を行う者の条件などが厳密に規定されていることが多い。しかし、中には一保職員も参加しやすく、実践に取り入れやすい開放されているプログラムなどもある。

3……職員組織

理念や運営方針の明確化

　一保という施設を運営していく主体が組織である。そこには、まず明確な理念が求められ、具体的な運営方針が示される必要がある。一時保護される子どもたちの育ちやそれまでの生活環境を考えたときに、子どもの最善の利益は何か、発達権の保障に何が必要か、子ども自身の幸福の追求に何を提供すべきかといった命題を具体化するのが一保の運営理念であり、運営方針である。

　理念としては、児童福祉法に規定された「児童の権利等に関する条約の精神」であり「最善の利益」を図ることに尽きるだろう。それをどのように実現させていくかの運営方針を持つ必要がある。第三者評価受審施設が増えていく中で、評価時に理念や運営方針の意識化が図られ始めている。最近新設された特別区一保では、「子どもの権利擁護を第一に」「安全・安心な生活の提供」「暖かく温もりのある生活を」「個に応じた専門的対応」と定め、子どもへの支援の考え方の中核とし、さまざまな事業もこの理念の実現として意識して行われている。

生活の構造化

　生活をしていくことは、食事があり睡眠があり、学習等の活動があり、余暇なども含まれてくる。また定期的な入浴も欠かせない。こうした生活を構成していく各要素をいつ、どんな順番で、どの程度の時間を、具体的にどんな風に設定していくのかを定める必要がある。

　旧来は、児相運営指針の中に、児相長が日課を定める旨の記載があったが、令和元年に制定された「ガイドライン」にはそうした記載はされていない。代わりに「一人ひとりの子どもの状況に応じた適切な支援の確保に配慮」することとされ、一律の日課の設定には消極的である。

　しかしながら、多くの一保では「日課」という表現が何の疑問も持たずに使用されている実態がある。日課とは「毎日決めて行う仕事」（広辞苑）であるが、食事や睡眠が「仕事」とは考えにくいし、「課」とは「仕事・勉強・税などを義務として割り当てる」こと、およびその内容を指すものである。日課という言葉遣い、概念を見直し、使用しない方向性を待つべきであろう。筆者は「生活構成」という用語の使用を提案し、食事・睡眠・入浴・活動・余暇などの生活を構成していく各要素をどんな順番で、どの程度の時間を、具体的にどんな風に設定していくのかについては「生活構成」と呼ぶこととしたい。

　「ガイドライン」が示すように、「子どもの最善の利益を考慮した保護や養育が行わ」れるとともに、子どもにとってわかりやすく生活しやすいものが作成される必要がある。

　子どもにとってわかりやすく、生活しやすい成果を構成していくうえで、参考になるのが、TEACCH（Treatment and Education of Autistic and related Communication-handicapped CHildren）で用いられている「生活環境の構造化」である。これは、主に自閉スペクトラム症（ASD）の子どもやその家族の支援を目的として開発された生活全般における総合的・包括的プログラムである。生活環境の構造化、ユニバーサルデザインでありどのような子どもたちにも有効と思われる。生活環境の構造化は、「時間の構造化」「空間の構造

化」「手続きの構造化」などがあるとされている。

●時間の構造化

　起きる時間、身支度の時間、食事の時間など一日のスケジュールを定めて、子どもに文字だけでなく写真・イラストなどを用いて示すことである。時間による活動が決められ、順番も提示されることから、先の見通しが分かることから安心がもたらされるとされている。

　多くの一保で生活のしおりへの記載や、施設内啓示によって時間の構造化はされている。

●空間の構造化

　空間の構造化とは、安心して過ごすことができるように、どの空間（部屋・場所）が何をする場所なのかを明確にすることである。行うべき行動と空間をマッチングさせることにより、集団生活においても摩擦を減らすことができ、また、不安やイライラが起きやすい一保の子どもでは、落ち着くための場所を明確に設定することなどにより、不安やイライラの増大を防いだり、セルフコントロールにつながることも期待できる。

●手続きの構造化

　手続きの構造化とは、ある特定の場面や状況における行為について、個々の手続きを細かく区切り、何をするのかを明確にすることである。特に生活のルーティンとなっている事柄などについて手続きの構造化によって何度も同じ注意を繰り返すことを防ぎ、子どもが自分で考えて、気づいて行動することにつながると思われる。

　ネグレクト家庭など、基本的な生活習慣のしつけがなされてこなかった家庭や、逆に極端に厳格だったり、保護者の気分で対応されてきたりした子どもにとっては、構造化された生活環境は、きわめて生活しやすいはずである。一保においては、この構造化された生活環境の提供が子どもに安心感を与えるものと考えられる。

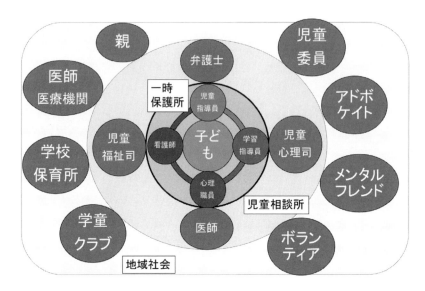

図3-3　子どもと職員チーム　　　　　　　　　　　　　　　　　筆者作成

支援体制・チームアプローチ

一保の子どもにとって、職員のチーム構成は図3-3のとおりとなる

一時保護された子どもを真ん中に、身近な生活の中にいる一保の各種スタッフ、周囲に児相の児童福祉司等、さらにその外側に地域社会の中にいる子どもを支えるさまざまな人びと、の三層構造でとらえるとわかりやすいだろう。

こうした大人たちが、チームとして一保の子どもの支援にあたるわけだから、情報共有や各職種、機関の役割と限界を十分に理解しておくことが欠かせない。

一方、こうした空間的広がりとしてのチームだけでなく、時間軸の広がりの側面からチーム構成やチームワークが求められる。一保内の職員チームは、空間的広がりとしてのチームと、時間的広がりとしてのチームが必要になってくる。（図3-4）

時間的広がりとしてのチームとは、連続した子どもの生活に対して、生活

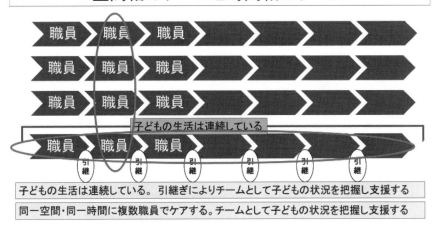

空間軸のチームと時間軸のチーム

| 職員 | 職員 | 職員 | | | | |

| 職員 | 職員 | 職員 | | | | |

| 職員 | 職員 | 職員 | | | | |

子どもの生活は連続している

| 職員 | 職員 | 職員 | | | | |

引継　引継　引継　引継　引継　引継

子どもの生活は連続している。引継ぎによりチームとして子どもの状況を把握し支援する

同一空間・同一時間に複数職員でケアする。チームとして子どもの状況を把握し支援する

図3-4　空間軸と時間軸での職員チームの概念図　　　　　　　　　　　筆者作成

ケアを行う職員が、区切られた一定の時間帯だけを受け持ち、次の職員にバトンタッチしていく際に、子どもの連続した生活を適切に引き継いでいくことである。一保では、必ず朝晩のミーティングにより、夜勤者から日勤者へ、日勤者から夜勤者への引き継ぎが行われることになるが、ここで失ってはいけない視点が、子どもの生活は連続しているという点であり、このことを主眼に引き継ぎが行われなければならない。不適切な場合、職員の言動は子どもにとって混乱を与える環境にもなりうる。

4……見えない環境を伝える

ルールも環境として考える

ルールには、

①犯罪行為の禁止規定

②他者の権利侵害の禁止規定

③トラブル防止のための禁止行為や行うべき行動、また心構え等

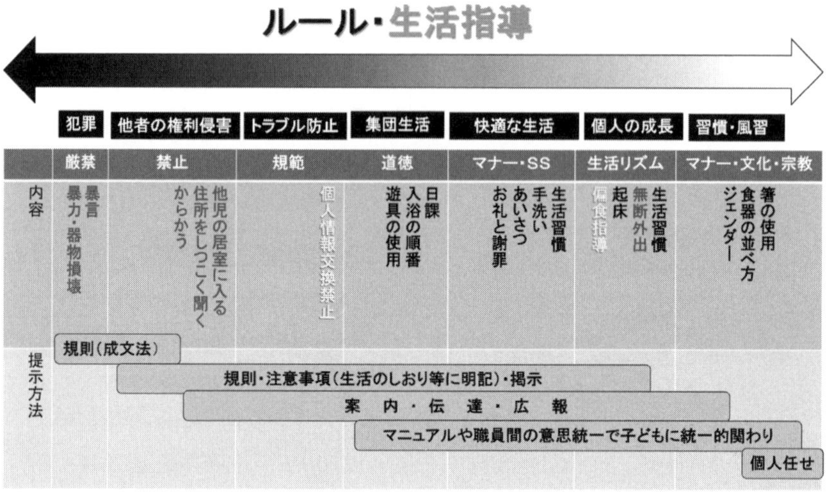

ルール・生活指導

犯罪	他者の権利侵害	トラブル防止	集団生活	快適な生活	個人の成長	習慣・風習
厳禁	禁止	規範	道徳	マナー・SS	生活リズム	マナー・文化・宗教

内容
- 暴言 暴力・器物損壊
- 他児の居室に入る 住所を聞く
- からかう しつこく聞く
- 個人情報交換禁止
- 日課 入浴の順番 遊具の使用
- 生活習慣 手洗い あいさつ お礼と謝罪
- 生活習慣 無断外出 起床 偏食指導
- 箸の使用 食器の並べ方 ジェンダー

提示方法
- 規則（成文法）
- 規則・注意事項（生活のしおり等に明記）・掲示
- 案内・伝達・広報
- マニュアルや職員間の意思統一で子どもに統一的関わり
- 個人任せ

図 3-5　ルールと生活指導　　　　　　　　　　　　　　筆者作成

④共用設備や共用物品の使用法を明確にすることにより、集団での生活の
　円滑化をはかる規定

⑤快適な生活のために励行される行動や心構え

⑥個人の成長を促進させる行動

⑦習慣や風習

の七つのレベルがあると思われる。①～⑦は、連続体（グラデーション）で
あって、その境界は明確に区分できないところもある。また、目的も、それ
ぞれ異なり、内容によっては「生活指導」の内容だったりする。(図3-5)

　ルールとして設定するのか、生活指導としてある行動を推奨したり制限し
たりするのか、十分な議論が必要である。

　細かすぎる、厳格すぎるルールの設定は、以下の点で不適切な場合も考え
られる。

　○重大な権利侵害になる可能性

　○子どもの反発心を招き、関係構築に支障をきたす。

　○考える力、判断する力を削ぎ、育ちの場として不適切になる場合もある。

　（エンパワメントされることが削がれる）

しかし、一定のルールを明確に示すことは、生活環境の構造化として、わかりやすい生活、安心感が持てる生活に有効に働くというメリットも大きい。

入所時・インテーク時に伝えたいこと

緊急一時保護の場合、子どもは一時保護について伝えられた数時間後には児相一保に連れてこられる場合が少なくない。多くの子どもにとっては、一保がどんなところなのかは想像もつかない、施設そのものを見たこともないし、入ったこともない、また施設内の子どもは当然に見知らぬ子どもである。職員も誰一人として既知ではない。

入所時やインテークは、出会いの場でありとりわけ重要な場面である。一保に連れてこられた子どもは、恐怖心をもっているかもしれない、不安を強く持っているかもしれないからである。そうした子どもに対して、一保職員がまず伝えなければならないことは、次の点である。

①一時保護を決断したことへのねぎらいの言葉

②あなたを大切にしていきたいとのメッセージ

③子どもの権利条約等により、さまざまな権利をもっていること

ある自治体一保の子ども向けの生活しおりには、次のような文言が記載されている。

> 大切（たいせつ）なあなたへ
> 世界（せかい）に一人（ひとり）しかいない大切（たいせつ）なあなた
> だから、あなたらしく生（い）きていい！
> もって生（う）まれた能力（のうりょく）を十分（じゅうぶん）に伸（の）ばして
> 成長（せいちょう）し、幸（しあわ）せになってほしい。

●入所時に子どもに伝える権利はなにか

　○個として尊重される。（個としての尊厳　日本国憲法第13条）

　○幸福になってほしいと願っている。（幸福追求権　日本国憲法第13条）

児童の権利条約における子どもの権利における四つの一般原則
①生命、生存及び発達に対する権利（命を守られ成長できること）
　　すべての子どもの命が守られ、もって生まれた能力を十分に伸ばして成
　　長できるよう、医療、教育、生活への支援などを受けることが保障され
　　ること。
②子どもの最善の利益（子どもにとって最もよいこと）
　　子どもに関することが決められ、行われる時は、「その子どもにとって
　　最もよいことは何か」を第一に考えること。
③子どもの意見の尊重（意見を表明し参加できること）
　　子どもは自分に関係のある事柄について自由に意見を表すことができ、
　　おとなはその意見を子どもの発達に応じて十分に考慮すること。
④差別の禁止（差別のないこと）
　　すべての子どもは、子ども自身や親の人種や国籍、性、意見、障がい、
　　経済状況などどんな理由でも差別されず、条約の定めるすべての権利が
　　保障されること。

　これらの権利の理解にはユニセフが示す権利条約における子どもの権利の
4分類が有効かもしれない。

　生きる権利
　　住む場所や食べ物があり、医療を受けられるなど、命が守られること
　育つ権利
　　勉強したり遊んだりして、もって生まれた能力を十分に伸ばしながら成
　　長できること
　守られる権利
　　紛争に巻きこまれず、難民になったら保護され、暴力や搾取、有害な労
　　働などから守られること
　参加する権利
　　自由に意見を表したり、団体を作ったりできること

表3-1　子どもの権利擁護の取り組みについて（複数回答）[n = 111]

取り組み内容	実施の比率
意見箱を置いている	75.7%
定期的に子どもからアンケートを取っている	23.4%
子ども会議を実施	20.7%
外部から弁護士などアドボケイトを迎えている	14.4%
その他	28.8%
無回答	6.3%

【その他の回答】
・定期的に子どもから聞き取り
・退所時アンケート
・給食アンケート
・福祉司、心理司、指導員の面接
・日記
・所長への手紙
・苦情解決相談窓口の設置
・サービス自己評価（年1回）
・ホームルームの設定　など

出典：「令和2年度子ども・子育て支援推進調査研究事業　一時保護所の実態と在り方及び一時保護等の手続の在り方に関する調査研究　報告書」三菱UFJリサーチ＆コンサルティング

子どもの発達段階や、理解力に応じてイラストなども用いて、わかりやすく伝えなければならないことは言うまでもない。

権利擁護——参画権・意見表明権を中心に

児童の権利条約では、自分に関することについての意見を表明することが権利として規定されている。一保では、一時保護自体に関する意見表明、一保の生活に関する意見表明、一時保護後の進路に関する意見表明などが挙げられる。一時保護自体に関する意見表明や一時保護後の進路に関する意見表明は、児相全体で取り組むべき課題である。一保の生活に関する意見表明や生活の中で意見が表明できる仕組みをどう作るかは、一保に課せられた課題である。全国の一保の取り組みは、表3-1のとおりである。

権利擁護の取り組みについては、これをうまく活用されるようさまざまな工夫が行われている。

〈意見箱の工夫〉

・意見箱は入所児の目につきやすい場所に設置している。

・子どもが書きたい時に書けるように、意見箱の横に封筒、用紙、鉛筆を常備している。

・毎晩取り組んでいる日記の各ファイルに所長への意見用紙を入れている。

・入所時の説明に加えて、2か月に1回程度意見箱の活用方法を子ども全体に改めて周知している。

・これまでの意見の一部をプレイルームに掲示している。

・月1回の班長会議の中でポスト（意見箱）に投函された意見を会議の中で検討し、それを入所児に返答している。

・意見箱に寄せられた意見については、一時保護所内の協議にとどまらず、児相次長や担当課長からも意見聴取を行って対応を検討し、協議（検討）結果は必ず子どもたちにフィードバックしている。

・意見に対して速やかな対応をするため、毎週1回行う子ども会議で回答している。

〈アンケートの工夫〉

・アンケートの回答をプレイルームに掲示し、子どもに返している。

・月2回の頻度でアンケートを実施し、内容をとりまとめ、職員間で情報を共有して対応を行っている。

〈子ども会議の工夫〉

・子ども会議で出た意見はお互いに否定しない、個人攻撃しないなどルール化している。

・議題を決めて実施し、出された意見が反映され、児童が改善された、変わったと感じられるように取り扱っている。

・子ども会議で出た意見は記録し、職員会議で再確認をする。その中で協議したことについて、子ども会議で返すようにしている。

〈アドボケイトの工夫〉

・弁護士が担当児相に申送書を出し、所内で検討し、改善案を出している。

〈子ども権利擁護の取り組み全般について〉

・意見箱、アンケート、子ども会議で出た意見等を職員会議で検討し、その結果を個別面接や子ども会議で子どもにきちんと返す。

・受理、援助方針会議に弁護士を出席させ、権利擁護の視点から意見をもらっている。など

出典：同前

　意見箱の設置は、最も普及が進んでいるが、これは最も取り組みやすい方法と言える。しかし、意見箱の設置場所が、日常の生活の中では、行かない場所だったり、職員に申し出ないと用紙や筆記具が使えなかったりするのでは、その設置意義は半減してしまう。いつでも、だれにも気兼ねなく意見が提出できるものでなければならない。

　意見表明権として重要な取り組みであるアドボケイトについては、第9章で詳しく記載される。

5……「他の子どもたち」という環境

一時保護所の子どもたちの特徴

　一時保護されてきた子どもにとって、他に一時保護されている子どもの存在や言動は、生活環境において重要な位置を占める。生活環境としての子ども集団は、次のような特徴を持っている。

○知っている子どもがいない

　家族や保育所・学校等の所属集団から全面的に切り離されて飛び込んでいかなければならない一保では、職員を誰も知らないばかりか、他の子どもについても、ほとんどの場合、誰も知らない。一時保護された子どもは、このことによる子どもの不安、恐怖は計り知れない。

○異年齢の集団である

　保育所や学校が同年代の子ども集団なのに対して、一保はおおむね2歳

から18歳までの異年齢集団である。施設内でユニット化や小集団化されていても、そこはやはり異年齢集団である。「ガキ大将」をリーダーとした異年齢の子ども集団は、もはや地域社会には存在していない。放課後児童クラブが子どもが参加しうる数少ない異年齢集団である現在、年上、年下の子どもと遊びや活動を共にした経験のある子どもは稀である。子どもは年上の子どもとの付き合い方を知らないし、年下の子どもの世話をしながら一緒に遊ぶ方法を知らない。年上の子どもには「怖い」と感じ、年下の子どもは「わがまま」と映ることもあるかもしれない。

○入所理由がさまざま

虐待を理由とする一時保護が最も多いが、その内訳は、身体的虐待、ネグレクト、心理的虐待、性的虐待と受けてきた過酷体験はそれぞれである。ほかに保護者の疾病等による養育困難、触法行為等による非行相談、健全育成相談などの子どももいる。さらに、児童養護施設不適応も加わる。目的も、緊急保護からアセスメント保護、短期入所指導の子どももいる。入所期間も、1日から数日で退所する子どももいれば、数か月に及ぶ子どももいる。

○子どもの多様性

知的障害や発達障害の比率は、通常学級よりもはるかに高い。インクルーシブ教育の重要性が叫ばれているが、一般化されておらず、同質的集団しか経験のない子どもたちが多い。障害についての知識はなく、差別意識のみ刷り込まれた子どももいる。

○いわゆる問題行動の多さ

被虐待児童が、いわゆる問題行動が多いことは多くの研究から明らかになっている。また、一保の子どもが「子どもの行動チェックリスト(Child Behavior Checklist, CBCL)」において、臨床域、境界域を示すことが多いこと、発達障害が多いことが分かっている。

○入所退所が頻繁

一保の入所定員が30名程度であった場合、1年間の入所児童数は、200

名程度となる。退所児童もほぼ同数であり、この規模の一保の場合、平均して毎日1人以上の入所または退所がある集団である。1か月の間に、半分以上の子どもが入れ替わる集団である。

○子どもが育つ集団形成の困難さ

上記のような一時保護される子どもの特徴や一保の特殊性から、子ども集団は極めて不安定である。ほかの子どもの存在が、安心感や育ちに好ましい影響を与えることもあれば、好ましくない影響を与えることもある。学校教育場面で重要な「学級経営」における児童との間に信頼関係をつくるだけではなく、児童相互の人間関係をよりよくし、学級集団を育てていく、といった集団支援は一保では極めて困難である。

阻害要素となる他の子どもの行動

一保内で起きる子どものいわゆる問題行動として、以下のようなことが挙げられる。

○暴力

身体的暴力だけでなく、言葉の暴力、態度の暴力など。また、器物破損（破損させなくても壁を殴るなどの行為は、その音によって不穏を招く）などの物への暴力。暴力は、直接被害を受けた子どもに重大な影響が出るばかりでなく、いわゆる面前DVが心理的虐待とされるように、暴力目撃は子どもの心身の健全な発達に重大な悪影響を及ぼす。

○無断外出

一時保護に十分納得していない子どもにとって、また一保外に一定の目的行動がある場合に、他の子どもの無断外出は、自身も無断外出の誘惑となる。

○いじり・からかい・いじめ

「いじり」や「からかい」も、やっている方は「いじめ」とは思っていない。悪口を言わなくても、ちょっとした表情や、動作の真似も、「からかい」からいじめに発展する。「いじめ」とは、「児童生徒に対して、

当該児童生徒が在籍する学校に在籍している等当該児童生徒と一定の人的関係のある他の児童生徒が行う心理的又は物理的な影響を与える行為（インターネットを通じて行われるものも含む）であって、当該行為の対象となった児童生徒が心身の苦痛を感じているもの」で場所は学校の内外を問わない。（いじめ防止対策推進法）

○自傷行為

中高生の1割に自傷行為の経験がある（松本俊彦）と言われており、自傷行為が、「不快感情への対処（55%）：『イライラを抑えるため』『気持ちをすっきりさせたくて』『生きるために必要』『心の痛みを身体の痛みに置き換えている』『私の安定剤』」（松本俊彦）であることから、被虐待児を中心とした一保の子どもたちが、自傷行為に向かうのはむしろ当然である。「自傷が『教室』という単位では伝染が起こっている可能性を示」（松本俊彦）すことから、一保内でも、リストカット等の自傷は伝染する可能性が高いとみるべきである。つまり、イライラや気持ちをすっきりさせたくて、他の子どもの自傷や自傷痕を見て、自らも自傷行為を行う子どもがいることを知る必要がある。

促進要素となる他の子どもの行動

●ふわっと言葉

小学校で取り入れられることが多くなっている心をふわっと優しい気持ちにさせる「ふわふわ言葉（反対はチクチク言葉）」などは、子どもの安心感を大きく促進するものである。一保の子ども集団に、「ふわふわ言葉」が多く使われていれば、子どもたちの安心感は大きなものになるだろう。

Ａ一時保護所では、ときどき学習の時間などに取り入れて、子どもから具体的なふわっと言葉を上げてもらったうえで、それを施設内に掲示している。Ａ一時保護所が掲示しているふわふわ言葉としては以下のものである。余談だが、その一保内には、禁止行動のポスターは一切掲示されてない。

そしてこのポスターには「ふわふわ言葉をふやしましょう」「チクチク言

表3-2　A一時保護所に掲示されているふわっと言葉

ありがとう	サンキュー	天才的	頭がいい	優しい！
楽しいー！	すごいね	ファイトー	最高！	がんばろう！
ドンマイ	どうぞ	かっこいいね	おはよう	おやすみ
いっしょに〜しよう	いっしょに遊ぼう	だいじょうぶ！	心配しないで	かっこいいね

葉を減らしましょう」とあり、やはり禁止言葉は掲示されておらず、好ましい良い行動を増やし、悪い行動好ましくない行動は減らすという、ペアレント・トレーニングの考え方が生かされている。

◉適切な距離の維持・境界の維持

　子どもどうしの物理的な距離が近いと「侵入恐怖」を覚えたり、親しくない人との近い距離はストレスとなる。快適な空間を持とうとする個人的空間である「パーソナルスペース」の維持が子どもの安心感につながる。

　パーソナルスペースは、個人差、年齢差、民族による違いなども大きいとされるが、一般的は75cm程度とされ、これを維持することが自他の心身の安心と安全を確保し、自他を尊重することにつながる。

6……生活用品（具）・遊具など

　生活環境として以下の用品が必要である。

　○衣類

　　原則として、持参した衣類を使用させることが望ましいが、さまざまな理由で衣類を持参できないケースも少なくない。このような子どものために、常に、各種サイズと寒暖に応じたものは必須であり、加えて子どもの嗜好にでるだけ応じられる衣類を準備しておくことが望まれる。肌着などは、使いまわすことなく、支給すべきである。

　○寝具

　　購入、リース、は問わないが、シーツなど常に清潔が維持できるようにしなければならない。

　○食器

　　場合によっては個人専用の食器の使用が必要な場合もある。

○歯ブラシの支給

当然これは、専用のものを用意しなければならない。歯科検診などが行われている場合、歯科医師に適切な歯ブラシを選んでもらうことも重要である。歯ブラシだけでなく、デンタルフロスの使用を勧められるかもしれない。当然、あったに越したことはない。歯磨き剤も、歯科医師に相談するとよい。フッ素入りのものを勧められることが多い。歯磨き剤も、個人専用が望ましい。

○個人管理として準備したい物品

私物衣類、個人専用の衣類の保管管理できる家具、居室での机や椅子、筆記具、便箋、目覚まし時計

○入浴用品

ボディソープ、シャンプー・リンス、入浴剤など

○共用スペースに置くレクリェーション・娯楽用品

テレビ、テレビゲーム、雑誌、漫画本、教養図書、碁石・碁盤、将棋、各種盤ゲーム類、電子ゲーム、ミニカー、ブロック、積み木、音楽再生機、映像・動画再生機

などが考えられる。

7……学習環境

一保から在籍校への通学ができるようその対策が進められているものの、大多数は一保内での学習が必要であり、学校教育に準じた学習環境が整えられる必要がある。必要な学習環境としては、以下のものが挙げられる。

○学習できる空間（学習室）・机・椅子

小規模施設では、食堂と兼用としているところもあるが、専用とすることが望ましい。また、小グループや個々に取り組める部屋やコーナー、また他の刺激に惑わされないよう衝立などで囲まれたところで学習ができるような環境も必要である。学習机と椅子が必要なのは言うまでもない。できれば、入所中は専用にできることが望ましい。

○教科書やワークブックなどの教材

　一保が学校の代替機能を負わざるを得ない現状から、全学年の教科書の準備は最低限必要である。都道府県児相のように、広域から保護される場合、子どもの居住地により使用している教科書が異なる場合もあるので、欲を言えば、管轄市町村教区委員会が採択した教科書はすべて準備すべきである。

　加えて、技能教科に対応できるよう、楽器、習字セット、絵具セット、などもそろえておくことが望まれる。

○ICT教育が行えるインフラや端末機器

　ギガスクール構想により、急速にICT教育が普及している。タブレット等の端末を使った学習や電子教材のために、大容量高速通信設備と学習用タブレットの準備が求められる。ICT教育は、一部の一保で始まったばかりではあるものの、時代の趨勢と思われる。

○学習指導ができる専門職種

　一時保護された子どもの学習指導を担うには、そのための専門職が必要である。児童指導員、保育士が代わりに行うなどは、通学できないという学習を受ける権利の侵害に続く第2の権利侵害になりうることと認識する必要がある。

　学習指導の専門職は、少なくとも特別支援学級の職員数の基準である子ども8人に1人は必要である。

［茂木健司］

参考文献・URL

浅井春夫／黒田邦夫編著（2018）『"施設養護か里親制度か"の対立軸を超えて──「新しい社会的養育ビジョン」とこれからの社会的養護を展望する』明石書店

茂木健司（2022）「生きるを育む一時保護所」『小児内科』55-11　東京医学者

茂木健司（2015）「子どもの居場所としての一時保護所を考える」『建築とまちづくり』444、新建築家技術者集団

和田一郎編著（2016）『児童相談所一時保護所の子どもと支援』明石書店

和田一郎他（2013）「一時保護所の概要把握と入所児童の実態調査」日本子ども家庭総合研究所

令和 4 年度 子ども・子育て支援推進調査研究事業（2023）「一時保護所の設備・運営基準策定のための調査研究」報告書、三菱 UFJ リサーチ＆コンサルティング

令和 4 年度子ども子育て支援推進調査研究事業（2023）「一時保護所職員に対して効果的な研修を行うための調査研究」報告書、日本総合研究所

令和 3 年度子ども・子育て支援推進調査研究事業（2022）「一時保護所職員に対して効果的な研修を行うための基礎的な調査研究報告書」日本総合研究所

令和 2 年度子ども・子育て支援推進調査研究事業「一時保護所の実態と在り方及び一時保護等の手続きの在り方に関する調査研究報告」三菱 UFJ リサーチ＆コンサルティング

平成 30 年度子ども子育て支援推進調査研究事業「一時保護の第三者評価に関する研究報告書」三菱 UFJ リサーチ＆コンサルティング

平成 30 年度子ども子育て支援推進調査研究事業「一時保護された子どもの生活・支援に関する第三者評価の手引き（案）」三菱 UFJ リサーチ＆コンサルティング

平成 30 年度 厚生労働省委託事業（2019.3）「児童養護施設等において子ども間で発生する性的な問題等に関する調査研究報告書」みずほ情報総研株式会社

江戸川区児童相談所 HP
https://www.city.edogawa.tokyo.jp/jiso/index.html
一般社団法人 CARE-Japan HP
https://www.care-japan.org/

第4章
生活空間を再設計する

現在の施設が抱える課題

1……進まぬ改善

　一保の保護人員が増加傾向にある中、一保の設置数は特別区や中核市を中心にこの10年で15か所増加し、2023年2月1日時点で151か所になる。また、既存施設についても、老朽化に伴う建て替え需要が高まっており、順次建築更新が進んでいる状況が見られる。しかし、一保は独自の施設整備基準を持たず、児童養護施設の施設整備基準に準じた扱いとされている。「ガイドライン」にも、一時保護の理念や手続き、支援の在り方や運営については詳述され、環境整備の重要性が指摘されてはいるが、施設整備の具体的手法や基準、設計時の配慮などについては触れられていない。このため、いざ新築改築を行うとなっても、どのように取り掛かればよいのか、どのような点に配慮が必要なのか、戸惑う自治体も少なくないと思われる。また、せっかく新築改築を行っても、従前の設計手法や内容を踏襲するが故に、従前からの課題の解決につながっていない事例も見受けられる。

　一保の環境改善の重要性・必要性については、一保の関係者であれば誰もがうなずくところであろう。にもかかわらず、依然として一保独自の施設整備基準が定められず、環境改善が進まないのは何故なのだろうか。

2……環境整備とは何か

　環境には、建物や設備・家具などの物的要素と、職員の人数や体制・態度などの人的要素、規律やシステムなどの制度的要素がある。本章が扱う「環境」は、建物や設備・家具などの物的要素であるが、社会福祉分野の文脈における「環境」は、もっぱら人的要素や制度的要素として捉えられているものが多い。

　実際、一時保護の理念や支援・ケアの在り方は、社会福祉学や臨床心理学、法学、教育学等の視点から広く検討・整理されてきた一方で、建築計画学の視点からはほとんど検討されてこなかった。現場の関係者にとっても、人的要素や制度的要素は、自身の専門性や経験を通じてなじみが深いため、問題点の把握や共有が比較的容易で対応策を検討しやすい。また、対応策を実行する場合も、物的要素は建物の新築改築や設備の導入・更新などを伴うため費用や期間などの面で多大なコストがかかるイメージがあるが、人的要素や制度的要素はそれと比べて負担が小さい印象がある。このため、物的な環境整備は、人的環境や制度的環境の整備よりも、後手に回ってきたと考えられる。

　しかし、真に一時保護改革を進めるためには、物的な環境整備に向き合うことが必要である。なぜなら物的環境は、利用者の心身の状態や生活の内容・質に大きな影響を及ぼすことに加えて、いったん整備されると簡単には変更が利かないからである。受け入れられる子どもの数や、学習・遊びを含む子どもの生活の内容は、新築改築時の建物の規模や居室の配置、所要室の種類や広さや数をどのように設定したかでおおよそ決まる。多少の改善は運用の方法により可能であるが、最初の整備条件による制約は大きい。

　たとえば、2013年調査（和田ら2016、以下、「2013年調査」）では、体育館・運動場などが整備されている施設は半数に満たなかった。体育館や運動場があるかどうかは、子どもが日常的に体を動かしてスポーツや遊びを行うことができるかどうかに関わる。体育館・運動場がなくても、近隣の体育館や運

動場を借りたり、広めのリビングやプレイルームで代用したりすることは可能であるが、スポーツや遊びの内容、活動時間や頻度に多少の制限が生じることは否めない。

したがって、一保を設置する際には、まず新築改築の計画段階で、一時保護の理念や支援・ケアの在り方を空間課題として捉えなおし、必要な空間やその配置・構成、動線として整理し、施設空間の設計に落とし込む作業が重要となる。

建築計画学では、施設整備についていくつかの知見が積み上げられている。たとえば、当事者中心・当事者参画によるパーソンセンタードデザインの考え方や、高齢者施設や障害者施設では当たり前となっているバリアフリー・ユニバーサルデザインの考え方、脱施設化・家庭的環境の整備などである。高齢者施設整備においては、ユニットケアシステムに基づく施設整備の考え方や効果などが体系的に整理され広く周知されている。ユニットケアとは、10人程度のユニットを単位とし、個室と共用空間で構成されたユニット内で、家庭に近い生活環境と個別ケアを提供するものである。このような知見を一保の空間整備にも取り入れて活かすことで、適切な支援やケアを行い、ひいては子どもの安全・安心な生活の確保や心身の発育を促進していくことが求められる。

3……「小規模化」「家庭的養護」の実現の難しさ

社会的養護の基本テーゼは、「小規模化」と「家庭的養護」であり、一保でもこれらの実現は望まれるところである。2013年調査では、建築改築年が新しいほど居室の個室化が進み一部屋当たりの定員数が少なくなっていること、学習室や保育室など居室以外の諸室の整備が進んでいることなど、施設の物的環境に改善が見られた。しかし一方で、建築更新された新しい施設ほど延べ面積が大きく入所定員数が多くなるといった大規模化の傾向が見られた。また、一部屋当たりの定員数を超過して受け入れている施設が少なからずあり、一部の一保では過密居住の問題が見られた。2021年度の調査（厚

生労働省子ども家庭局調べ）でもこの状況は変わらず、一保144か所のうち平均入所率が100％を超える保護所は23か所（16.0％）ある。一時保護の需要が高まる中、まずは受け入れ枠を広げることが重視され優先されている現状が伺われる。

　理想的な施設整備を行うためには、対象者像を明確にし、そこでどのような生活を営み、どのような支援・ケアを提供するのかというビジョンを具体的に定める必要がある。だが、一保では「一時保護」「緊急保護」という機能を果たすために、「いつでも」「何人でも」「どのような子どもでも」受け入れざるを得ない状況がある。入所する子どもは、性別も年齢も入所理由もまちまちであるため、その時々の個々の子どもの状態に応じて対応しているのが実状で、子どもの特性やニーズを俯瞰的に把握し体系的に整理することができないまま、今日に至っている。

　一保の環境整備を難しくしているもう一つの理由は、入所する子どもの意識や反応が、一般の社会福祉施設と比べて一般化されにくいことである。一保の子どもの多くは、入所の理由や目的についてほとんど理解や納得をしないままに突然に入所を余儀なくされ、それまでの暮らしとは一変した異なる空間、生活時間、人間関係、決まり事の中に置かれる。そのような状況は子どもにとっては大きなストレスとなり、子どもの意識や態度に現れる。通常の生活では見せないような態度や反応を示すことがあっても不思議ではない。そして、時としてそれは「無断外出」などの不適合行動や問題行動という形で現れる。

　施設整備において、利用者の「無断外出」を想定しなければならないというのは、一保特有の課題である。認知症高齢者が暮らすグループホームや特別養護老人ホーム等でも、認知症による徘徊といった「無断外出」に類似する行動が見られるが、児相一保における「無断外出」は、そこに当事者の明確な意思が働いている点で高齢者の場合と異なる。ほとんどの一保では、「無断外出」を防止するために、居室の窓を全開できないようストッパーや補助錠をつけたり、外部に通じる出入り口には、防犯カメラや電子錠を設置したりするなどの対策が取られている。しかし、死角を完全になくすことは

難しいうえ、「無断外出」をしようとする子どもは設計者や運営者の裏をかいた思いも寄らない行動をとることがある。結果として、本来は子どもの安全の確保を最も優先しなければならない施設でありながら、ケガや骨折を伴う事故や死に至る事故も生じている。

　一保の環境整備においては、「小規模化」と「家庭的養護」を目指す前に、まずは一保特有の課題に向き合い、その課題に対してどのように臨むのかというビジョンを明確に定めること、また、入所時の子どもへの対応を見直し、子どもたちの理解や納得を得た上で、施設本来の機能や役割が果たせるよう、子どもたちの協力も得ながら運営を行うことが大事である。

4……施設整備から見た一時保護所が抱える課題

　前項に挙げた「無断外出」をはじめ、一保には、児童養護施設などの他の社会的養護施設と比べて特有の課題がある。一保における第三者評価は2021年4月1日現在で約3割の一保で実施されており、各自治体のホームページ等でその結果が公表されているが、その中には施設の建物設備に関する課題も散見される。特に指摘が目立つのは、施設の開放性に関することや、プライバシーの確保、リラックスした空間の整備に関する事項である。これらを含め、あらためて一保の施設整備の現状と課題を整理してみよう。

立地

　一般に、高齢者や障害者を対象とする施設では「脱施設化」や「地域社会との共生」が目指されている。旧来の施設、特に障害者を対象とする施設は、地域社会から離れた山間部や郊外に立地する大規模な「コロニー」と呼ばれる形態のものが少なくなかった。しかし、北欧を起源とするノーマライゼーションの思想が日本にも広がり始めると、次第に、障害者福祉の在り方は、施設における集団生活ではなく地域社会における普通の暮らしへとシフトチェンジしていった。地域社会との共生を実現するためには、地域住民から受

け入れられる施設の形にするとともに、施設の利用者が地域の中で住みやすい形に環境を整える必要がある。このため、施設は自ずと小規模化し、住宅に近い形で設置されるようになってきた。高齢者施設では地域密着型や小規模多機能型の施設の建設が推進されており、また高齢者施設・障害者施設とも空き家等を活用したグループホームやサロン等の開設が増加している。

　一方、一保の立地を見ると、地域社会との共生という姿とはかけ離れた現状がある。一保は児相に付設しているものが多く、児相の立地要件が優先される傾向がある。また、高齢者施設や障害者施設は利用者側が選択し契約して利用するため、利用者に選ばれる立地やデザインが好まれるが、一保は措置施設であるため、自治体の裁量によって立地やデザインが決まることが多く、利用者の意識やニーズが反映されることはほとんどない。立地は自治体が所有している土地・建物や取得が可能な土地・建物から選定されることが一般的である。開設のためには、周辺住民に説明をし理解を得ることが前提となるが、児相や一保は、それ自体は重要な施設であると認識されているものの、自宅周辺に立地することは必ずしも歓迎されない、いわゆる迷惑施設（NIMBY）であるため、地域共生の実現はなかなか難しいところがある。近年でいえば、東京都港区が南青山に児相を開設するにあたって住民説明会を行ったところ、地元住民から強い反対意見が出て大きな話題になった。反対の主な理由は、地域のブランドイメージを損ない土地資産の価値を下げるのではないかという不安、施設に入る非行児童等に対する偏見、子どもの声や騒音に対する懸念などであった。その背景には、児相や一保に対する無理解や誤解がある。港区ではその後の対応で児相への理解も深まり、2021年の開設にこぎつけたが、自治体によっては計画の見直しや建設の中止に追い込まれた事例もある。

　また、建物が建設されても、周辺の住宅から建物内部や子どもの姿が見えないように、駐車場を緩衝帯のように配置したり、運動場を塀で巡らせたり、居室や主要室の窓に目隠しを取り付けたりして、視線や動線を遮断しているところが多い。このような対応は、地域住民からの要請で行われている場合もあれば、一保を利用する子どもの安全や安心を守るために行われている場

合もある。後者については、虐待児の加害者である保護者の侵入を遮断したり、非行児童のプライバシーを保持したり、子どもの無断外出を防止したり、あるいは自害や他害の恐れのある子どもの安全確保や事故を防止したりすることなどが意図されている。高齢者施設や障害者施設では、カフェや地域交流室などを設け、地域社会に対する開放性を高めたり地域社会との交流が促されたりしているのに比べ、児相一保のこれらのデザインは全く対照的である。

居室の構成と配置

　2020年調査（三菱UFJリサーチ＆コンサルティング2021、以下、「2020年調査」）では、一保の居室数（当初設定）は、1施設当たり平均で約9室であり、そのうち個室の数は平均で約3室である。また、個室がない施設の割合は45.0％である。2013年調査では、一保の建築改築年別に居室数を調べているが、2000年以降に建築改築された建物の居室数および個室数が、2020年調査の結果とほぼ一致している。2000年以前に建築改築された施設では、居室数はほぼこれの半分であり、個室はほとんど整備されていない。

　2020年調査では、居室の使い方（割り当て方）についても調査が行われており、「固定」が54.1％、「男女、幼児の比率によって変動する」が39.6％、「その他」が6.3％である。また、学齢時（小学生以上）の居室については、「基本的には全員個室（1人で使用）」が30.6％、「年齢によって個室か複数人部屋に分ける」が18.0％、「基本的には複数人部屋」が38.7％、「その他」が12.6％である。

　約半数の施設は男女や幼児と学齢児を区分して固定化している。しかし、入所する子どもの年齢や性別を調整することは基本的には難しいため、あらかじめその変動を想定して居室を区分していても、想定内に収まらない比率の受け入れがあった場合にはその対応に苦心することとなる。実際、2020年調査では、定員を超えた場合の対応（複数回答）として、「相談室や静養室など居室以外を利用している」が57.7％、「居室の人数を増やして対応して

いる」が 50.5% である。「その他」という回答は 25.2% で、「定員を超えたことがない」「一時保護委託をする」「他の児相を活用する」などが含まれる。一時保護委託や他の施設の利用により人数をコントロールするのは、「ガイドライン」でも推奨される望ましい対応であるが、委託先の数や空き状況の確認、入所手続等の調整にかかる時間や人的体制などの課題がある。

　居室以外の部屋を利用したり、居室の定員を超えて対応したりする際に、フロアや棟単位で男女や年齢を分けている施設の場合は、それぞれの空間の単位内で居室の割り当てを調整することになると思われるが、男女や年齢の区分が同一フロア内で行われている場合には、区分の方法によって調整がかなり難しくなる場合もある。区分の位置を自由に変えることができる融通性の高い空間であればよいが、建物によっては、区分の仕方に工夫を凝らそうにもその手段がなく、男女や幼児・学齢児の動線が混在してしまう施設もある。中には、入所児童が定員内に収まっている状態でも、男女の生活単位や動線がうまく整理されていない施設も見られる。直線状に居室が配置され、男女の居室群の境に扉や間仕切り壁などが設けられていない施設などがその典型である。また、トイレや浴室などの水周りが、男女それぞれの区分の中に整備されておらず、水周りを利用するためには、男児が女児の居室群のあるエリアを横切らなければならない（逆に女児が男児の居室群のあるエリアを横切らなければならない）といった施設もある。

　個室利用は、最初から個室として整備されている居室があるかどうかによるところが大きいが、プライバシー等に配慮し人数に余裕がある場合は複数人部屋をなるべく 1 人で利用できるようにしているところもみられる。2020年調査では、中学生や高校生など年齢の高い子どもに個室を割り当てているという回答も見られる。年齢以外にも、身体・知的・発達障害等のある子どもや LGBT 等の性的配慮が必要な子ども等、子どもの心身の状態によっても個室の割り当てが望ましいケースがある。子どもが問題行動を起こした場合や興奮状態にある場合などにクールダウンやタイムアウトのための部屋として個室が必要とされる場合もある。また、2020 年初頭から始まった新型コロナウイルス感染症の流行期には、感染した子どもや新しく入所し感染が

疑われる子どもを一時的に他の子どもから隔離し健康状態を確認する必要性に迫られた一保も少なくなかったことから、感染症対策としても個室として利用できる居室があらかじめ整備されているかどうかは重要である。

共用空間の構成と配置

一保の共用空間として、「児童相談所運営指針」には、学習室、遊戯室、食堂、屋外の遊び場が挙げられている。

コミュニケーションが苦手な子どもや加害・他害の恐れがある子ども等、配慮が必要な子どもの場合は、職員がついて日中も居室を利用する事例が見られるが、多くの一保では、日中は基本的には居室以外の共用空間で過ごし、居室は夜間の就寝時の利用に限定している。

したがって、共用空間の在り方は子どもの日課の質や内容に大きな影響を与える。充実した日課を提供するためには、共用空間の構成や配置にも工夫が必要である。しかし、残念なことに、現在の一保の共用空間は、非常に貧しい空間であると言わざるを得ない。2013年調査では、学習室を備えている一保は8割以上、運動場を備えているのは5割以上あったが、体育館がある施設は3割と少なかった。また、保育室やカウンセリング室（面接室・相談室含む）のある施設は半数に満たなかった。2020年調査では、子どもが自由に寝転がったりするなどリラックスできる空間があるか、という問いに対して、「ある」が51.4%、「ない」が48.6%で、約半数の一保で子どもがリラックスできる空間が備わっていない。「ある」の回答について、その具体的な空間は、プレイルーム、多目的室、図書室、リビング、体育館、ホールなどが挙げられている。そもそもこれらの空間が備わっていない施設があることに加えて、これらの諸室が備わっていても子どもが自由に使えないよう運用の段階で規制している施設も一定数存在している。

2020年調査では、共用空間の男女の利用の区分についても尋ねている。男女の区分をしていないところもあるが、区分しているところについては、空間そのものを分けて利用しているという回答と、時間帯によって分けて利

用しているという回答がある。「食堂」の男女区分は、空間別が22.5％、時間帯別が3.6％、リビング（ユニット内のリビングを除く）は空間別が25.2％、時間帯別が9.0％、教室は空間別が16.2％、時間帯別が4.5％、体育館は空間別が1.8％、時間帯別が16.2％、グラウンドは空間別が2.7％、時間帯別が18.9％である。

　食堂やリビングの整備については、大規模な空間を1か所又は男女別にそれぞれ1か所ずつ整備しているところがほとんどである。しかし、このような空間の整備は、家庭サイズとは大きく異なる「施設的空間」の典型であり、「家庭的養護」が目指す環境とは相反するものとなりがちである。高齢者施設や障害者施設の設計では、共用空間に大小の規模のバリエーションを持たせて分散配置しているところも多い。自分の好きな居場所を見つけたり、その日の体調や気持ちによって、一人または少人数で落ち着ける場所や大勢で集える場所を自由に選んだりできるような工夫が施されている。

　一保の共用空間には、トイレや浴室などの水周り設備も含まれる。トイレや浴室は、プライベートな空間であり、居室周りに配置されることが望ましいが、日中のほとんどを共用空間で過ごすことが多い一保では、共用空間に近いところにもトイレの配置は必要である。高齢者のユニットケア型施設のガイドラインでは、各居室に水周りを整備することを推奨するとともに、共同生活室と呼ばれる食堂・リビング周りにも個室型のトイレを分散配置することを基本と定めている。現在の一保では、通常は、男女別にそれぞれ1か所ずつ、複数のブースを備えたトイレ空間が設けられており、個室型トイレの分散配置はほとんど見られない。また、トイレの使い方については、トイレ空間内は職員からの死角になりやすく、複数の子どもが同時に利用するとトラブルが発生する恐れがあるという理由で、複数のブースがありながら、トイレ空間に入るのは一人ずつという決まり事をつくっている一保も見られる。トイレ空間の配置については、臭気の問題から、古い建物では外部空間に接して配置し窓を設けているところもあるが、このような建物では、トイレからの「無断外出」が起こることも想定しておく必要がある。

音・光・温熱環境

　施設整備においては、音環境、光環境、温熱環境、色環境なども重要な要素である。これらの要素は、子どもたちがリラックスできる落ち着いた空間を提供する上で欠かせないものである。

　音環境については、とくに発達障害のある子どもの中に、音環境に過敏な反応を示す者がいたり、逆に大きな音を発生させる原因となる者がいたりするため、注意を要する。

　光環境は、昼夜の生活のメリハリや睡眠に影響する。人工照明の導入によって調整することも可能であるが、窓の配置・大きさを工夫したり中庭・光庭を配置したりして自然光を取り入れることで、空間の印象や快適性は大きく変化する。

　温熱環境は、子どもと職員で感じ方が異なる。とくに幼児の場合は、床に近いところで生活をするので、上下の温度差に配慮が必要である。また、子どもの場合は、自分の身体状況の把握や状態の申告がうまくできないことがある。

　色環境や素材など建物の仕上げに関わる要素も、空間の印象に大きな変化をもたらす。一保が多分に施設的な印象を与えるのは、色環境によるところが大きい。カーテンなどの調度品の色や素材を変えることで改善は可能だが、壁・天井・床など大きな面積を占める部材が与える影響は大きいため、改善効果は限定される。

　いずれにしても、音、光、温熱、色などの要素については、建材や設備など新築改築の設計段階から考慮しておかないと、後々の改変が難しくコストがかかるので注意が必要である。

［阪東美智子］

参考文献

　石垣文（2012）『子どもの暮らす施設の環境──これからの児童養護のかたち』東北大学出版会

大久保真紀（2018）『ルポ児童相談所』アサヒ新書
厚生労働省子ども家庭局長（2022.12.16）「一時保護ガイドラインについて」
慎泰俊（2017）『ルポ児童相談所——時保護所から考える子ども支援』ちくま新書
児童相談所における一時保護の手続等の在り方に関する検討会（2021.4.22）「児童相談所における一時保護の手続等の在り方に関する検討会とりまとめ」
高橋亜美、早川悟司、大森信也（2015）『施設で育った子どもの自立支援——子どもの未来をあきらめない』明石書店
東京都児童相談所一時保護所支援改善検討会（2020.3）「東京都児童相談所一時保護所支援改善検討会報告書」
三菱 UFJ リサーチ＆コンサルティング（2021.3）「令和 2 年度子ども・子育て支援推進調査研究事業「一時保護所の実態と在り方及び一時保護等の手続の在り方に関する調査研究」報告書」
和田一郎編著（2016）『児童相談所一時保護所の子どもと支援——子どもへのケアから行政評価まで』明石書店
和田一郎ほか（2014）「一時保護所における支援の充実——一時保護所の概要把握と入所児童の実態調査」『日本子ども家庭総合研究所研究紀要』第 50 集

具体的な指針

1……建築と設備

　子どもの視点からの一保の機能としては、図4-1のように考えられる。

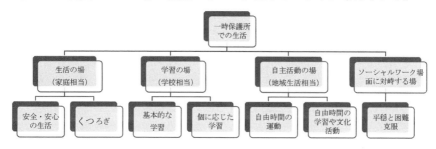

図4-1　一時保護所の機能　　　　　　　　　　　　　　　　　　　筆者作成

　こうした機能を満たすための建築や設備が求められる。上図をもとに各室が必要性を満たすよう想定したのが表4-1である。このうち、一保が準ずるとされる児童養護施設の設備運営基準で明確に義務付けられているものをゴシック体で表した。また、一保の特殊性から、今後制定されるであろう一保独自の設備運営基準に盛り込むべきと思われるものには下線を付けた。

表4-1　各室に想定される機能

一時保護所での生活	機能	具体的な部屋
生活の場	衣食住が確実に行える	**居室**、**浴室**、**トイレ**、**食事場所**
安全・安心	プライバシーが確保できる	<u>個室、単独で入浴できる浴室</u>
くつろぎ	くつろぎ、余暇（遊び）活動ができる	<u>リビング、ラウンジ、庭</u>、**居室**など
学習の場	集団で学習できる、一人で学習できる	<u>学習室、個室</u>
自由時間	運動できる	<u>庭、体育室</u>
	文化的活動ができる	<u>図書のある部屋</u>、**居室**、<u>リビング　音楽や美術などの創作活動ができる部屋</u>
ソーシャルワークに対峙	秘密が保てて相談（面接）できる場、一人でじっくり考える場	**相談室**、<u>個室</u>

2……建築の高層化

　一保を平屋にするか、2階建てにするか、それ以上の高層化するかについては、設置する自治体がどれだけの土地を確保できるか、どれだけの総床面積とするか、建築場所の容積率がどうなっているかなどの問題と関連するので、一概にはこうすべきであるとのことは言えないところもあるが、一長一短を踏まえたうえで建築されるべきであろう。

　十分な土地が確保できるのであれば、1階に居室や活動場所を設置し、自由時間には子どもが気軽に庭へ出て運動や身体遊びができることは大きなメリットであろう。3階以上に居室や、活動場所を設置した場合、事故防止の観点から、窓の開閉制限や転落防止柵の設置は不可欠だが、こうした安全対策は、閉塞感のない生活空間を作る上では大きな障害となる。

　あらたに一保を付置した児相を作る場合、一般市民が気軽に相談できる場としたいと設計すれば、1階部分に相談の受付場所や相談室を置くことになろう。この際、限られた床面積から一保を上層の階に置こうとすれば、転落防止策や開閉制限のある窓のために、保護された子どもは閉塞感のある空間で生活を強いられることになる。

　設計にあたって、どちらを優先するかは設置自治体の判断になるが、高層の児相を作るにあたっては、設置自治体の姿勢が問われてくる難題である。

3……各室の機能的な配置

　2011年基準では、既存の施設（設計が終わっている施設を含む）は、旧基準のままでよいとされていた。結果、新築されない限り既存の一保は旧基準のまま施設の運用を行ってきた。また、共用スペースと居室の位置関係や十分な職員体制がとれないことから、居室は単なる「寝室」、つまり寝るだけの部屋として運営されている一保が少なくなく、こうした施設では居室には寝具しか置かれていない。さらに、寝具を収納する押入れ等は施錠されている

施設さえある。背景には、①少ない職員は共用スペースにいなければならず、居室周辺には職員を配置できない。②したがって、職員の目が届かない居室周辺に子どもを居させるわけにはいかない。子どもどうしの予想されないトラブルや自傷による事故を防ぐためと職員は捉えるためである。③結果、子どもは就寝時間までは共用スペースで過ごすことが強要される。就寝時間間近になって初めて子どもは居室に入ることが許される。就寝時間直前からの居室理由だから、寝具以外は不要であるので、寝具以外を置く必要はない、とされるのである。このような古くからある一保の間取りは、その多くが図4-2の「大舎制の例」になっている。

このような運用のため、小学校1年生も高校生も就寝時間が同一となってしまうという発達段階を無視した生活の構成が行われてしまう。また、子どもは一人になれる時間や空間が全く保障されず、プライベートはトイレの個室のみというきわめて理不尽な生活を強いられることになってしまう。

間取りの工夫により上記のようなことは回避できる。筆者は「子どもの権利保障機関としての児童相談所と方法としての一時保護（所）のあり方」（浅井春夫／黒田邦夫編著『"施設養護か里親制度か"の対立軸を超えて——「新しい社会的養育ビジョン」とこれからの社会的養護を展望する』明石書店、2018）において次のような提起をしている。

　　中央にリビングを配置し、ここがパブリックなスペースである。生活上、かならずここを通過しないと生活は成り立たない。また、子どもは集団からいつでも自分の居室に「逃げ込める」が、職員は居室を訪問するなどして容易に子どもの状況を把握することが可能な配置である。

こうして居室は文字どおり子どもの居場所としての部屋とすることが可能になってくる。居室には当然、寝具のほか机、椅子、物入れ（チェストや衣類の収納家具）などの整備は欠かせない。また、入り口の扉は必要により施錠できる（子どもの安全や管理上、職員は鍵を使って外から開錠できるようにしなければならないのは言うまでもない）、入り口扉が透明窓付きの場合には視線を

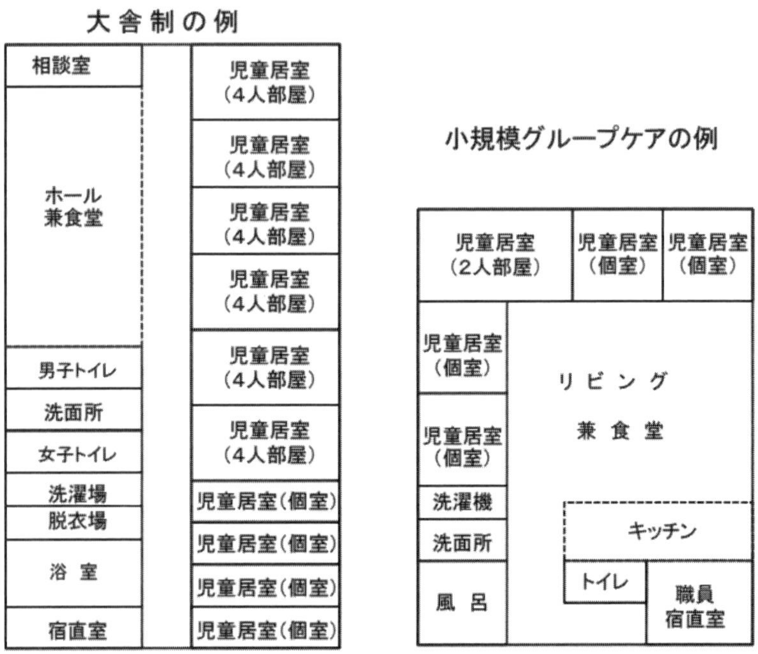

大舎制の例

	児童居室 （4人部屋）
相談室	
	児童居室 （4人部屋）
	児童居室 （4人部屋）
ホール 兼食堂	児童居室 （4人部屋）
	児童居室 （4人部屋）
男子トイレ	
洗面所	児童居室 （4人部屋）
女子トイレ	
洗濯場 脱衣場	児童居室（個室）
	児童居室（個室）
浴 室	児童居室（個室）
宿直室	児童居室（個室）

小規模グループケアの例

児童居室 （2人部屋）	児童居室 （個室）	児童居室 （個室）
児童居室 （個室）	リビング 兼食堂	
児童居室 （個室）		
洗濯機	キッチン	
洗面所	トイレ	職員 宿直室
風呂		

・児童数 20 名以上。
・原則相部屋、高年齢児は個室の場合もある。
・厨房で一括調理して、大食堂へ集合して食べる

・児童数 6 ～ 8 名
・原則個室、低年齢児は 2 人部屋など
・炊事は個々のユニットのキッチンで職員が行い、児童も参加できる。

図 4-2　児童養護施設の形態例
出典：「社会的養護の課題と将来像の実現に向けて」児童養護施設等の社会的養護の課題に関する検討委員会・社会保障審議会児童部会社会的養護専門委員会とりまとめ（平成 23 年 7 月）の概要とその取組の状況

遮るカーテン等の設置が必要になる。居室はプライバシーの保たれる空間でなければならないのだから。

居室の広さについて

　2022 年の法改正により、一保はその特殊性から同時の施設運営基準を定めることとされた。従来の児童養護施設に準ずるとされていた居室の面積は一人当たり 4.95㎡であり、これは 3 畳強に相当する。

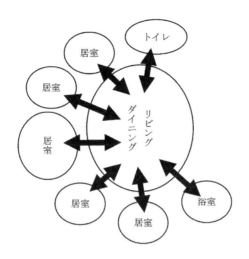

図4-3　　居住空間における各室の配置　　　　筆者作成

　建築面積の制限や予算的制約から、整備された個室の面積が6㎡未満の一保もあるが、実際にその居室に入ってみると、息苦しさは否定できず、少なくとも6畳（9.7㎡）程度は必要である。

表4-2　居室の基準

	旧基準	2011年基準	求められる2023年改正基準
一人当たりの居室面積	3.3㎡	4.95㎡	9㎡程度以上が望ましい
居室の児童定数上限	15人	4人	2～3人が望ましい
児童定数に対する個室の割合	定めなし	定めなし	少なくとも小学校高学年以上は個室が利用できることが望まれる

　旧基準とは平成10年の改正および昭和23年に制定された基準である。居室の児童定数上限は昭和23年制定から2011年に改正されるまで改正がなかった。

　また、居室の児童収容人数の上限は4人とされていた。混合処遇の欠点を補う意味から、個室の整備を自治体に求めていたが、個室の比率はまだまだ不十分であり、個室がない一保が全体の半数近くに及んでいる。

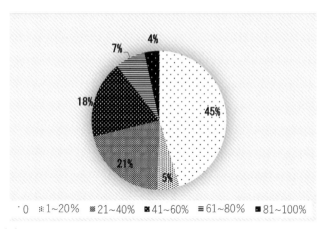

図4-4 個室率
出典：令和 2 年度子ども・子育て支援推進調査研究事業「一時保護所の実態と在り方及び一時保護等
の手続きの在り方に関する調査研究報告」三菱 UFJ コンサルティング&リサーチ

リビング（リビングダイニング）について

　パブリックエリアであり、家庭でいえば団らんの空間である。子どもが一人でいたい空間時間以外の一保の生活部分の中心的なエリアとなる。施設全体を洋風の椅子中心の生活にするのか、あるいは伝統的な日本風の「居間」のようにするのかによって配置すべき什器は異なってくる。洋風とするならば、テーブル、椅子、ソファー、物入れ、書棚、や図書・雑誌・漫画や玩具、TV などが配置される。和風であれば、座卓、寝転がれる素材の床、座椅子、座布団などとなろう。また、このスペースを食堂と兼用（リビングダイニングルーム）とするならば、その設備や什器も揃えられる必要があろう。

トイレ

　学校や不特定多数が使用するトイレ全体の空間を設置し、その中に小便器や個室を設置するようなトイレとする必然性は失われてきている。トイレを共用する人数が、ユニット化等により小規模化してくることが主な理由であ

る。一般的な家庭同様、廊下（共用スペース）から、直接個室につながり、個室内に便器や手洗いを設置する方法が良いと思われる。

　一保では、トイレ内で子ども同士が不適切な会話（個人情報交換や無断外出の企図など）や個室内を覗くなどのいたずらを防止するために、トイレに行く際に職員の許可を取ることや、職員が子どもが複数でトイレに行くことを注意したり、気を使ったりすることをしないで、生活の中では自由にトイレを使用できる形態に近づけることができる。

浴室

　集団生活の場となっている児童養護施設や大学等の寮では、かつては大浴場として複数の者が同時に入浴できることが一般的であった。裸の付き合いが人間関係を親密にし、より良い集団生活に寄与するとの考え方もあったかもしれない。しかし、時代の変遷とともに、複数で入浴する機会は減少し、入浴は排泄同様にプライベートな行為となってきている。実際、一時保護される子どもでは、家族以外と一緒に入浴したことがなく、他人に裸体をさらすことに極めて抵抗を示す子どもも多くなっているとの現場の声も聞かれる。また、性教育の一環として「水着に隠れる部分」を見せたり見たりしてはいけないとの支援方針をもっている一保も多くなっている。

　そのため、施設で1か所しかない浴室を一人ずつ使用させるため、午前中から入浴させる一保もある。こうした生活構成は、一般的な生活形態からは大きくかけ離れるばかりでなく、子どもの活動に制約を設けなければならない状態に置かれる。したがって、これからは、子どもの人数に応じて家庭用の浴室を複数整備することが求められる。おおむね子ども3人に1か所程度は必要だろう。ただし、幼児や学齢時であっても介助や指示、確認など大人の援助が必要な子どももいるので、1か所以上は、大人も一緒に洗い場まで入れる程度の面積を持つことが望まれる。

　社会的養護の現場では、子ども同士の性的問題行動が多く起こっていることが明らかになっているが、その場所として浴室が高位を占めている。

表 4-3　施設別性的問題行動発生場所　　　　　　　　　　　　　　　　　　　　　　　　　　単位は％

	居室内	浴室	トイレ	施設内の庭や運動場	施設内の左記以外の場所	施設外	その他	無回答
児童養護施設（n=544）	52.8	12.3	8.1	8.5	18.8	14.2	2.4	0.2
児童心理治療施設（n=60）	48.3	8.3	13.3	8.3	15.0	23.3	5.0	0
児童自立支援施設（n=46）	43.5	19.6	10.9	4.3	39.1	2.2	4.3	0

平成 30 年度 厚生労働省委託事業　児童養護施設等において子ども間で発生する性的な問題等に関する
　調査研究報告書　みずほ情報総研株式会社　平成 31 年 3 月

　子どもの性的問題行動は、10 歳以上の年齢層すべてにわたっており、思
春期以降の問題ととらえることは不適切である。一時保護される子どもすべ
てにわたって起こりうるものととらえなければならない。

表 4-4　施設別年齢別性的問題行動件数（平成 30 年 3 月 1 日時点：実人数ベース）　　単位は％

	10歳未満	10〜12歳未満	12〜14歳未満	14〜16歳未満	16〜18歳未満	18歳以上	無回答
児童養護施設（n=1005）	35.9	16.0	14.2	17.3	11.2	5.5	0.1
児童心理治療施設（n=117）	15.4	26.5	23.9	23.9	8.5	1.7	0
児童自立支援施設（n=77）	0	3.9	27.3	59.7	6.5	1.3	1.3

平成 30 年度 厚生労働省委託事業　児童養護施設等において子ども間で発生する性的な問題等に関する
　調査研究報告書　みずほ情報総研株式会社　平成 31 年 3 月

　事故防止だけでなく、家庭用浴室で子どもが一人ずつ入浴することにより、
全般に入浴への抵抗感を減らせる、性的不一致の子どもに対しても、配慮が
しやすくなる、社会的養護の現場で起こりがちな性的な不適切行動の予防に
つながるなどの効果が期待できる。

執務室（職員室、事務室）

●児童相談所における一時保護所執務室の位置づけ

　一保においても当然執務室は準備されなければならない。執務室は、職員のミーティング、記録や業務日誌の作成、児童福祉司や児童心理司との電話連絡や外部との電話連絡、各種記録や公文書の保管、など子どもの目に触れたり聞こえてはならない情報や書類を扱う場所である。職員数に応じた広さを持ち、子どもの支援に支障がなく、執務室内の音声が保護している子どもに聞かれないような位置と距離のもとに置かれなければならない。また、執務室から職員がいなくなるにあたっては、守秘義務の確実化のために、出入り口には施錠できるようにしておかなければならない。

　執務室には、デスク、文書キャビネット、電話、パーソナルコンピューターなどのOA機器、などの一般的な什器のほかに、災害などをいち早く把握するためのTVやラジオなどの放送受信機器も不可欠である。最近開設された児相本体から離れたところにある一保では、相談部門とTV電話を常時接続させているところもあり、相談部門と一保が離れている場合の緊密な連携を図るうえでの新しい試みであり、今後の成果が期待される。

　小規模の児相やその一保では、相談部門の事務室と一保の執務室が同室内であったり、ドア一枚で出入りできたりしているところもある。このような児相では、相談部門と一保部門の連携がきわめて円滑にできやすい。

　多くの一保では、建物の間取りや一保の配置上、同一敷地内、同一建物内であっても相談部門と一保は棟が別であったり、フロアが別だったりしている。

　ある特別区の一保は児相の本体と離れたところに設置されているが、一保執務室と児相本体の執務室がTV電話回線で常時接続され、気軽に顔を見てのコミュニケーションができるよう工夫されている。一保職員と相談部門職員の気軽なコミュニケーションを困難にしている設計であっても、DX化の普及拡大により、弊害を軽減させる好事例と言えるだろう。

　一保職員は、一日24時間、一年365日体制で施設内には必ず職員がいな

ければならない施設である。したがって、特定の時間帯に全職員がそろうことはほとんどなく、一般行政事務の職場のように職員一人ひとり全員が専用のデスクを持つ必要性も高くはない。このことから、一時保護課（係）長等の特定の職員以外はフリーアドレスとしているところが多くなっている。職員ごとの特定デスクでなくフリーアドレスデスクの導入は、限られた面積の執務室を効果的に使う上で理にかなった方法である。

●子どもの生活空間や活動場所との位置関係

　子どもが学習や運動、レクリェーション活動をしているときには、児童指導員・保育士はいつも子どもと行動を共にしなければならない。生活の場面においても、食事、入浴、余暇、睡眠時などにおいても傍らについて、子どもとともに生活し、子どもとともに喜怒哀楽を表していくことが求められる。したがって、基本的には、生活支援の場面において執務室から子どもを見守るということはない。新築一保の説明で、執務室内部から子どもの生活が見える設計をしたと報告を受けることがあるが、これは設計担当者が一保における生活支援のあり方を理解していないことを如実に表している。

　また、子どもが自由時間時などに過ごす場所に隣接する場合、その場所から執務室内部が見えるようにすべきか、見えないようにすべきかは、一保の運営理念に通ずるものである。施設によっては、内部が見える透明硝子にわざわざ目隠しシートを貼ったり、カーテンを掛けて子どもから内部が見えないようにしている施設もある。子どもにみられてはいけない個人情報の書類や掲示物が多数あるからと当該施設職員は主張する。しかし、子どもからしてみれば、隠されているものは見たくなるのは当然である。このような施設に限って、執務室の入り口に付近には、いつも子どもがたむろし、それを職員が追い払っている場面に遭遇する。逆に、子どもから執務室を見られることを前提に運営している施設もある。その施設では、子どもに見られては困るものは掲示することはなく、書類等は、必ず伏せて置くとかキャビネットに必ずしまうとかして子どもの目に触れないようにしている。そうした施設の職員は「隠すから子どもは見たくなる。だから見えるようにしている。子どもに隠し事はしたくない」と言う。

学習室

　今後、一保から在籍校に通学できる体制を追求する一保も増加する可能性は高い。しかし、一時保護される子どもの多くが保護前には不登校だったり、学校に対する負の感情をもっていることも少なくないことを考えると、一保内で学習をさせることは今後も継続されるだろう。

　学習指導を受ける子どもが小学生から高校生までということや個の実情に応じた学習指導を行わなければならないことを考えると、複数の学習室や個人で学習できるスペースの確保は不可欠である。

　また小学校1年生から中学3年生までの全教科の教科書の複数準備は最低条件であり、これらの収納も可能でなければならない。

　また、今後はギガスクール構想の学習指導に対応できる WiFi 設備やタブレット学習が可能になる設備が欠かせない。すでに一部の自治体では、インターネットを活用したタブレット学習を始めている一保もある。

　今後は、一保内の分校・分教室とするのが理想ではあるが、近隣に適応指導教室を設置しそこへ通わせるなどの方策も考えられる。現に児相が複合施設の一部になっているところでは、適応指導教室が建物内に設置されている場合もある。こうしたところでは、一時保護された子どもが適応指導教室に通うのは容易に実現できると思われる。

4……まとめ

　特別区が児相を設置できるようになり、令和5年2月1日までに7か所の一保が開設された。さらに中核市も続々と児相設置の動きがあり、また、都道府県一保も、定員増や改築の時期を迎え一保の開設ラッシュである。

　特別区の多くは、先進的とされている多くの一保を念入りに視察し、そこの職員の意見を聞いたり、研究者等の専門家を招いて設計段階から意見を求めるなどのプロセスを経ている。一方、従来から一保を持っている自治体においては、自治体内に一保職員がいることや、今までの経験があるためなの

か、特別区のような丁寧なプロセスを経ないで、設計しているように感じられる。概して、丁寧なプロセスを省略して建築された一保は、子ども本位の生活にしようという思想のない各室の配置だったり、動線の工夫が足りなかったりの結果となっている。今までの経験が逆に新しい発想の一保につながらない要因となっているようにも思われる。一保は短期間の一時的な避難の場であるから生活のしやすさは二の次であるとの考えも見え隠れする。こうしたことも子どもにとって生活のしやすい施設を作る必要性を求めない要因かもしれない。しかし、一時保護される多くの子どもがはじめて福祉サービスを受ける経験となるのが一保での生活である。子どもにとって、限りなく居心地の良い施設とすることはその後、子ども自身が自ら福祉サービスを受けてもよい、受けたいと思わせる決定打にもなりうるものである。子どもが二度と行きたくないといった感想を持つような一保にしてはならない。

　一保に関する研究者や専門家は限られている。まして建築の専門家はさらに限られているという困難さもあるが、設計にあたっては、専門家の助言や先進地の視察は不可欠である。

[茂木健司]

第**5**章
第三者評価を
洗い直す

第三者評価の概念

1……第三者評価とは

　広辞苑では「第三者」とは、「当事者以外の者。その事柄に直接関係していない人」としている。

　この性質を利用し、厚生労働省（2000）は通知で、社会福祉事業者は「苦情解決に社会性や客観性を確保し、利用者の立場や特性に配慮した適切な対応を推進するため、第三者委員を設置」することを求めた。

　これらに対して第三者評価とは、全国社会福祉協議会のホームページでは福祉サービス第三者評価について「質の高い福祉サービスを事業者が提供するために、保育所、指定介護老人福祉施設（特別養護老人ホーム）、障害者支援施設、社会的養護施設などにおいて実施される事業について、公正・中立な第三者機関が専門的・客観的な立場から評価を行う仕組みが、福祉サービス第三者評価です」と説明している。

　しかし福祉サービス分野だけでなく、例えば株式会社第三者評価機構のように、一般法人や販売分野、医療分野に対しても第三者評価を行っている機関もある。CiNiiで「第三者評価」を検索すると2021（令和3）年8月30日で925件が表示された。しかし2023年1月18日では1220件で大幅に増えている。その対象は2021年では福祉サービスと教育分野が多かったが、リスクに対するセキュリティ認証や薬剤師等資格取得後の生涯研修制度の認証、

輸血等の医療行為や専門医制度の認証、自治体の議会等、様々な分野で第三者評価が実施されている。一方、2023（令和5）年では学校に対する研究が増えていた。どちらとも、その多くは、組織の運営や業務等の品質保障を明らかにすることを目的としていた。また多くの論文では、自己評価と第三者評価の両方を実施することの必要性が指摘されている。

　つまり第三者評価とは、自分たちの組織や職員の業務が適切に行われているかを自己評価で確認すると同時に、外部からの評価で品質や業務の質、適格性などを担保する目的で行う制度である。

2……福祉施設の第三者評価

社会福祉施設の場合

　社会福祉法第78条第1項は、「社会福祉事業の経営者は、自らその提供する福祉サービスの質の評価を行うことその他の措置を講ずることにより、常に福祉サービスを受ける者の立場に立って良質かつ適切な福祉サービスを提供するよう努めなければならない」こととされており、これに基づき、福祉サービス第三者評価事業が実施されている。

　そのため全国社会福祉協議会は福祉サービス第三者評価事業についてガイドラインや認定基準等を作成し、評定調査者研修などを実施している。その結果、多くの社会福祉サービス機関が第三者評価を受審している。

　その背景には介護保険制度導入に伴い措置から利用契約に制度が大きく変更するのに伴い、選択の基礎となるサービス内容の「見える化」を図るために客観的な情報提供を行うことが目的であった。つまり自由な選択によりサービス内容の競争が起こり質の向上を図ろうとしたものであった。そして、その質を比較可能にし、保障するのが第三者評価である。

児童福祉施設の場合

　一方、児童福祉分野では措置制度は残ったが、2012（平成 24）年度より厚生労働省が定める「児童福祉施設の設備及び運営に関する基準」第 5 条第 3 項で「児童福祉施設は、その運営の内容について、自ら評価を行い、その結果を公表するよう努めなければならない」と努力義務を課している。

　さらに乳児院は同基準第 24 条の 3 で、母子生活支援施設は同基準第 29 条の 3 で、児童養護施設は同基準第 45 条の 3 で、児童心理治療施設は同基準第 76 条の 2 で、児童自立支援施設は同基準第 84 条の 3 で、「自らその行う業務の質の評価を行うとともに、定期的に外部の者による評価を受けて、それらの結果を公表し、常にその改善を図らなければならない」と、第三者評価の受託と公表が公的に義務付けられた。

　その理由として厚生労働省（2018a）は「社会的養護関係施設については、子どもが施設を選ぶ仕組みではない措置制度等であり、また、施設長による親権代行等の規定があるほか、被虐待児が増加していること等により、施設運営の質の向上が必要である」「これらにより、社会的養護関係施設の第三者評価は、子どもの最善の利益の実現のために施設運営の質の向上を図ることを趣旨として実施されるものである」としている。

　そのため全国社会福祉協議会では、社会的養護関係施設の第三者評価機関の認証を行っている。また調査員には社会的養護関係施設評価調査者養成研修、あるいは継続研修を受講しなければならず、その有効期限は 3 年とされている。

一時保護所の場合

　これらに対して児相は社会福祉法が定める児童福祉施設ではないため、直接的には上記基準には規定されていない。

　しかし児童福祉法第 12 条第 6 項で「都道府県知事は、第二項に規定する業務（注：児相の業務）の質の評価を行うことその他必要な措置を講ずること

により、当該業務の質の向上に努めなければならない」と規定されている。その結果、全国の児相一保で第三者評価は行われるようになった。

●一時保護所の第三者評価の現状

　2021（令和3）年4月1日現在、全国で135か所ある児相一保（以下「一保」とする）のうち、2020（令和2）年中に第三者評価を実施したのは回答のあった112か所中51か所45.5%（三菱UFJリサーチ＆コンサルティング（以下「MURC」とする）2021、p.18）で約半数で実施されていた。

　一方、厚生労働省の調査によると2017（平成29）年度から2021（令和3）年度までの5年間に全国の一保145か所中61か所で第三者評価が実施されており、その割合は44.1%であった。ちなみに主な評価機関は、社会福祉審議会専門部会や民間コンサルティング会社、社会福祉協議会、NPO法人、大学等研究者など（厚生労働省、2022、p.1891）」であった。

　また筆者の調査では、全国の児相設置自治体で回答のあった53自治体のうち、2021（令和3）年中に一保の第三者評価を実施するまたは実施予定であったのは15自治体で全体の28.3%であった（安部2022、p.47）。

　三つの調査を比較すると、MURCと厚生労働省調査は割合が似ていたが、筆者の調査では割合が大きく減っている。その要因としては、調査対象が児相ではなく児相設置自治体であったためであろう。つまり、児相設置自治体では複数の児相を設置している例も多いため、児相での割合でみると約44%で一保の第三者評価がかなり行われているように見えるが、児相設置自治体での割合からみると3割にも満たず、積極的に取り組む自治体と消極的な自治体で対応に姿勢が分かれていることが示唆される。

●厚生労働省の調査研究事業による一時保護所の第三者評価

　このような状況のなか厚生労働省は、調査研究委託事業−保健福祉調査委託費において児相一保の第三者評価に関する調査研究を行い、2017（平成29）年度は児相の第三者評価票（案）を作成し、2018（平成30）年度はいくつかの一保で第三者評価のモデル実施を行い、評価票（案）の妥当性と第三者評価の実施可能性を検証した。

　ただ一保は児童福祉法施行規則第35条により、一保の施設の設備及び運

営については、児童養護施設に係る児童福祉施設最低基準の規定を準用することとなっている。その結果、それ以前の一保の第三者評価においては児童養護施設への第三者評価尺度で行われている可能性は高かった。

しかし児童養護施設と一保では子どもたちが生活する場であるという共通点はあるが、ある程度長期的に入所しメンバーが固定している児童養護施設と原則2か月以内で入所している子どもたちが常時入れ替わる一保では、入所の目的も必要とされる職員の対応も大きく違う。そのため児童養護施設用の評価尺度で第三者評価を行うと、一保の実態を反映していない可能性も危惧された。

だが現在、検索サイトで表示される一保の第三者評価報告書では、多くの自治体がこの厚生労働省の一保第三者評価の評価尺度で第三者評価を行っていることがホームページ等で公開されている。その意味では、この調査研究事業は、一保での第三者評価実施に大きく寄与したと評価できる。

3……第三者評価の課題

制度そのものが抱える課題

厚生労働省の2018（平成30）年3月26日付「福祉サービス第三者評価事業に関する指針について」の全部改正についての通知は、①サービスの種別にかかわらず共通的に取り組む項目（共通評価項目）にばらつきがみられる、②福祉サービス第三者評価事業の目的・趣旨が他制度との違いが明確でない等の要因により広く認識されていない、③第三者評価機関や評価調査者により評価結果のばらつきがみられる、④受審件数が少ない等の課題が各方面から指摘されている等、厚生労働省自身も現状の第三者評価のあり方に課題を示している（厚生労働省、2018b）。

また児相や一保の第三者評価を実施しているNPO法人あいおらいとの田中理事長は、福祉サービス第三者評価について「①（略）、②施設がよい評価を得るために評価機関の選定が利用者本位ではなく施設都合となる可能性

もある。③同時に評価機関も事業継続のため被評価施設に迎合した評価結果を出すという可能性もある」（安部、2022、p.42）など、受審側が発注者である日本の現在のシステムが適切な第三者評価の実施を困難にしている可能性を指摘している。

一方イングランドの教育水準局（Office for Standards in Education, Children's Services and Skills, Ofsted：オフステッド）という日本で言えば会計検査院や人事院のような政府からも独立した行政機関が、学校に限らず児相を含めた税金で運用されている機関の質的担保を図るために評価を行い、結果を公表している（妹尾ら、2018）。

これらを総合的に考えると、「受審者が発注者」という日本の社会福祉施設等の第三者評価は、一保の第三者評価を含めて構造的な課題を抱えていると考えざるを得ない。

一時保護所の特殊性に伴う課題

筆者は以前、一時保護された子どもについて「今まで住み慣れた家族や友人と別れ、知らない子どもたちと集団生活を始めるため不安な気持ちが高まる。一保に入所する子どもは年齢や性別がさまざまであり、また毎日入所や退所があるため常にメンバーが入れ替わり、集団としてのまとまりは作りにくい。また職権によって強制的に一時保護した子どもの親が取り戻すのを防ぐためや子ども同士のいじめを防ぐなどの安全確保のため、一定の自由の制限が必要となる。また職員の側からみると、さまざまな困難を抱えた子どもが急に入所し、ほとんど情報がないままに対応せざるを得ない状況である。これは一時保護という機能が持つ構造的な課題である」（安部、2009、pp.3-4）と記した。この状況は今でも変わらない。

一方、厚生労働省は一保の改善に取り組み、個室化や定員超過の改善を進めている。また全国の一保では独自に様々な取り組みや工夫を行っている。

このような一保の状況を的確に評価するためには、児相の機能を理解し、一保の状況に精通した評価員が必要である。しかし一保の第三者評価を実施

するにあたっての評価員の要件については統一した定めはない。

評価制度（努力義務）の課題

先に「一時保護所の場合」で述べたように、児童福祉法第12条第6項は児相業務の「質の評価を行うことその他必要な措置」を求めているが、あくまで努力義務であり、第三者評価の実施を定めたものではない。さらに評価結果の公表も求めてはいない。

厚生労働省は2017（平成29）年度より児童入所施設措置費等国庫負担金の中で第三者評価受審費加算費として、一保1か所あたり31万4000円の財政支援を行い、また先述のように全国の受審状況を公表して第三者評価を推進しようとしているが、第三者評価の受審自体は各自治体の判断に任されている。

自治体設置という運営（ローカルルール）の課題

第2章で述べたように全国の一保の状況には大きな差がある（厚生労働省、2022、pp.1881-1887）。その要因は人口規模などもあるが、一保は児相設置自治体がそれぞれに運営するため、他の自治体の運営方針や運営状況、設備等についての情報は共有されていない。また人事異動も同一自治体内で行われるため、経験の交流もない。その結果、さまざまな部分で各自治体独自の体制や対応方法などの「ローカルルール」が生まれてしまう。実際、筆者は各地の一保を50か所近く訪問したが、「いまだにこんな設備ですか」と驚くこともあれば「素晴らしい取り組み」と高く評価することもある。しかしどちらの場合も「ほかの一時保護所も同じと思っていました」と言い、プラス面もマイナス面も認識に欠ける場合が多い。

これは第三者評価においても同様で、同一自治体内でしか評価を行わない評価機関は「ローカルルール」を前提としてしまうため、いくら客観的な評価尺度があっても適切な第三者評価は困難になる。

4……第三者評価の将来像

評価員の質の担保

　以上の課題を考えると、一保の適切な第三者評価を行うためには、一保の業務や特殊性に精通した評価員が必要である。つまり全国社会福祉協議会が実施する「社会的養護関係施設評価調査者養成研修」では不十分であり、一保の第三者評価ができる評価員については別途研修や養成を行うなどが必要である。

　またローカルルールを無効にするためには、当該自治体に関与がない評価員による第三者評価が必要である。

経済的に独立した評価機関の必要性

　受審者が発注者である日本の第三者評価システムは、発注者の圧力や評価機関の受審者への忖度を生む可能性が高い。その危険性を避けるためには、評価機関の経済的な独立性は重要である。

一時保護所に特化した評価尺度

　一保は他の児童福祉施設と比べて施設の性格や入所している子どもの状況の違いも大きい。そのため一保に特化した評価尺度は必要である。その意味で厚生労働省（MURC）の 2018（令和元）年度版の評価尺度は重要である。

　しかし 2022（令和4）年の児童福祉法改正で一保の基準が改定されることになった。そのため現在多くの一保第三者評価で使われている上記基準の改正は必要である。

第三者評価受審の義務化に絡む課題

2021（令和3）年11月5日に開催された厚生労働省の社会保障審議会児童部会社会的養育専門委員会第36回会議では「一時保護所の第三者評価を義務化する」ことが提案（厚生労働省2021）された。

しかし適切な第三者評価が担保されなければ、本来の目的である一時保護中の子どもの権利擁護や生活の質の向上は図れないのではないか。特に繰り返し述べているように受審者が発注者である構造を変えなければ、評価者の忖度により第三者評価の適正さを保障できない。そのためにはイングランドのOfsted（オフステッド）のような独立した公的機関による第三者評価制度の確立が望まれる。

経験交流や人材育成としての第三者評価への参加

前述のように一保は設置自治体内で運営や人事異動が行われるため、各自治体での独自のローカルルールが生じやすい。そして全国の一保の職員研修は国立武蔵野学院で行われているだけで、経験交流の場は少ない。

その解決策の一つとして、一保の現役職員が他の自治体の第三者評価に加わることを提案したい。一保の現役職員であれば、一保の状況や必要な対応を十分理解できている。さらに他所の第三者評価に参加することにより、自所のストレングスを知り、不足している部分の改善が望まれる。

もちろん第三者評価を行うのであるから、第三者評価の評価員になる研修の受講は必須であるが、制度改正などは必要ないため、積極的に取り組む必要性を感じる。

5……一時保護所の地位向上のために

一保は子どものプライバシー保護のために外部から隔離され、内部の状況を外からうかがい知れない状況にある。子どもの安全確保のための閉鎖空間

で、本当に子どもの権利と安全が守られているかが確認できない状況は、さまざまな疑念を生む可能性もある。これに対応するために、一保の第三者評価が一保の実情を「見える化」することの一助となる。

　さらに第三者評価を受審し、専門家の目でさまざまな状況の確認を受けることを通して、子どもの権利擁護だけでなく職員の状況の改善のためにも役に立つかもしれない。

　本章は一保の第三者評価をめぐる現状と課題、そして将来像を検討した。

　最初に述べたように第三者評価とは、自分たちの組織や職員の業務が適切に行われているかを自己評価で確認すると同時に、外部からの評価で品質や業務の質、適格性などを担保する目的で行う制度である。

　保護者から離れ、なかなか声を上げることが困難な一保の子どもたちの権利を守るため、またそこで誠実に業務に取り組んでいる職員が正当に評価されるために、全国の一保で第三者評価が行われることを祈念する。

［安部計彦］

参考文献

安部計彦（2009）『一時保護所の子どもと支援』明石書店

安部計彦（2022）「子どもの権利保障としての児童相談所の第三者評価」『西南学院大学人間科学論集』17（2）、西南学院大学、pp.35-59

株式会社「第三者評価機構」http://3hyouka.com（2021年11月12日取得）

厚生労働省（2000）「社会福祉事業の経営者による福祉サービスに関する苦情解決の仕組みの指針について」厚生省大臣官房障害保健福祉部長等連名通知

厚生労働省（2018a）「社会的養護関係施設における第三者評価及び自己評価の実施について」厚生労働省子ども家庭局長等通知

厚生労働省（2018b）「福祉サービス第三者評価事業に関する指針について」厚生労働省雇用均等・児童家庭局長社会・援局長・老健局長連名通知

厚生労働省（2021）第36回社会保障審議会児童部会社会的養育専門委員会審議資料「資料1　一時保護時の司法審査等について（案）」https://www.mhlw.go.jp/content/11920000/000851557.pdf（2021年11月12日取得）

厚生労働省（2022）「令和4年度全国児童福祉主管課長・児童相談所長会議資料」

妹尾華子　湯澤美紀（2018）「イングランドにおける学校監査を通した保育の質の評価――保育者が語る現状と課題」『保育学研究』56（1）、日本保育学会、pp.79-90

全国社会福祉協議会「福祉の評価（福祉サービス第三者評価）」https://www.shakyo.or.jp/

guide/hyoka/index.html　（2021 年 11 月 12 日取得）

全国社会福祉協議会「社会的養護施設第三者評価事業」http://shakyo-hyouka.net/social3/
　（2021 年 11 月 12 日取得）三菱 UFJ リサーチ & コンサルティング（2018）「一時保護さ
　れた子どもの権利保障の実態等に関する調査研究　報告書」

三菱 UFJ リサーチ & コンサルティング（2019）「一時保護所の第三者評価に関する調査研
　究　報告書」

第三者評価の実際

1……一時保護所への導入

　2017 年に「社会的養護関係施設における第三者評価及び自己評価の実施について」（平成 27 年 2 月 17 日付雇児発第 0217 第 6 号、社援発第 0217 第 44 号）により、乳児院、児童養護施設等社会的養護施設の第三者評価が義務付けられた。

　一保は、その対象ではなかったものの、2019 年 7 月「厚生労働省子ども家庭局長　一時保護中の子どもの権利擁護について」により、努力義務とされた。本通知には、以下の 3 点が記述されている。

①一時保護された子どもの立場に立った保護や質の高い支援を行うため、第三者評価を活用するなど自己評価及び外部評価を行うことが重要である。

②一時保護所における子どもの権利擁護を図り、運営の透明性を高めるため、一時保護所が第三者評価を受けるための仕組みの全国展開に向けて、
○一時保護所の外部評価に当たり、「一時保護所における第三者評価受審費加算費の取扱いについて」に基づき一時保護所の第三者評価受審費用への支弁を行っている。
○平成 29 年度に実施した「一時保護された子どもの権利保障の実態等に関する調査研究」に引き続き、平成 30 年度に実施した「一時保護の第三者評価に関する調査研究」において、一時保護所の第三者評価基準・項目・評価方法を策定した。

③各都道府県等におかれては、「一時保護の第三者評価に関する調査研究」報告書に掲げる第三者評価基準等も活用いただき、一時保護所の運営に係る自己評価及び第三者評価の積極的な受審をお願いする。

　本通知により、第三者評価を受診する一保は増加を続け、表 5-1 のとおりとなっている。

表 5-1 一時保護所の第三者評価実施状況

	2020 年度		2019 年度		2018 年度	
	N	%	N	%	N	%
実施している（今年度中含む）	51	45.5	29	30.2	22	24.7
実施していないが今後実施予定	10	8.9	7	7.3	5	5.6
実施していない	49	43.8	58	60.4	62	69.7
無回答	2	1.8	2	2.1	0	0

出典：「令和 2 年度子ども・子育て支援推進調査研究事業 児童相談所の第三者評価に関する調査研究 報告書 令和 3 年 3 月」から

　2023 年 1 月現在、一保数は 150 か所あることから、少なくとも全体の 40% 程度は受診している。

　自己評価を行っていない一時保護所ではその理由として、「評価を行うための指標・基準がない、評価の方法がわからない」が 69.4% と最も多く、次いで「評価を行う時間がない」が 38.8%、「自己評価を始めるきっかけがなかった」が 26.5%、「自己評価の必要性を感じない」が 8.2% であった。なお、その他としては、「第三者評価を行っているため」「自己評価を行ってもそれを適切に活用できない」等の回答があった。

　多くが厚生労働省通知で示した平成 30 年度に実施した「一時保護の第三者評価に関する調査研究」において、一保の第三者評価基準・項目・評価方法を策定した「一時保護された子どもの生活・支援に関する第三者評価」手引書に依っている。

2……第三者評価「手引き」書について

「手引き」書とは

　厚生労働省の子ども子育て支援推進調査研究事業において、三菱 UFJ コンサルティング＆リサーチが一保に関する有識者を検討委員として 2 年間かけて作成したのが、「一時保護された子どもの生活・支援に関する第三者評価の手引き」である。

　作成にあたっては、モデル事業として実際に第三者評価を行ったうえでの

実証的研究の成果である。ここでは、その内容の概要を紹介し一保の第三者評価について理解を図られたい。なお、本手引書は表題のとおり「一時保護された子どもの生活・支援に関する第三者評価」であり、一保の第三者評価よりも広い概念で作成されている。したがって、内容的にも一保で行っていない例えば、児童福祉司が行う業務についても評価項目として記述されている点を理解しておかなければならない。

評価基準の構成

評価基準は5部構成、64の評価項目で構成されている。評価及び評価結果に基づく見直し等を行うにあたり、「ガイドライン」と一体のものとして活用できるよう、当該「ガイドライン」の構成、内容に沿って作成されている（表5-2）。

評価64項目については、おのおの判断基準が示され、それを○、△、×で評価し、その評価結果を踏まえてs、a、b、cの4段階で評価されることになる。評価ランクの考え方は表5-3のとおりである。

表5-2 第三者評価基準の主構成

	内容	評価項目数
第Ⅰ部	子ども本位の養育・支援	14項目
第Ⅱ部	一時保護の環境及び体制整備	15項目
第Ⅲ部	一時保護所の運営	25項目
第Ⅳ部	一時保護所における子どもへのケア・アセスメント	6項目
第Ⅴ部	一時保護の開始及び解除手続き	4項目

表5-3 評価ランクの考え方

評価ランク	評価基準
s	優れた取り組みが実施されている 他一時保護所が、参考にできるような取り組みが行われている状態
a	適切に実施されている よりよい一時保護の水準・状態、質の向上を目指す際に目安とする状態
b	やや適切さにかける 「a」に向けた取り組みの余地がある状態
c	適切ではない、または実施されていない 「b」以上の取り組みとなることを期待する状態

評価の流れ

　一保の第三者評価は、児相第三者評価同様に①自己評価、②一保から提出された資料の精読、③一時保護されている子どもへのアンケート、④現地訪問して施設、設備等の見学、⑤現地訪問調査として職員インタビューと子どもインタビュー、の5段階で行われる。

●自己評価

　64の評価項目を判断基準に従ってできるだけ多くの職員による自己評価を行う。施設管理者は自己評価の集計を参考に、施設としての自己評価を行う。自己評価を行うことは第三者評価の大きな柱である。評価の目的が適切な支援が行われるよう未来志向で行われなければならないからで、改善に向けての方向性を職員一人ひとりが確認できるとともに、施設として組織的に評価し、施設としてもまず課題の自覚につながるからである。

●評価機関による書面評価

　評価機関に対して、自己評価の結果とともに表5-4のような資料を送付し、現地調査の前に十分に目を通してもらう。評価員に提出する資料とその評価項目は表5-4である。

一時保護所の状況：まずは基本的な数値として、一保の状況を知るために福祉行政報告例を提出する。この書類で年間の年齢別の入所人数や年度内に退所した人数、退所後の進路などの基本的な統計情報を伝える。

組織図：小さなところだと一時保護係としている一保も多いが、大きな規模では一時保護の課だけで複数の係を持ち、それぞれ役割分担をしているところもある。組織図から職員体制なども見えてくるからである。

勤務表：基本的に勤務表を見れば職員体制が一目瞭然である

業務分担・行事分担表：職員の役割分担が適切に行われているのかを確認してもらうためである。

平面図（間取り図）：平面図や間取り図により子どもの学習室がどういう位置で、どのように配置をされているのかを分かってもらう。子どもが集うリビングやラウンジの有無、子どもの学習がどこでされているのか、食事の

表5-4　提出資料と評価項目

提出資料	関連する評価項目
一時保護所の状況	全般把握
入退所状況 （福祉行政報告例）	
組織図	職員体制の適切性、職員の権利保障、職員のチームワーク
勤務割表	
業務分担表	
休暇実績・時間外勤務実績	
平面図（間取り図）	生活環境の把握
業務マニュアル	全般把握、支援理念、権利保障、保護の内容
各種マニュアル	危機管理、各種場面における統一的対応
日課表・学習時間割表	保護・支援の内容
献立表	子どもの生活
年間事業計画	運営計画
（あれば）組織目標	支援理念
（あれば）生活のしおり	権利保障、支援の基本、保護の内容
（あれば）権利ノート	権利保障、支援の基本、保護の内容
行動診断記録様式	アセスメントの実態
各種引き継ぎのための書式	チームワーク
業務日誌	管理者の責務、適切な職員体制
子どもの所持品管理表	入所・対処の手続き
退所時アンケート	子どもの声、権利保障
職員の研修実績と予定表	職員の専門性

場所はどこにあるのかなどによって評価員は、朝起きてから寝るまでの子どもの普段の生活導線が想像できる。それが本当に子どもの安心・安全に寄与している間取りなのか、もしくは課題がある間取りなのかというところなども評価対象としてもらう。このところ急速に普及が進んでいる個室化についても、評価員は、間取りを見れば子どもの個室の利用割合がどのくらいかというのもおおよそ分かる。

全般のマニュアル：子どもの生活については、生活全般のマニュアルを見ることで何を大切にしているのかを分かってもらう。ただ生活マニュアルがない一保もあるが、たくさんの規制が書かれ、非の打ちどころのないマニュアルを備えているところもある。現場を訪ねてみると全くそのとおりになっていない場合も多々ある。マニュアルの規定や考え方が立派でも、現

場の状況と乖離していることもあるので、評価員に、現場を見せ職員や子どもの声を聞かせて評価を受ける。

各種マニュアル：生活全般のマニュアルの他に、例えば無断外出した時はどうするか、暴力問題が発生した時はどのように対応するかなどをフローチャートで定めているマニュアルを備えている施設もある。そのようなマニュアルがある場合は、事前に目を通して実際にそのとおりに適切に運用できているかを確認してもらう。マニュアルがない場合は、現地調査時にイレギュラー時にどのような対応をしているかを説明する。

日課表・学習時間割表：マニュアルの中に記載されているかもしれないが、朝何時に起きるかなどの日課表や学習時間を1日の中で規定している学習時間割表もある。そこを事前にきちんと見てから現場に行くと、子どもは毎日どのように過ごしているかが見えてくる。

行事予定：年間の行事予定があるのかを確認する。

生活のしおり・権利ノート：子どもに渡す生活のしおりや権利ノートもあれば事前に提出する。それらは一定の編集方針に基づいて作成されており、その編集方針は評価員にとっては、一保の運営方針に通ずるものと理解される。もし生活のしおりの中で、いきなり暴力はいけない、個人情報を話してはいけないなど、多くの基本禁止ルールが書いてあれば、それは、その一保はまず子どもの行動をコントロールしようということが運営方針と読み取られるだろう。私たちはあなたたちを大切に扱いたいと思っている、というような子どもたちに向けた職員からの熱いメッセージを記載していれば、子どもを大切にすることが基本方針となっていると評価されるだろう。具体的に職員たちがどのように子どもをサポートできるかが書かれていたり、ルールの記載も命令ではなく、理由と共にこのような振る舞いをしよう、という書かれ方であれば、インフォームドコンセントを大切にした運営をしていると評価員に映るだろう。

行動診断記録様式：行動診断をする時に、どのような視点で子どもを見ているかを示すものになる。行動診断は、子ども虐待手引きの中で見るべき項目が定められている。そこに沿って実施しているところもあれば、独自で

実施しているところもある。現地調査でいくつか記入したものを提示することによって、アセスメントに関する評価を確かなものにすることも必要であろう。行動診断記録の中には良いところの記載は一つもなく、問題行動しか書かれていないとすれば、マニュアルで理想が書かれていても、ここの一保は子どもの良いところやストレングス（強み）を見る視点が欠けているのでは、という評価をされることになる。

引き継ぎ様式：一保は交代制勤務なので、色々な引き継ぎを行う。この引き継ぎをどれだけ丁寧に確実にやっているかが全体の運営のポイントになってくることもある。インタビューでは、どのような工夫をしているかや実際に多くは引き継ぎノートや引き継ぎの書式を見せてもらうなどで確認される。

業務日誌：普段どんなことを日誌に書いているのかが確認される。特に業務日誌は守るべき施設基準の中で必要な帳簿の位置づけとなっているので、これがない場合はそもそも施設基準に則った運営ができていないということになるだろう。

所持品管理表：児童福祉法の中でも、子どもの持ってきたものを一保は預かることができる、そして、それらは退所の時にきちんと返却することと定められている。これは必須の書類になるので、それらがきちんとした様式で作成されているのかが確認される。

研修実績と計画：その一保が何を大切にしているか、どのように職員を育成しようとしているのか、どのような知識・スキルを伸ばそうとしているかが評価員に判断される。

現地調査による評価の実施

● 評価員による視察

現地訪問調査では最初に視察が行われる。評価項目に建物などのハードウェアの評価もあるので、評価員に図面を頭に入れてもらった上で中を案内する。窓の大きさや天井の高さ、床の色や材質など、建物を最初に案内されて

五感で感じるものも重要な要素として評価員は視察する。子どもたちが最初に一保に来た時の印象と評価員が感じる印象は大きくは変わらないと思われる。最初に評価員が案内されて感じる印象は、子どもが感じるものと類似するからである。また、評価員は図面等で感じ取れない内容や掲示物なども視察し、評価の判断材料とする。

●状況説明

次に一保の状況説明を行う。入所状況や支援の理念など、何を大切にしてケアしているのか、子どもの生活状況はどのようなものかを説明する。また職員体制や時間外勤務を月にどのくらい行っているか、休暇はどのくらい取れているか、職員研修はどのような内容をどのくらい実施しているのか等の聴き取りに正直に答える必要がある。

●職員インタビュー

職員インタビューでは職員体制の実感を聞き取られることになるが、事前提出資料である程度目星をつけたうえで質問されることになる。例えば規模が大きな一保なのに、職員は大学生のアルバイトと2人で15人の子どもを見ているとなると、本当に大丈夫かなと評価員は感じるはずである。

また例えば、小1の子と中3の子の消灯時間が同じというのも多々ある実態で、むしろ消灯時間を分けている方が少数であろう。これはそうせざるを得ない現状があるが、評価としては小1と中3の子の消灯時間が同じというのは、子どもに応じた生活支援とは言い難いということで当然、sやaはつかないだろう。しかしその要因が、学年に応じた部屋の割り振りができない、縦割りで複数の子どもが同じ部屋で寝なければならない等の場合、時間差就寝はできないし、また就寝場所とそれまでにいる場所が離れすぎていると、職員の目が届かずに子どもがいたずらをし放題という可能性も考えられ、その時の職員が一人しかいなければ就寝時間を同じにするしかない。実態だけでなく、なぜそうなっているのかの背景も丁寧に説明していく必要がある。聴き取られた結果、個室が増やせる、もしくは小1、2年生と中学生の部屋が離せるような場合、それは就寝時間を分けられる可能性が出てくる。評価員は、職員体制や勤務表、平面図をも見ることで現状の要因を見つけ出して

いく。

●子どもインタビュー

　現地調査訪問日の子どもインタビューも行われる。ぜひ子どもの生の声を評価委員に聴かせて欲しい。誰が子どもインタビューを受けるかについては、基本的には評価員に任せるべきである。一保側がインタビューを受ける子どもを選ぶことは、一保にとって都合の良い発言をする子どもを選んだということになってしまうからである。

●昼食

　評価員は、子どもと一緒に子どもの食堂で子どもが使っている食器を使って子どもと同じものを食べる。食器は陶器のものを使っているのか、シミがついたプラスチック製の食器を使っているのかなども重要な視点である。食事は献立や味だけでなく、見た目も評価対象となる。

●当日の評価のフィードバック

　評価機関は、多くの場合、現地調査後は評価書案を作成し事実誤認等がないことを一保側に確認できれば、評価書を提出して評価は終了となることが少なくない。そのため、評価員の生の声を一保の職員が直接聞くことはなかなか困難である。

　評価は監査ではなく、優れているところも一保側に伝え、その上で課題を浮き彫りにし、質の向上を目指すものである。したがって、一保現場がエンパワーメントされ、業務に誇りを持ち改善に取り組んでいくことが重要と考えている。現地調査当日の評価のフィードバックは、職員をエンパワーメントしていく絶好の機会となる。一方、当日のフィードバックは、定まった評価には達しておらず仮のものであることも一保側は認識しておく必要がある。

●評価報告書の受理と公表

　評価結果は基本的には公表することが求められる。

3……課題

評価機関について

　社会福祉事業サービスの評価が利用者がサービスを選択さる際の判断材料を提供することを目的の一つとしているのに対して、一保第三者評価は、児相が行政機関でありそこに付置される一保は、子ども本人、あるいは保護者が利用先を選択することはできないことから、利用先選択の判断材料提供という目的はあり得ない。児相の第三者評価同様に、一保のケアの質の向上と、保護される子どもの権利擁護が目的である。

　多くの自治体が福祉サービス事業の評価の実績のある事業者に評価を委託している。こうした事業者は、評価機関として認証され、評価調査研修修了者により評価が行われている。評価機関としての認証や評価調査研修は評価の客観性や質を保障するうえで欠かせないものだが、これら認証や評価調査研修は社会福祉サービス事業の評価の認証であり、評価員研修である。評価の目的が先に記述したように異なっているし、また児童養護施設などと比べてきわめて特殊性の強い一保を適切に評価できているかどうかは今後検証が必要になると思われる。評価機関には、一保の特殊性を十分理解していなければ、評価をもとに支援の質の向上や権利擁護の実現は困難ではないか。

評価結果（内容）とその妥当性

　評価は、単に評価項目のランク付けをすることではない。日々行っている業務のどの部分がどのように優れているのか、また、課題に関しては、それがなぜ課題であると認識したのかが丁寧に説明されている必要がある。例えば、一保での子どもの一定の権利制限や必要以上と思われる管理的ルールは現実的には実際に行われており、権利制限や生活ルールの根拠について子どもにわかるように説明される必要は必須であろう。しかし、その制限やルー

ルは一保ごとに大きく異なっているのも事実である。したがって、権利制限の理由や生活ルールの根拠が子どもに説明されているだけでは、高い評価にならないはずである。権利制限を少しでも減らしていく取り組みがなされているかが問われているはずである。手引書には十分にそのことの説明がなされていないきらいはあるが、手引書全体を熟読すれば、このことは分かるはずである。制限や生活ルールの妥当性を吟味せずに、子どもに説明していることを根拠に高い評価を与えていたり、一保側の説明をそのまま記述しているだけの評価書も散見される。

手引書の改訂や、評価機関の評価能力の向上も課題であろう。

結果の受容

一保が、支援の質を向上させ、課題を克服していくための評価であるから、sやaの評価がついたことでそこに満足していたら、質の向上にはつながらない。受審する一保は敢えてbやcの評価を甘んじて受け、課題克服への道筋を示してもらう姿勢が求められる。

課題は、職員個人個人が解決すべきミクロレベル、児相や設置自治体でなければ解決できないメゾレベル、国や社会全体が解決しなければならないマクロレベルで示される（必ずしもすべての評価機関がそのような評価書を作成しているとは限らないが）。

このことで受審した一保側は、職員への働きかけや設置自治体側への働きかけ、国への働きかけ等改善に向けての手がかりを得ることができるはずである。

第三者評価の公表について

評価結果の公表は、一時保護されたことに異議を持っている親権者からの反発の材料になり、円滑なソーシャルワークを困難にするとの慎重論もある。公表するか否かは設置自治体の判断によるが、公表することにより、課題を

市民と共有し市民の賛同を得る絶好のチャンスでもある。多くの場合、課題解決には一定の財政負担が生じるため、公費で賄われる一保への支出増には市民の理解は不可欠と考えられるからである。

［茂木健司］

第6章
職員研修の制度検討

全国基準と自治体ごとの実践

1……職員の現状と専門性の向上

　児相一保に入所する児童は、背景や特性の多様化が進んでいる。複雑な入所背景や支援の困難さを抱える児童（被虐待児童、非行児童、さまざまな障害や疾病のある児童等）の入所割合が高まっており、特性に合わせた専門性の高い丁寧な支援が求められている。そのため、一時保護部門に配属された児童指導員や保育士は、それぞれが自分の専門性を客観的に捉え、不足している部分があれば補い、強化して対応していく必要がある。これを可能にするための一つの方策が、研修機会の保障である。

　しかし、一保職員は、変則時間勤務（シフト）体制のため、元々研修へ参加しにくい。さらに自治体間による研修予算の格差、研修メニューの選択肢の限定など、全体的に見て職員向けの研修制度が充実しているとは言い難い。

　職員研修の課題については、「一時保護所子ども観察記録、職員研修なし45%」と2020（令和2）年1月23日付の毎日新聞でも取り上げられている。記事では、実施された調査結果を紹介しながら、「児童相談所を設置する全国70自治体のうち、4割強が、虐待に遭うなどした子どもを保護する一時保護所の児童指導員や保育士に対して、子どもの行動観察とその記録方法についての研修を行っていない」ことを明らかにしている。一方、大阪府や愛知県など余裕がある自治体では「研修は配属から1年間に15時間以上。行

動観察記録の研修は年度当初に実施」「研修は年8回計10時間程度」となっており、自治体間の研修時間や、研修の捉え方、意識の差が大きいことが指摘された。

　児童の福祉の観点から、職員の専門性を高めるための研修に、自治体レベルで格差があってはならないはずである。今後は、一時保護部門の職員が研修を受ける権利を平等に保障される仕組みづくりと現状の改善が最低限望まれる。

2……研修格差

　一方、同じ児相の組織内でも、相談・支援部門にあたる児童福祉司は、研修が義務化され、自治体間の格差は存在しない。内容や時間数も定められており、例えば、児童福祉司任用前研修（到達目標：知識、態度について82項目、時間数等：30時間、研修期間：5日間程度）、児童福祉司任用後研修（到達目標：知識、技術、態度について151項目、時間数等：30時間、研修期間：5日間程度）、児童福祉司スーパーバイザー（以下SV）研修（到達目標：知識、技術、態度について87項目、時間数等：28.5時間、研修期間：OJTをはさんで前期3日間程度、後期3日程度）等がそれにあたる（厚生労働省、2022）。同じ児相の職員でも、配置された部門が異なれば、研修の機会さえ異なってくるのが実情である。

　一時保護部門に配属された職員は、ジョブローテーション等で相談・支援部門へ異動になれば、児童福祉司等のカリキュラムに基づいた研修を受けることが可能となる。しかし本来、相談・支援部門と一時保護部門は、業務内容が異なるとはいえ、児童の最善の利益を考えれば、同程度の重要性を持つものである。研修を受ける機会は平等であるべきだが、一時保護部門の場合、義務化された研修は存在しない上に、標準化された研修内容や、受講にあたっての基準内容も示されていない。

　このように、一保職員は、何をどこまで身に付け、どのような能力を高めていけばよいのか不明瞭な状態に置かれている。さらに、現場で職員を養成する際も、法的に義務づけられた研修がないため、各一保の裁量に委ねられ

ている部分がある。職員が専門性を深め、能力を改善し、向上させていくことは、日々の実践をとおして児童の最善の利益を保障することに直結する重要な課題であるが、現状ではこの目標は達成しにくい構造になっている。

　他にも、わが国では、一保の専門性や人材育成に焦点をあてた研究が限られているという問題がある。しかし全くないわけではなく、例えば、一保の研修実態や、そこで働く児童指導員や保育士が身に付ける知識、技能、態度を専門性とし、職員の階層に焦点をあてたものとして（鈴木ら、2021）「児童相談所一保職員の効果的な研修パッケージモデルの開発及び評価のあり方に関する調査研究」や、同時期に行われた調査研究として厚生労働省、令和3年度子ども・子育て支援推進調査研究事業「一時保護所職員に対して効果的な研修を行うための基礎的な調査」（牛島ら、2021）等がある。

　これらの研究で見えてきたのは、人材育成の課題である。①階層や職種別の研修プログラムが開発されていないこと、②児童指導員や保育士等の変則型勤務職員が参加しやすいICTを活用した研修システムの構築がなされていないこと、③OJTを機能化するためのSV養成が図られていないこと、④研修効果を測定するための評価方法が開発されていないこと等が課題としてあげられる。また、一保職員の採用形態として、福祉職や保育職など、一定の知的なバックグラウンドを有していることが前提だが、勤続3年未満の職員が多数を占めていることも指摘されている（牛島ら、2022）。これらの研究の中でも、一保職員向けの研修は、各児相・一保が業務の傍ら個別に企画・実施しているとする自治体が多く、現場の裁量に任されていることが課題としてあげられている。

3……社会調査結果を基にした問題点の提起

　いくつかの課題から見えてきた、一保職員の専門性を高めるための研修・人材育成における問題を解決するために、社会調査の結果から次の3点を提起したい。

（1）職員研修の整備と標準規定

　現状、一保職員に法律に基づいた研修の基準や体系がないという課題に対し、研修体系及び指標モデルの作成を提起する。

　社会調査においては、一保及び一時保護機能を有する児童養護施設職員の勤務歴、勤務していく中で重要と考えるようになった研修内容、今後特に身に付けたい専門的な知識・技能の各関係性に着目して、階層ごとに研修体系モデルの提起を行っている（鈴木ら、2021）。

　職員の専門性の向上については、実践現場での積み重ねと研修をとおした学び等を統合させながら、専門性の質の向上につなげる方法もある。とはいえ社会調査において、職員の勤務年数に応じて①初任者（2年未満）、②中堅者（2年以上4年未満）、③リーダー・管理者層（4年以上）の3群に分類し、この階層までに必要とされる専門的知識・技能は何かを統計解析により明らかにしているため、この研究結果の利用が望ましいと考える。

　この結果を基に研修体系モデルを構築することで、例えば初任者では、①「子どもの成長・発達に関すること」、②「障害児支援の基本に関すること」、③「行動観察資料の作成方法について」、④「一時保護所での保育について」、⑤「子どもの成長・発達に関すること」が学べるため、児童支援やアセスメント能力等、基本的な実践力を身に付けることができる。

　また、中堅者は、①「被虐待児支援の基本に関すること」、②「一時保護所の役割に関すること」、③「非行児童の支援について」、④「自身の職種の役割に関すること」、⑤「面接技術に関すること」と、より対応の難しい児童へ接するための実践力や課題解決に関する知識・技能を学ぶことができる。

　さらに、勤務歴の長いリーダー（管理者層）については、①「『一時保護ガイドライン』に関すること」、②「性的な問題を抱える児童支援について」、③「児童福祉司や児童心理司等、他職種との連携について」、④「一時保護所の環境構成について」、⑤「スーパービジョンのあり方について」と、児童支援のみならず他職種との連携やSVとしての役割等、調整力や指導力を向上させることができる。

　このように、階層ごとに求められる知識・技能、職責、課題や強みは異な

っているため、研修体系及び指標モデルを構築する際には、これらを意識しながら、職員は階層が変わっても継続的に専門的な知識・技術の向上や開発に努めていける仕組みを作る必要がある。

　また、この調査では、一保職員と管理職にとって身に付けたい、あるいは身に付けて欲しい知識、技能のニーズが高かった項目についても把握されている（表6-1）。研修体系及び指標モデルの整備には時間がかかるため、当面の対策として、各組織や自治体の裁量下で、職員や管理職の両者にとってニーズの高い研修テーマを重点的に身に付けていくことが、実践力の向上に役立ち、各一保の児童支援における課題解決につながるものと考えられる。

（2）専門性向上を目的とした OJT の活用

　一保職員は、各職員の専門性を高める上で、OJT（職場内教育訓練、以下OJT）という教育システムは成果があがりやすいと考えていることが、調査の結果明らかになっている（鈴木ら、2021）。

　また、OJT を身近にする方法として、初任者のチューターや、困難に伴走しながら課題の解決に取り組んでくれる存在、ロールモデルとなる存在の確保が重要であり、初任者の育成や組織力を高める上で役立つと考えられている。また OJT は、観察会議資料の作成や、事例検討においても可能である。このような OJT の仕組みは、各一保が最も手早く取り組むことが可能なものである。

　一方で、現在の一保では、それを可能にするための「研修指導者の養成が図られていないこと」「職員ごとの年間研修計画が十分に整備されていないこと」がわかっている。OJT を進めるにあたっては、教育指導的な立場の中堅者の少なさや、その養成の仕組みがないことが課題としてあげられる。

　OJT 制度を利用して人材を育成するには、一保が事務所内にて年間計画、及び個人個人の研修計画を作成し、職員の目指すべき姿を明確にする必要がある。どのような業務を、どのように体験させるかを考慮し、実践も含めてスキルアップを図るためには、総合的な配慮が求められる。また、OJT がうまくいかない状態であると判明した場合、原因を把握し、解決することも

業務の一つといえる。

　この OJT を重視した人材育成については、初任者を育成するための中堅層や SV を実施できる職員がいなければ機会が少なくなってしまい、業務上の達成感が得られなくなる上に、困難を感じさせてしまうことも想定される。そのため、各一保職員が集う OFF－JT の機会（自治体内や、地域ごとのブロック単位、全国的な公式な研修会など）において、専門性向上の取り組みや、人材育成の好事例を紹介するなどして、他所職員と意見交換し、他所の先進的な取り組みを取り入れることも大切である。ここで注意しなければならないのは、一保職員は地方公務員という点である。地方公務員法上の守秘義務があるため、職務命令で派遣された研修の場において、その点に配慮した建設的な交流、意見交換がなされていくべきである。

　また、OFF－JT にて身に付けた専門性のある知識・技能・態度などは、各自が職場に持ち帰りそれを実践していく必要がある。同時に、初任者・中堅者・管理職のそれぞれが、別の階層の職員に研修内容を共有することも重要と言える。OFF－JT にて身に付いた専門性が、現場に適応し、定着することで、研修効果が最大限発揮されるものと考えられる。そのため、研修結果を実践していく取り組みが推奨されるよう、環境を整備し、一保自体が発展していく意識が必要になる。

（3）多様な研修形態の提供によるスキルアップ

　社会調査結果を参照すると、一保の職員配置にあたっては、職員の職歴や資質、希望等に配慮した配置や人材養成が行われているとされている（鈴木ら、2021）。しかし、児童福祉司の前段階としての配置はそれほど多くはない。あくまでも児相に配置された職員の意向や異動歴（職歴）に基づいたものであることが明らかになった。そのため、現状の配属状況では、あくまでも一保職員として専門性を高めていく必要がある。

　（1）、（2）をつうじて、一保職員の人材育成においては、OJT 等、職場での実践をとおして専門性を身に付けていくことが重要だと示したが、職員一人ひとりに応じた年間研修計画や到達度目標は、殆どの一保で作成されてい

ない。研修指導者の養成についても未整備の場合が多く、今後の課題となっている。研修指導者の養成が進めば、充実したOJT等の実施や計画に沿った人材育成が推進できるものと推察される。そのため、一保に特化したSVの存在は、初任者のみならず、一保全体の組織力を高めていくためにも重要なものになる。しかし、一保の職員は変則時間勤務（シフト制）であるため、平日に毎日職員が顔を合わせるわけではなく、指導機会は少ない。初任者育成をSVが担当するためには人数確保が必要となり、前段階としてSVを担える中堅層の養成が求められる。

　また、OFF-JT等の研修に参加する意思があっても、代替職員の確保や、入所状況によっては職員数を手厚くする必要も生じることから、研修に参加しづらい面もある。そのため、ICTを活用した研修（オンライン研修やオンデマンド研修等）が、現在一保職員からは支持されている。

　このように、一保の現状を考えると、多様な研修形態の確保が必要となる。

　例えば、OFF-JTによる研修方法の傾向は、各階層（初任者、中堅者、リーダー管理職）ともに、講義形式と演習形式（ロールプレイ、事例検討、シミュレーション）を組み合わせた形態での受講が望まれる。また、研修の場は、ただ専門的な知識技能を学ぶだけでなく、他機関との情報交換や交流をとおして、先進的な取り組みや、所属機関の実践状況を確認するために有益であることも確認されている。このような形での学びは、オンラインよりも対面での研修の方が向いているものと考えられる。よって、オンデマンド教材は基礎を学べるものとし、隙間時間に視聴できる形にすることで、職員の研修機会を確保する。オンデマンド教材は繰り返し視聴可能なものになるため、ベーシックスキルを学ぶ方法としては妥当と考えられる。

　このようなe-learning分野について、わが国の社会福祉専門職の育成では、国家試験対策の報告が中心になっている。一方諸外国では、児童の保護に関わる専門職（医師、看護師、社会福祉士、教師など）の虐待に関する知識、保護のための実践技能に関する職員の自己評価の向上に効果的であることが示されている（Weber et al., 2012：Asbury et al., 2021）。諸外国では、専門職のe-learningによる実践技能の向上が報告されており、日本でも先進的な取り

組み、好事例を収集し、その有効性が認められれば、学びの選択肢を広げていくことも可能になる。

このように、多種多様な研修形態を整備することで、一保職員が、勤務状況にあわせて学びを深めていくことができるはずである。

4……今後の人材育成において考慮すべき点

最後に、一保職員は研修及びその仕組み、経験の場が不足しているが、今後どのように対応していくべきかについて、報告をまとめる。

人材育成の方法としては、OJT や OFF－JT、SDS（自己啓発援助制度）等の他に、ジョブローテーション等をとおして他領域を経験することで専門的な知識・技術を向上させていく仕組みがある。先輩職員の背中を見て学ぶ時代は終わりにし、今後は、OJT を基本としつつ、OFF－JT や SDS 等を交えながら、より先進的な知識・技術を習得し、個人の専門性の向上だけではなく、組織全体の専門性の質を高めていくことが、より良い児童支援につながると考えられる。全国どの一保に勤務していても、研修の機会が保障されることが、職員の専門性を向上させるために必須であり、さらなる支援が求められる。

その際に、職員の職歴、キャリアに合わせた指標モデルを、現場の実態に合わせて改変しながら活用することも、人材育成の方法の一つである。つまり、個人個人が階層に応じて知識、技能、態度を身に付けるだけでなく、職員として成長していく中で一貫性と継続性を持って児童支援に取り組むべきという考え方である。

過去も現在も未来も、一保は、職員が協働して、一時的に家庭から分離された児童に対し、心情を誠実に思いやりながら支援を行う実践の場である。集団的実践によって支援が創りあげられているとすれば、人材育成は個人の専門性の発展だけではなく、専門職集団としての発達が求められる。また、社会の価値観や、児童のニーズ・課題は変化する可能性がある。児童指導員や保育士は、身に付けた専門性を活かしながら、目の前で生活している児童

表 6-1　一時保護所職員と管理職が職員に身に付けて欲しい知識技能項目

	機関（n=50）_身に付けてもらいたい知識・技能		職員（n=210）_身に付けてもらいたい知識・技能		対中央値		
	n	割合	n	割合	差（機関-職員）	機関	職員
1．発達の概念	44	88.0%	190	90.5%	-2.5%	低	低
2．発達段階と各段階の特徴	45	90.0%	199	94.8%	-4.8%		高
3．子どもの社会性の発達	45	90.0%	200	95.2%	-5.2%		高
4．子どもの発達と室内・野外レクリエーション	38	76.0%	186	88.6%	-12.6%	低	低
5．発達段階を踏まえた子どもの支援	46	92.0%	201	95.7%	-3.7%	高	高
6．発達過程を支える一時保護所職員の役割	45	90.0%	198	94.3%	-4.3%		高
7．障害の概念	42	84.0%	190	90.5%	-6.5%	低	低
8．障害のある子どもの発達特徴	46	92.0%	199	94.8%	-2.8%	高	高
9．障害者支援に関する法律	37	74.0%	165	78.6%	-4.6%	低	低
10．知的・発達障害児の障害特性	46	92.0%	198	94.3%	-2.3%	高	高
11．知的・発達障害児の支援方法	46	92.0%	199	94.8%	-2.8%	高	高
12．他の入所児に対する障害理解を促す方法	43	86.0%	184	87.6%	-1.6%	低	低
13．入所時の子どもの情報収集・整理	45	90.0%	195	92.9%	-2.9%		
14．保護された子どものアセスメント	47	94.0%	196	93.3%	0.7%	高	高
15．保護された子どもの支援課題の整理	45	90.0%	194	92.4%	-2.4%		低
16．保護された子どもの支援計画	45	90.0%	192	91.4%	-1.4%		低
17．行動観察資料の総合的な考察方法	46	92.0%	195	92.9%	-0.9%	高	
18．行動観察資料全体の作成方法	46	92.0%	192	91.4%	0.6%	高	高
19．被虐待児童の現状と内容	46	92.0%	199	94.8%	-2.8%	高	高
20．被虐待児童の理解	47	94.0%	202	96.2%	-2.2%	高	高
21．被虐待児童の支援のあり方	47	94.0%	202	96.2%	-2.2%	高	高
22．児童虐待防止法等に関する法律	43	86.0%	179	85.2%	0.8%	低	低
23．子どもの養育に困難を抱えている家庭の現状と理解	45	90.0%	197	93.8%	-3.8%		高
24．多文化やLGBTQなどの配慮を必要とする子どもの支援	45	90.0%	195	92.9%	-2.9%		
25．一時保護の目的	44	88.0%	201	95.7%	-7.7%		高
26．一時保護所の支援あり方	46	92.0%	201	95.7%	-3.7%	高	高
27．一時保護所における子どもの権利擁護	46	92.0%	199	94.8%	-2.8%	高	高
28．一時保護所の環境構成	43	86.0%	195	92.9%	-6.9%	低	
29．一時保護所の運営のあり方	44	88.0%	199	94.8%	-6.8%	低	高
30．観察会議のあり方	45	90.0%	197	93.8%	-3.8%		高
31．非行児童の現状と内容	42	84.0%	196	93.3%	-9.3%	低	高
32．非行児童の理解	46	92.0%	200	95.2%	-3.2%	高	高
33．非行児童の支援のあり方	46	92.0%	200	95.2%	-3.2%	高	高
34．虐待と非行のメカニズム	46	92.0%	191	91.0%	1.0%	高	低
35．支援方法とアプローチ	46	92.0%	197	93.8%	-1.8%	高	高
36．他の入所児童との関係性	45	90.0%	199	94.8%	-4.8%		高
37．一時保護の目的と性格	44	88.0%	194	92.4%	-4.4%	低	低
38．一時保護所における援助の基本	46	92.0%	196	93.3%	-1.3%	高	高
39．保護の内容について	43	86.0%	192	91.4%	-5.4%	低	低
40．無断外出の対応	43	86.0%	193	91.9%	-5.9%	低	低
41．保護した児童の所持物の保管、返還	41	82.0%	183	87.1%	-5.1%	低	低
42．一時保護所職員の人材育成	47	94.0%	195	92.9%	1.1%	高	
43．性的な問題の現状と内容	44	88.0%	193	91.9%	-3.9%	低	低
44．性的な問題の理解	47	94.0%	195	92.9%	1.1%	高	
45．性被害児童への支援	46	92.0%	196	93.3%	-1.3%	高	高
46．性加害児童への支援	46	92.0%	195	92.9%	-0.9%	高	
47．被害状況の確認について	45	90.0%	192	91.4%	-1.4%		低
48．トラウマの理解	46	92.0%	195	92.9%	-0.9%	高	
49．他職種の理解	46	92.0%	194	92.4%	-0.4%	高	低
50．他職種との役割分担	45	90.0%	192	91.4%	-1.4%		低
51．他職種チームアプローチの留意点	46	92.0%	193	91.9%	0.1%	高	低
52．コーディネートのあり方	43	86.0%	192	91.4%	-5.4%	低	低
53．効果的な連携方法の留意点	47	94.0%	195	92.9%	1.1%	高	
54．他職種連携の有効性	46	92.0%	195	92.9%	-0.9%	高	

の問題を多角的に捉えられる柔軟性や想像力も合わせ持つ必要がある。極めて厳しい現状ではあるが、個人及び組織が、この壁を乗り越えてより良い児童支援を発展させていくことを望みたい。

［鈴木勲］

引用・参考文献

毎日新聞社（2020.1.23）「一時保護所子ども観察記録、職員研修なし45％」1、14版

厚生労働省関係資料集「児童福祉司等の義務化された研修カリキュラム等について」pp.35-39、https://www.mhlw.go.jp/content/11907000/000727094.pdf（最終アクセス：2022年2月20日）

鈴木勲、和田一郎、仙田考（2021）「児童相談所一時保護所の効果的な研修パッケージモデルの開発及び評価のあり方に関する調査研究」2021（令和3）年度公立大学法人会津大学競争的研究費採択事業報告書、太田研

牛島康晴、小島明子、沢村香苗、今川成樹、菅章（2021）「一時保護所職員に対して効果的な研修を行うための基礎的な調査研究」厚生労働省令和3年度子ども・子育て支援推進調査研究事業、実施主体：株式会社日本総合研究所、https://www.jri.co.jp/MediaLibrary/file/column/opinion/detail/2021_13364_1.pdf（最終アクセス：2022年3月2日）

Weber, J., Ziegenhain, U., Fegert, J. M., Hägele, A., & Künster, A. K. (2012). "Evaluation of the E-learning training, early prevention and intervention in child protection". *Praxis der Kinderpsychologie und Kinderpsychiatrie*, 61 (10), pp.750-765

Asbury, E., Addington, E., Orsborn, G., & Williams, J. (2021). Safe from Harm: Development of Online Child Protection Training for Scouts New Zealand. EDEN Conference Proceedings, pp.384-391

研修現場での環境学習

1……ニーズを学んでいるのか

　児相一保及び一時保護委託を受けている児童養護施設において、人材育成の研修が行われているが、そこでの施設環境および環境構成とのかかわりについては実態が明確でない状況がある。

　本稿では、一保等の人材育成の研修に関する調査等を基に、子どもの遊び・生活および環境構成・施設環境の視点から、現状の実態及び子どもの遊び・生活をより豊かにするための環境づくりについて検討を行いたい。

一時保護所での生活の実態

　厚生労働省の資料「一時保護所の概要」によると、子どもたちの全国平均在所日数は 29.6 日（平成 27 年度）と約 1 か月、さらに 2 か月超えの子どもたちは全体の約 14%、平均約 104 日の在所期間となっている。また一保受付の子どもたちの年齢は、0 〜 5 歳：約 15%、6 〜 11 歳：約 35%、12 〜 14 歳：約 28%、15 歳以上：約 20% と、おおむね乳幼児から 18 歳の幅広い年齢の子どもたちの一時的な保護の場であるとともに、生活の場となっている実態がある（厚生労働省、2021；三菱 UFJ リサーチ＆コンサルティング政策研究事業本部、2021）。

　そうしたなかで、専門職の人たちは、①生活の中で癒す時間となるよう、②落ち着いて生活できるように配慮し、暮らしの中で生活リズムが安定するようにする、③多くの専門職種の連携により、子どものその先の方向性を見出せるよう、支援を目指しているが（出典※3）、施設職員が、子どもたちの日々の遊びや乳幼児の保育のあり方、またそれらを通した育ち、そのための環境にも目を向け、退所後の生活につなげていく視点も大切になってくるのではないかと考える。

142　　Ⅱ　環境・評価・研修

図 6-1　1 日当たり保護人員及び塀品在所日数
出典：厚生労働省（2021）「一時保護の手続等に関する基礎資料集」児童相談所における
　　　一時保護の手続き等の在り方に関する検討会（第 6 回）資料 4 から抜粋

2……調査結果から見えること

　一保等の施設職員が人材育成の研修において、子どもの遊び・生活および
環境構成・施設環境について、学ぶ機会の現状やニーズ（必要度、重要度）は
どのようになっているのか。筆者らが実施した一保等の人材育成の研修に関
する二つの調査「児童相談所一時保護所及び一時保護機能を有する児童養護
施設の人材育成　研修体系モデルの開発に関する調査研究・報告書」（2020
年度、以下「2020 年度調査」）、「児童相談所一時保護所の効果的な研修パッ
ケージモデルの開発及び評価のあり方に関する調査研究」（2021 年度）より、
子どもの遊び・生活および環境構成・施設環境の視点からみていきたい。

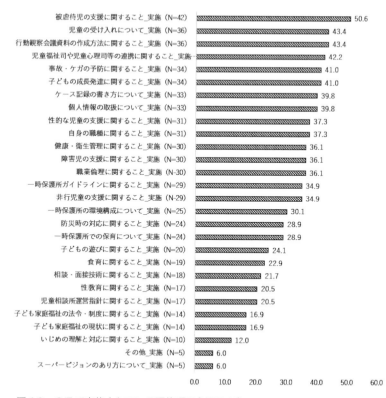

図6-2　OJTで実施されている研修項目（UNIT：%）

被虐待児の支援に関すること_実施（N=42）50.6
児童の受け入れについて_実施（N=36）43.4
行動観察会議資料の作成方法に関すること_実施（N=36）43.4
児童福祉司や児童心理司等の連携に関すること_実施 42.2
事故・ケガの予防に関すること_実施（N=34）41.0
子どもの成長発達に関すること_実施（N=34）41.0
ケース記録の書き方について_実施（N=33）39.8
個人情報の取扱について_実施（N=33）39.8
性的な児童の支援に関すること_実施（N=31）37.3
自身の職種に関すること_実施（N=31）37.3
健康・衛生管理に関すること_実施（N=30）36.1
障害児の支援に関すること_実施（N=30）36.1
職業倫理に関すること_実施（N=30）36.1
一時保護所ガイドラインに関すること_実施（N=29）34.9
非行児童の支援に関すること_実施（N=29）34.9
一時保護所の環境構成について_実施（N=25）30.1
防災時の対応に関すること_実施（N=24）28.9
一時保護所での保育について_実施（N=24）28.9
子どもの遊びに関すること_実施（N=20）24.1
食育に関すること_実施（N=19）22.9
相談・面接技術に関すること_実施（N=18）21.7
性教育に関すること_実施（N=17）20.5
児童相談所運営指針に関すること_実施（N=17）20.5
子ども家庭福祉の法令・制度に関すること_実施（N=14）16.9
子ども家庭福祉の現状に関すること_実施（N=14）16.9
いじめの理解と対応に関すること_実施（N=10）12.0
その他_実施（N=5）6.0
スーパービジョンのあり方について_実施（N=5）6.0

研修項目の割合は

「2020年度調査」からみていくと、一保（機能を有する児童養護施設を含む）での施設環境および環境構成に関連した職員研修の内容、実施においては、図6-2「OJTで実施される研修項目」から、関連が考えられる項目として、「子どもの成長・発達」41.0%、「事故・ケガの予防」41.0%、「環境構成」30.1%、「防災時対応」28.9%、「保育」28.9%、「子どもの遊び」24.1%とあるように、各項目3割前後の実施が見られる。

一方、研修に対するニーズにおいては、図6-3「一時保護所の研修で重要と考える研修内容5項目」から、関連が考えられる同項目として、「子ども

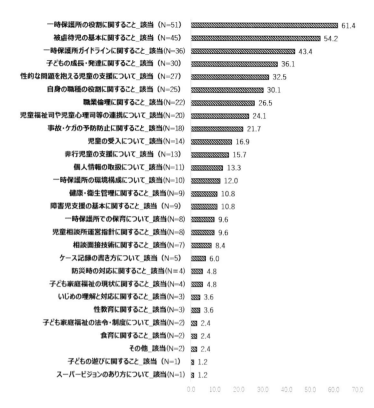

図 6-3　一時保護所の研修で重要だと考える研修内容 5 項目（降順）（UNIT：％）

の成長・発達」36% と 3 割以上見られるものの、そのほかの項目においては、
「事故・ケガの予防」21.7%、「環境構成」12.0%、「防災時対応」4.8%、「保育」
9.6%、「子どもの遊び」1.2% と項目によって大きな開きが見られる。「子ど
もの成長・発達」の項目は子ども施設全般に該当することから、より具体的
な研修の内容の検討としては、施設環境および環境構成とのかかわりについ
ては需要の少なさが見受けられた。特に、子どもの生活面とのかかわりに注
視すると、「事故・怪我防止」は 2 割程度となっているが、「環境構成」、「保
育」は 1 割程度、「子どもの遊び」については約 1% と大変少ない状況が示
された。

必要・重要な学習なのか

　引き続き「2020 年度調査」の結果から、児相一保における子どもの遊び・生活（調査項目では子どもの発達と室内・野外レクリエーション）および環境構成に関連した、職員研修の必要度および重要度について考察を試みたい。

　機関調査における「必要度」については、人材育成にあたり貴所の職員に身に付けてもらいたい知識・技能として、表 6-2（階層別により、身に付けるべき知識・技能について）から、項目「子どもの発達と室内・野外レクリエーション」では、「思う」30%、「やや思う」46%、計 76%、項目「一時保護所の環境構成」では「思う」44%、「やや思う」42%、計 86% となっている。「重要度」においては、人材育成にあたり貴所の職員に身に付けてもらいたい知識・技能として、Table5（人材育成にあたり、貴所の職員に身に付けてもらいたい知識・技能について）から、項目「子どもの発達と室内・野外レクリエーション」では「1 番目に重要」2%、「2 番目に重要」6%、「3 番目に重要」20%、「重要でない」72% となっている。項目「一時保護所の環境構成」では「1 番目に重要」0%、「2 番目に重要」10%、「3 番目に重要」6%、「重要でない」84% となっている。

　機関調査では、職員研修で職員に身に付けてもらいたい知識・技能の必要度として、「子どもの発達と室内・野外レクリエーション」76%、「一時保護所の環境構成」86% と、比較的高い結果となっているが、重要度としては、「重要でない」の回答が、「子どもの発達と室内・野外レクリエーション」72%、「一時保護所の環境構成」84% と、重要と考えていない割合が高い結果となっている。

「子どもの発達と室内・野外レクリエーション」「一時保護所の環境構成」について、職員研修で職員に身に付けてもらいたい知識・技能として、必要度は高いものの、重要度としては低い結果が示された。また職員の階層別でみると、「子どもの発達と室内・野外レクリエーション」に「重要ではない」と回答した割合が、〈初任者〉〈中堅者〉〈リーダー／管理者〉で 76.9%・81.5%・82.4%、「一時保護所の環境構成」に「重要ではない」と回答した割

表 6-2　階層別により、身に付けるべき知識・技能について

	思う	やや思う	あまり思わない	思わない	不明
1.発達の概念	46.0%	42.0%	4.0%	2.0%	6.0%
2.発達段階と各段階の特徴	62.0%	28.0%	2.0%	2.0%	6.0%
3.子どもの社会性の発達	58.0%	32.0%	0.0%	2.0%	8.0%
4.子どもの発達と室内・野外レクリエーション	30.0%	46.0%	16.0%	2.0%	6.0%
5.発達段階を踏まえた子どもの支援	76.0%	16.0%	0.0%	2.0%	6.0%
6.発達過程を支える一時保護所職員の役割	66.0%	24.0%	2.0%	2.0%	6.0%
7.障害の概念	38.0%	46.0%	6.0%	4.0%	6.0%
8.障害のある子どもの発達特徴	68.0%	24.0%	0.0%	2.0%	6.0%
9.障害者支援に関する法律	18.0%	56.0%	16.0%	4.0%	6.0%
10.知的・発達障害児の障害特性	76.0%	16.0%	0.0%	2.0%	6.0%
11.知的・発達障害児の支援方法	82.0%	10.0%	0.0%	2.0%	6.0%
12.他の入所児に対する障害理解を促す方法	34.0%	52.0%	4.0%	4.0%	6.0%
13.入所時の子どもの情報収集・整理	54.0%	36.0%	2.0%	2.0%	6.0%
14.保護された子どものアセスメント	72.0%	22.0%	0.0%	0.0%	6.0%
15.保護された子どもの支援課題の整理	56.0%	34.0%	4.0%	0.0%	6.0%
16.保護された子どもの支援計画	34.0%	56.0%	4.0%	0.0%	6.0%
17.行動観察資料の総合的な考察方法	60.0%	32.0%	2.0%	0.0%	6.0%
18.行動観察資料全体の作成方法	50.0%	42.0%	2.0%	0.0%	6.0%
19.被虐待児童の現状と内容	62.0%	30.0%	2.0%	0.0%	6.0%
20.被虐待児童の理解	80.0%	14.0%	0.0%	0.0%	6.0%
21.被虐待児童の支援のあり方	86.0%	8.0%	0.0%	0.0%	6.0%
22.児童虐待防止法等に関する法律	22.0%	64.0%	8.0%	0.0%	6.0%
23.子どもの養育に困難を抱えている家庭の現状と理解	48.0%	42.0%	4.0%	0.0%	6.0%
24.多文化や LGBTQ などの配慮を必要とする子どもの支援	42.0%	48.0%	4.0%	0.0%	6.0%
25.一時保護所の目的	60.0%	28.0%	6.0%	0.0%	6.0%
26.一時保護所の支援あり方	76.0%	16.0%	2.0%	0.0%	6.0%
27.一時保護所における子どもの権利擁護	74.0%	18.0%	2.0%	0.0%	6.0%
28.一時保護所の環境構成	44.0%	42.0%	6.0%	0.0%	8.0%
29.一時保護所の運営あり方	50.0%	38.0%	4.0%	0.0%	8.0%
30.観察会議のあり方	42.0%	48.0%	4.0%	0.0%	6.0%
31.非行児童の現状と内容	40.0%	44.0%	10.0%	0.0%	6.0%
32.非行児童の理解	68.0%	24.0%	2.0%	0.0%	6.0%
33.非行児童の支援のあり方	80.0%	12.0%	2.0%	0.0%	6.0%
34.虐待と非行のメカニズム	54.0%	38.0%	2.0%	0.0%	6.0%
35.支援方法とアプローチ	78.0%	14.0%	2.0%	0.0%	6.0%
36.他の入所児童との関係性	52.0%	38.0%	4.0%	0.0%	6.0%
37.一時保護の目的と性格	64.0%	24.0%	6.0%	0.0%	6.0%
38.一時保護所における援助の基本	80.0%	12.0%	0.0%	0.0%	8.0%
39.保護の内容について	54.0%	32.0%	6.0%	0.0%	8.0%
40.無断外出の対応	52.0%	34.0%	6.0%	2.0%	6.0%
41.保護した児童の所持物の保管、返還	36.0%	46.0%	12.0%	0.0%	6.0%
42.一時保護所職員の人材育成	84.0%	10.0%	0.0%	0.0%	6.0%
43.性的な問題の現状と内容	54.0%	34.0%	6.0%	0.0%	6.0%
44.性的な問題の理解	72.0%	22.0%	0.0%	0.0%	6.0%
45.性被害児童への支援	88.0%	4.0%	2.0%	0.0%	6.0%
46.性加害児童への支援	80.0%	12.0%	2.0%	0.0%	6.0%
47.被害状況の確認について	46.0%	44.0%	4.0%	0.0%	6.0%
48.トラウマの理解	72.0%	20.0%	2.0%	0.0%	6.0%
49.他職種の理解	60.0%	32.0%	2.0%	0.0%	6.0%
50.他職種との役割分担	60.0%	30.0%	4.0%	0.0%	6.0%
51.他職種チームアプローチの留意点	62.0%	30.0%	2.0%	0.0%	6.0%
52.コーディネートのあり方	50.0%	36.0%	8.0%	0.0%	6.0%
53.効果的な連携方法の留意点	66.0%	28.0%	0.0%	0.0%	6.0%
54.他職種連携の有効性	60.0%	32.0%	2.0%	0.0%	6.0%

合が、〈初任者〉〈中堅者〉〈リーダー／管理者〉で 50%・64.4%・60% と、経験年数が少ない方が僅かながら重要度が高く、より〈初任者〉への研修が重要な項目であることが見受けられた。

　以上二つの調査から、一保等の人材育成の研修の実態や機関・職員のニーズにおいては、子どもの遊び・生活および環境構成・施設環境の視点は全般的に低い結果が示された。

　しかし前述のとおり、一保は、平均 1 か月在所する子どもたちの生活の場となっている現状がある。特に 2020 年度以降のコロナ禍の影響下においては、三密を防ぎながら、いかに子どもたちの生活を支えていくか、子どもたち、職員ともにストレスがかかる難しい時期であったことも考えられ、また施設環境においても、敷地の広さに限りのある一保においては、園庭等屋外環境等の確保も十分でないことも予想される。

　このような状況下において、子どもたちが一保を生活の場として健やかに過ごすことができるよう、遊びや保育、生活の在り方やその環境の整備や構成について、より一層の工夫が期待され、そのためにも研修の場で施設職員が学ぶことのできる機会が増えることを願いたい。

3……研修項目としての環境設定

　では一保の生活の環境は現状どのようにあるのか。また子どもたちの豊かな遊びや生活の実現のためにはどのような配慮が大切なのか、具体的に見ていきたい。

　まず、一保の生活の流れと主なレクリエーション活動の時間の例を示したい。図6-4 では、レクリエーション活動の時間として、幼児は自由遊び、グループ活動、テレビ等。学齢児は課題活動、余暇活動等が挙げられている。

　つぎに一保の室内のレクリエーションの場所と活動の例について示す。

　一つは、食堂、広場（共有スペース）、居間、学習室、廊下、居室等などの場所で、

　＊読書、トランプ、ブロック、テレビ・DVD 視聴などの遊び

図（一時保護所の生活の例）

幼児

7:00		10:00		12:00		15:00				18:00				20:00
起床・朝食	自由遊び	おやつ	グループ活動	昼食	お昼寝	おやつ	入浴	グループ活動	自由遊び	夕食	自由遊び	テレビ	おやつ	就寝

学齢児

7:00			12:00		15:00			18:00				21:30
起床・朝食	自習	学習	昼食	課題活動	おやつ	入浴	そうじ	夕食	余暇活動	おやつ	1日のまとめ	就寝

図6-4　一時保護所の生活の例　　　　　　　　出典：八巻みゆき他、2010

＊お話し会、調理実習、おやつ作り、工作などのレク行事
＊誕生会、ひなまつり、七夕、夏祭り、運動会、クリスマスなどの季節行事
ほかには、遊戯室（プレイルーム）、ホール、体育館等などの場所で、
＊バスケットボール、マット運動、卓球、ダンスなどの運動・スポーツ
などがあげられる。

屋外のレクリエーションの場所と活動の例である。
一つは、屋外遊び場、屋上等などの場所で、
＊野球、サッカー、一輪車などの外遊び、運動・スポーツ
＊栽培、清掃などの作業活動
ほかには、まち、自然地などでの
＊散歩、公園、買物、図書館、プールなどの外出
＊遠足、動物園、美術館、社会見学、登山などの行事
などがあげられる。

生活を豊かにする環境設定

　一保で過ごす子どもたちへ提供・促していきたいこととしては、①生活の中の癒し、②安定した生活リズムの形成、③子どものその先の方向性への見出しが考えられるが、施設内で行われる子どもたちのさまざまな活動（レクリエーション活動含む）を通して期待されることとして、新規な活動への関心、解放感を伴う気分転換、心理的安定、が考えられる（八巻みゆき他、2010）。ここからは、子どもの遊び・生活を豊かにする環境の設定のあり方を考えたい。

●くつろぎの機会と空間

　一保で過ごし生活する子どもたちにとって、生活の中の癒し、すなわち、くつろぎの機会とその空間は大切である。

　一保へのアンケート調査（三菱UFJリサーチ＆コンサルティング政策研究事業本部、2021）では、リラックスできる空間の有無については、約半数が「ある」と回答し、その場所としてプレイルーム・多目的室、図書室、リビング・ラウンジ、体育館・ホール、フロア、カーペット等があげられている。また、遊戯室（プレイルーム）は調査（大崎元他、2014）によると約6割の施設で設置状況が示されている。

　これらの調査から、約半数の施設ではリラックスできる空間がなく、約4割の施設で遊戯室（プレイルーム）がない現状がうかがえるが、リラックスできる空間をもたない施設においても、カーペット、ソファ、置き畳など、子どもたちがゆったりできるくつろぎの機会と空間の工夫が大切ではないかと考える。

●創作・表現・交流の機会・空間

　一保で過ごし、生活する子どもたちにとって、ものづくりなどなにか自由に表現をしたり、誕生日や運動会など季節の行事に参加するなど、個人や集団での活動を行ったり、参加できる機会と空間は大切である。

　創作、表現では、工作、遊戯室等でのコラージュ、書道、調理室での調理・おやつ作り、屋外、ベランダ等での栽培などが、季節行事では、遊戯室、

ホールなどでの誕生会、初詣、節分、ひな祭り、七夕、お月見会、ハロウィーン、クリスマス会、文化展などが考えられる。

またこれらの活動後は、工作、書道、コラージュ等の作品や、ひな壇、クリスマスツリー等の展示を、掲示や設置できる場所を確保し、みなで楽しめる工夫も大切である。例えば、食堂や廊下の壁への貼付、玄関脇や部屋の角などへの設置などが考えられる。

●運動の機会・空間

一保で過ごし、生活する子どもたちにとって、安定した生活リズムの形成できる機会と空間は大切であり、その一つが日々の運動である。

室内では、遊戯室（プレイルーム）、ホール、体育館等での運動やスポーツが、屋外では、屋外遊び場、屋上等での外遊び、運動・スポーツや屋外作業、またまちへの散歩、公園やプール施設での運動が考えられる。

成長期の子どもたちにとって、運動はストレス解消だけでなく、体づくりに大きく寄与するものであり、日々の生活の中で運動の機会は積極的に設けていきたいところである。また乳幼児から学齢期のそれぞれの子どもたちの年齢に合わせた、遊びや遊具、運動や施設があることが望ましいと考える。

●屋外へ出る機会・空間

保護所の室内外に、十分に運動やスポーツが行える場所が設置されていない場合には、子どもたちの要望も踏まえ、散歩や近くの公園等に出かけ、運動の機会をできるだけ設けることが大切ではないだろうか。

ある調査（三菱 UFJ リサーチ＆コンサルティング政策研究事業本部、2021）では、複数の子どもと所外の場所へ出かける機会について、「ある」が約90%、「個別の希望・個々の状況に応じて外出する」が約5%とあり、ほぼすべての施設で外出を行っており、「ある」と回答した施設では、その頻度は週1-2回程度が約27%と最も多く、週3-4回以上が約13%など、週1回以上の外出は全体の約40%で、約6割はそれ未満の現状となっている。

行先としては、近所の公園、体育館・グランド、図書館、児童館、博物館・科学館・美術館、ビデオレンタルショップ、映画館、動物園等が挙げられ、日々の外出と遠足の両方がみられる。

環境設定への課題と子どもたちのニーズ

子どもの遊び・生活を豊かにする環境設定への課題については、以下の事案が考えられる。

活動時の子ども同士の距離感については、子ども同士の適度な距離感の保持を注視することや、混合処遇については、施設の構造上の問題もあり難しい面もあるが、使用する空間を分けたり、時間で分けている施設もある。また、情動のコントロールが苦手な子どもに対しての配慮については、心理司の指導とともに、職員間の情報共有も大切と思われる。外出時の職員の引率については、安全かつ楽しく過ごせることへの配慮が大事である。

ある調査（三菱UFJリサーチ＆コンサルティング政策研究事業本部、2021）では、施設でのレクリエーション活動についての子どもたちの意見の反映について聞いたところ、つぎの方法、内容への反映が述べられている。

収集方法：月1回意見箱の内容を集約、レク活動内容の参考にする、週1回子どもミーティングを開催、意見用紙で工作、体育メニューを検討、意見用紙を壁に張り出し等。

活動への反映：外出行事の実施、レク活動、予算に応じて臨機応変にレクを企画、お菓子作り・お茶会、本・玩具・DVD/CD の購入、就寝時間のテレビ番組の録画、カラオケ大会・卓球大会の開催、グランドで遊ぶ時間を増やしたいという希望が多く、余暇時間にできるだけ外へ出られるようにした。

子どもたちの行いたいことは子ども自身が一番理解しており、子どもたちに意見を聞き、話し合い、ルールや予算等事情の範囲内で、活動や環境づくりに反映していくことも大切ではないだろうか。

環境設定の一工夫例

①小さな自然とのふれあい　〜スプラウトの水耕栽培

一保で過ごす子どもたちにとって、日々の生活の中で癒しを感じ、安定し

た生活リズムの形成につながるかもしれない、小さな自然とのふれあい活動、カイワレダイコン等のスプラウトの水耕栽培を紹介したい。

スプラウトの水耕栽培は、種まきから生長、収穫・食まで、約10日間前後と、在所期間が比較的短くても、また土を使わず室内で行える野菜栽培である。

材料は、器、脱脂綿、スプラウトの種袋等を使用する。種まきをし、2〜3日暗所に保管して発芽を促し、2〜3cm程度芽吹いてきたら、室内の明るい場所に移し大きくなるまで栽培を続ける。水やりは種まき以降毎日行うが、朝はじめに行うことで生活リズムが整うことも期待される。水は脱脂綿がしっとりする程度とし、あげすぎないのがポイント。小さないのちを育てる、いのちを感じる活動になる。

②子ども読書資料循環制度の導入 〜読書環境の充実

相模原市が2022年9月から展開している子どもの読書活動を推進する「子ども読書資料循

写真6-1　スプラウトの水耕栽培（種まきから生育、収獲、食まで）

写真6-2　相模原市児童相談所「おすすめ児童書セット」

環制度」では、図書館スタッフが選んだ絵本や紙芝居等の児童書約 4000 冊以上を新規購入し、市内の保育園や児童館等子ども関連施設（児相一保含む）に「おすすめ児童書セット」として送付し、2 か月ごとに循環させている（保護所に関しては 3 か月ごとの巡回）。各施設にはコンテナに入った約 30 冊の児童書と、図書館スタッフが作った POP が届けられ（組み合わせは約 50 通り）、1 施設に年間 180 冊の児童書が届けられ、市立の子ども関連施設約 120 か所で循環している。施設利用の子どもたちは、定期的に入れ替わる新しい本を施設内で自由に読むことができる。施設の図書コーナーのスペースや購入予算に限りがある、身近に図書館がないなどのケースにおいても有効な制度となっている。

4……おわりに

室内・屋外のレクリエーション活動は、一保で生活する子どもたちにとり、
①生活の中の癒し
②安定した生活リズムの形成
③子どものその先の方向性への見出し
となる機会となるよう、活動や環境が設定されることが望まれる。

滞在する子どもたちが、日々安全・安心して楽しく過ごすことができ、その後につなげていくことができるよう、研修の場でさらに子どもたちの遊び・生活および環境構成・施設環境の工夫についての学びの機会を、また実際の現場でのより豊かな活動や環境の実現を目指していただけたらと願う。

[仙田考]

引用文献

鈴木他（2021）「児童相談所一時保護所及び一時保護機能を有する児童養護施設の人材育成研修体系モデルの開発に関する調査研究・報告書」令和 2 年度公立大学法人会津大学競争的研究資金採択事業
鈴木他（2022）「児童相談所一時保護所の効果的な研修パッケージモデルの開発及び評価のあり方に関する調査研究」令和 3 年度公立大学法人会津大学競争的研究資金採択事業

厚生労働省（2021）一時保護の手続等に関する基礎資料集、児童相談所における一時保護の手続き等の在り方に関する検討会（第6回）、資料4

三菱 UFJ リサーチ＆コンサルティング政策研究事業本部（2021）令和2年度 子ども・子育て支援推進調査研究事業：一時保護所の実態と在り方及び一時保護等の手続の在り方に関する調査研究報告書

八巻みゆき他（2010）「児童相談所一時保護所における保育士の役割」『白梅学園大学短期大学教育・福祉研究センター研究年報』№15、p.82-90

大崎元他（2014）「児童相談所一時保護所の施設環境の現状と課題──入所系措置施設の施設整備基準の検討 その2」日本建築学会大会学術講演梗概集（近畿）、pp.239-240

仲澤瑞歩他（2016）「児童相談所一時保護所における「課外活動」の意味」『山梨学院短期大学研究紀要』第36号：pp.61-73

相模原市（2022.8.24）「子どもの"読書"を応援します！ ～「読書活動」を推進する取組を始めます ～」相模原市発表資料
https://www.city.sagamihara.kanagawa.jp/_res/projects/default_project/_page_/001/025/847/0824/01.pdf

1……研修評価とは

評価のとらえ方

　研修評価のあり方を提言する前に、評価の意味について検討する。なぜならば、評価と耳にすると、筆記や技能試験、レポートといったものから満足度評価や到達度の自己評価など、読者によってイメージする評価方法は多岐にわたるであろう。これらの多様な評価方法に加え、本書の他の章で取り上げられている第三者評価や人事評価などにおいても、評価という用語が用いられている。一時保護職員が研修を通して身に付けた専門性は、一保の質の向上につながる。同時に、研修システムを整えている一保ほど、職員の専門性の向上が期待できる。このように、研修の評価は研修を受講した一時保護職員にとどまらず、一保全体の機関評価とも関係する。よって、研修受講者、企画者、講師、人事評価者、管理者といった人材育成に関係する全ての者が、評価のとらえ方を理解しておく必要がある。

　教育や研修における「評価（evaluation）」は、従来、「測定（measurement）」や「評定（assessment）」といった用語と混同して用いられてきた。「測定」は、個人がもつ特性を数量的なデータ（例えば、研修到達度アンケートやテスト）で収集することであり、解釈や価値判断を含まない。一方、「評価」は、英単語の語源に vale（価値）が入っているように、測定された結果に対する解釈や価値判断を含む。また、「評価」の同義語として、「評定」が用いられることもある。「評定」は、数量では測定しきれない定性的なデータ（例えば、インタビューや研修レポート、生活空間の写真など）等の情報を収集し、多面的かつ総合的に判断することを指す。本節では、「評定」も含めて「評価」という用語を使用する。

研修評価の目的

　評価は、定量的または定性的なデータを含めて情報を収集し、解釈や価値判断を行う行為である。研修を実施すること、研修の結果を測定することが目的ではない。研修評価を行う場合、次のような解釈や価値判断を行うことを目的とする。

① ［到達度］研修で定めた目標がどの程度、達成されたのかを判断する
② ［妥当性］研修内容が対象者にどの程度、適切であったのかを判断する
③ ［改　善］今後の研修プログラムの方針や対象とする参加者を決定する
④ ［動　機］職員が自身の専門性を振り返り、職務への動機づけを高める
⑤ ［強　化］学習した内容を振り返ることで、学習内容を一層、強化する
⑥ ［責　任］各地方自治体が研修成果を市民に公表し、説明責任を果たす

　上記の①〜⑤のように、研修評価を通して研修の PDCA を円環させると同時に、職員が自身の専門性を振り返り、今後の学習計画を立てキャリアをデザインできるようなサイクルにする必要がある。そして、①〜⑤の目的は、最終的には⑥のように研修の成果を市民に公表することにつながる。

　和田（2016）は、研修効果の測定が政策評価・行政評価につながることを指摘し、全国規模で実施した研究や研修の成果を見える化したことにより、所内プログラムのための予算要求や第三者評価の実施に至った例を報告している。研修評価のために収集した定量的・定性的なデータは、子ども家庭福祉に関する政策立案のエビデンスになる。研修評価の最終目的は、子どもの最善の利益のために一時保護の質（政策や概念、物的・人的環境、研修システム、子ども同士や職員との相互作用等）を向上させることである。

2……研修評価の実際

　本項では、児相一保を中心に職員研修の評価に関する調査研究を概観し、

評価の実際について紹介する。一保は、児相に付設された施設であるため、児相職員を対象にした調査研究を含めて概観する（図6-5）。

　筆者の知る限り、一時保護職員を対象にした研修評価の実態を調べた研究は多くない。研修評価に関する研究は、今から約20年前、2000年に施行された「児童虐待の防止等に関する法律」（通称、児童虐待防止法）に端を発する。才村ら（2001）は、児相を設置する全ての都道府県や指定都市の児童福祉主管課を対象に職員研修の実態を調査した。児相全体で160の職員研修が行われており、一時保護職員を対象にした研修は88（55.0%）あった。全体の160の研修のうち、研修の効果測定を実施した研修は65（40.6%）であり、半数以上が効果を測定していなかった。効果を測定していたとしても、感想等のアンケートが最も高く、レポートやテストは極めて少なかった。

　その後、児童虐待防止法及び児童福祉法の度重なる改正を経て、改正児童福祉法の理念を具体化するため、2017年に「新しい社会的養育ビジョン」が示された。新ビジョンでは、一時保護改革についても明記されており、「一時保護時のケアの特殊性及び重要性を考えると、一時保護施設の職員の研修の強化、資格要件の設定、職員配置基準の適正化に加えてスーパーバイザーの配置が必要である。…（中略）…スーパーバイザーが身に着けておく

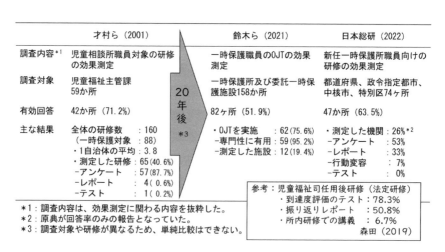

	才村ら（2001）		鈴木ら（2021）	日本総研（2022）
調査内容[*1]	児童相談所職員対象の研修の効果測定		一時保護職員のOJTの効果測定	新任一時保護所職員向けの研修の効果測定
調査対象	児童福祉主管課 59か所	20年後[*3]	一時保護所及び委託一時保護施設158か所	都道府県、政令指定都市、中核市、特別区74か所
有効回答	42か所（71.2%）		82ヶ所（51.9%）	47か所（63.5%）
主な結果	全体の研修数　：160 （一時保護対象：88） ・1自治体の平均：3.8 ・測定した研修：65(40.6%) －アンケート：57(87.7%) －レポート：4(0.6%) －テスト：1(0.2%)		・OJTを実施：62(75.6%) －専門性に有用：59(95.2%) －測定した施設：12(19.4%)	・測定した機関：26%[*2] －アンケート：53% －レポート：33% －行動変容：7% －テスト：0%

参考：児童福祉司任用後研修（法定研修）
・到達度評価のテスト：78.3%
・振り返りレポート：50.8%
・所内研修での講義：6.7%
森田（2019）

＊1：調査内容は、効果測定に関わる内容を抜粋した。
＊2：原典が回答率のみの報告となっている。
＊3：調査対象や研修が異なるため、単純比較はできない。

図6-5　研修の効果測定に関する先行研究　　　　　　　　出典：筆者作成

べき、知識と技能を明確化して提示し、そのスーパーバイザーの研修の質の確保は国が責任をもって行うべきである」（pp.25-26）としている。

新ビジョンで示された一時保護施設の職員の研修強化のためには、PDCAサイクルで研修を改善することが欠かせない。そのためには、研修の効果を評価する必要があるが、才村ら（2001）の調査が行われた20年前から状況は大きくは変わっていない。鈴木ら（2021）の調査では、調査に回答のあった児相一保及び一時保護を委託されている児童養護施設82か所のうち、62か所（75.6%）がOJTを実施しており、このうち59か所（95.2%）がOJTは専門性に寄与していると感じていた。しかしながら、62か所のうち、OJTの効果を測定している施設は12か所（19.4%）にとどまり、大多数の施設が効果を測定していなかった。

また、日本総合研究所（2022）は、都道府県、政令指定都市、中核市、特別区の研修企画担当者に対して、新任の一保職員向け研修の状況について調査した。回答のあった自治体のうち、26%が新任研修の効果を測定していた。測定方法としては、満足度等のアンケートが最も多く、次いで復命書やレポートによる理解度の確認、インタビューや他者評価による行動変容が続いた。

才村ら（2001）の調査研究は一保対象の研修のみならず、児相の研修も対象にしているため、鈴木ら（2021）や日本総合研究所（2022）と単純に比較することはできない。しかし、児相職員の研修効果の測定に関する実態調査が行われて20年が経過した現在でも、効果測定を実施している施設の方が少なく、測定していたとしても受講者の主観的な満足度評価にとどまっていた。参考までに森田（2019）によると、児童福祉司任用後研修では研修の効果を確認テストやレポートにより測定していた。児童福祉司の法定研修は、厚生労働省雇用均等・児童家庭局長通知（2022）において、OFF－JTの科目、研修細目、時間数、到達目標が示されており、研修の修了評価をレポート等により適正に実施することが求められている。全国で基準となる研修内容と到達目標が定められているため、目標の到達度を確認テストやレポート等から評価しやすいと考えられる。

3……研修評価の対象と方法

コンピテンシーとパフォーマンス評価

　一時保護職員の研修を評価する際、どのような専門性を評価したらよいのだろうか。Spencer & Spencer（1993：梅津・成田・横山訳、2011）は、図6-6に示したように、人材育成の概念としてコンピテンシーの氷山モデルを提唱している。コンピテンシーとは、もとは経営学の領域において、仕事の業績が知能テストや学校の成績からは予測できないことから議論された概念である。このモデルでは、表面的に観察しやすく客観的に測定が容易なパフォーマンスという水面上の層と、観察しにくく客観的な測定が困難なコンピテンシーという水面下の層に分けており、コンピテンシーはパフォーマンスよりも訓練に時間的、経済的コストがかかるとされている。専門職固有のコンピテンシーを同定する取り組みは、看護師や保健師、教師教育において始まっている。児童福祉司の法定研修における到達目標も、知識、技能、態度と分かれており、態度にコンピテンシーに該当するものが多く含まれている。

　コンピテンシーの氷山モデルでは、問題解決状況で知識、スキルを発揮するための根源的特性として、動機や特性、自己イメージを重視している。知識やスキルを研修で育成したとしても現場の実践で発揮されなければ、専門性が高まったとは言い難い。よって、動機や特性、自己イメージといったコンピテンシーを評価し育成する必要がある。一方、一定水準の知識やスキルといったパフォーマンスを獲得しなければ、高いコンピテンシーを持っていたとしても実際の職務を遂行することができない。また、パフォーマンスが研修等で高まることで、コンピテンシーも相乗的に高まることもある。このように、コンピテンシーとパフォーマンスは一方向的な関係ではなく、互いに影響している。

　コンピテンシーの評価や育成は困難であるとされているが、卓越した能力を有する実践者へのインタビューやアンケートを通して、熟達水準別に求め

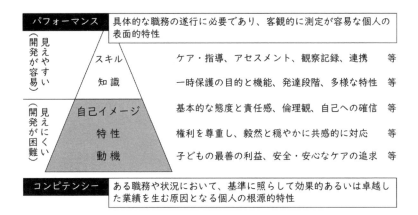

図6-6　コンピテンシーの氷山モデル

出典：Spencer & Spencer（1993［梅津・成田・横山 訳、2011］）より筆者作成

られるパフォーマンスやコンピテンシーを同定する試みが始まっている。鈴木ら（2021、2022）は、一保の管理職や職員への研修ニーズに関するアンケート調査を通して、経験年数別に求められるパフォーマンスを探索的に調査している。その結果、初任者は一保の目的や支援のあり方、子どもの権利擁護等の支援の基本的な知識やスキルを求めており、中堅者は特別なニーズや非行児童等の配慮の必要な児童の支援に関する知識やスキルを求めていた。コンピテンシーについて、鈴木ら（2021）は一時保護職員へのインタビュー調査を通して、初任者には《社会人としての基本的な姿勢》《子どもへの受容的な態度》、中堅者には《後輩育成のための人間性》《組織におけるチームマネージメント》《特別な状況における一貫したケア》を必要な行動記述として抽出した。観察が複雑なコンピテンシーをどのように評価するのかについて、今後も研究の蓄積が望まれる。

研修評価のための情報収集

OJT や OFF‐JT といった研修プログラムをパフォーマンスやコンピテンシーの観点から評価するためには、定量的・定性的なデータを収集し、総合

的に解釈する。評価のためのデータ収集について、カークパトリック（Kirkpatrick）が1950年代に提案した4レベルのモデルが広く知られている。4レベルの評価モデルは、研修評価には四つのレベルのデータが存在していることを示したモデルである。四つのレベルを以下に記す。

①レベル1：Reaction　参加者が研修を肯定的かつ職務に関連していると感じた程度
②レベル2：Learning　参加者が研修にて、目標とした知識、スキル、態度、自信、およびコミットメントを獲得した程度
③レベル3：Behavior　参加者が研修で学んだことを、職務に活用する程度
④レベル4：Results　研修と後のサポートによって、目標とする結果が達成された程度

　カークパトリックの4レベルの評価モデルは、研修評価において広く用いられている。例えば、研修終了後のアンケートにて「研修の内容に満足しましたか？」など、参加者の反応を尋ねたとしたら、これはレベル1について聴取していることになる。研修後に確認テストやレポート等で知識やスキルを測定していれば、レベル2の評価がなされていることになる。4レベルの評価モデルは、企業研修のみならず教職員研修でも活用されている（独立行政法人教職員支援機構、2018）。

　従来の4レベルの評価モデルは、レベル1から下方向に直線的にレベル4までを配置していた。しかしながら、従来のモデルが提案された時代から研修の形態は変化した。対面型の研修形態が主流であった時代から、オンラインベースの研修が出現し、トレーニングの大半は職務中に行われるようになった。そこで、カークパトリックの息子らは従来のモデルを図6-7のように修正した。

　新たなモデルの大きな特徴は2点ある。1点目はレベル間の関係である。新たなモデルは、直線的で連続的なレベルではなく、レベル3の行動

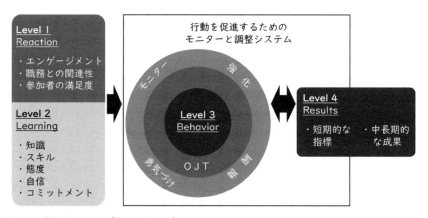

図6-7　新たなカークパトリックモデル

出典：Kirkpatrick & Kirkpatrick (2016) より筆者作成

（Behavior）を中心にして、研修での学びを職務実践につなげ、継続させ、成果へとつなげる点を重視している。研修での学びと成果をつなげるのは行動であり、行動を促進するシステムとして、OJTを通した振り返り、勇気づけ、行動の強化、賞賛や報酬システムを示している。つまり、OFF-JT等で学習した内容とOJTをリンクさせなければ、レベル4の成果につながる行動の促進にはつながらない。行動の促進を中心に捉えているため、レベル1にエンゲージメント等が加わった。エンゲージメントは研修への主体的な参加を意味し、研修講師やファシリテーターによる工夫の他に参加者の意欲や集中力も影響するとされている。

　2点目は、レベル4の成果の強調である。従来のモデルはレベル1から順にレベル4までを示していたため、レベル1や2の評価から始めてレベル3や4の評価を目指すとの誤解があった。カークパトリック自身、レベル4の評価の困難さを指摘しつつ、この評価が最も重要であることを主張している。そのため、新たなモデルでは、研修評価の指標としてレベル4を最初に決定し、レベル4のためにはレベル3、2、1で何を測定したらよいのか、逆算して測定指標を計画することを提唱している。そして、レベル4の成果に向けて短期的な指標（1〜数か月ごと）についてモニターし続けることを推奨している。

新たなカークパトリックモデルに基づく情報収集

　先に紹介した研修評価の実際を振り返ると、一時保護職員を対象とした研修の効果を測定した研修の半数が受講後のアンケート調査等による満足度を測定していることから、レベル１に焦点をあてていることになる。レポート等で理解度を測定した研修、つまりレベル２が約３割であり、レベル３や４を測定した研修はほとんどない。

　表6-3にカークパトリックモデルの各レベルの評価の目的とこれに応じた情報収集ツールの一覧を示した。最初に、機関や自治体の中期目標、年間目標に応じてレベル４の指標を決定する。レベル４の指標の例は、児童によって表明された意見やアンケート、トラブル等の件数、児童の適応行動（余暇やコミュニケーション、社会的行動等）の観察記録、職員の自己評価、標準化された尺度などが該当する。このうち、児童の意見表明やアンケートは全ての児童の声を聴取することが望ましい。児童の行動記録については、短期で退所する児童や長期化する児童など様々であるため、単純に件数を比較することは難しいが数量的な評価のみならず、入所した児童の特性などの定性的記

表6-3　研修評価の情報収集ツール

レベル	評価の目的	情報収集ツール
Level 4 Results	年間の研修プログラムの総括的評価と次年度（次期）に向けた改善計画	- 児童の意見表明や利用アンケート - 児童の暴力等のトラブル・適応行動の観察記録 - 職員の自己評価、職場定着、ストレスチェック - 標準化された尺度での全体評価（TISCIなど） - 第三者評価の評価結果
Level 3 Behavior	研修で修得した知識やスキルの実行度の評価と実行促進・阻害要因の把握	- アクションプランの作成と見直し - OJT担当による行動観察やインタビュー - OFF-JT担当によるフォローアップアンケート - 標準化された尺度でのフォローアップ評価
Level 2 Learning	特定の研修プログラムにおける効果や妥当性の評価と改善計画	- 理解度確認テスト（KBPACなど） - レポートや研修報告書（キーワード法など） - ロールプレイやシミュレーションでの観察 - 標準化された尺度での直後評価
Level 1 Reaction	特定の研修プログラムの実施環境や時間数、難易度の評価と改善計画	- 自己効力感や職務との関連アンケート - 研修中の参加者の表情や反応の行動観察 - 研修参加者へのインタビュー

出典：筆者作成

述も含めて記録することが有用である。

　レベル4の標準化された尺度の例として、Trauma-Informed System Change Instrument（TISCI：Richardson et al., 2012）がある。TISCI は、機関の職員が実践にトラウマ・インフォームド・ケア（TIC）を積極的に取り入れ、効果的に活用できると認識する程度の他に、所属機関における TIC のポリシーや実践について評価する尺度である。所属機関のポリシーや実践では、TIC を施設のポリシーに明記し、トラウマについて関係機関と連携して情報収集し、介入計画に TIC を記している程度を評価するための質問項目がある。計19項目の質問から成り、10分程度で評価する。このような標準化された尺度は、開発された国の文化に基づくため、主観的な体験として概念化された（つまり、明確な定義のない）トラウマへの実践を評価するためには、国内で尺度の標準化を行う必要がある。国外で標準化された尺度を用いて TIC の研修効果を評価し、わが国への適用を検討しようとする研究が報告され始めているため（Niimura et al., 2019）、今後も標準化尺度に関する研究を期待すると同時に、自己報告式の尺度結果を行動観察指標と合わせて検証する必要がある。

　レベル3の Behavior を評価するために、レベル4の指標に基づいて計画する。ブラザー・シスター制度やエルダー制度等においてブラザー・シスターやエルダーが職員の行動観察をすることはレベル3に該当する。行動を評価する際には、1年間といった長期の目標を3〜6か月の短期に細分化し、短期のアクションプランを作成することで目標に応じた評価がしやすくなる。目標は、具体的に（Specific）、測定可能で（Measurable）、達成可能な目標（Achievable）を、長期目標に関連させて（Related）、3〜6か月の短期に設定（Time-bound）することで、評価時に目的達成への影響因や阻害要因を同定して、改善策を検討しやすくなる。

　レベル2の指標では、レベル4や3との関連性を踏まえ、研修の目的と内容に応じて指標を決定する。例えば、応用行動分析学を理論的背景にしたペアレント・トレーニングの研修効果を測定するために、Knowledge of Behavioral Principles as Applied to Children（KBPAC）の日本語短縮版（志賀、

1983）がある。KBPAC は、行動の形成、行動の消去、行動理論、行動分析、強化子、行動維持、罰、環境統制に関して、25 項目の質問から構成されている。各項目に対 して四つ選択肢が示され、その中から最も適切なものを一つ選ぶ形式になっている。この他、参加者が研修において学習した内容からキーワードを選定し、解説するキーワード法などのレポートも活用される。テストやレポート、シミュレーション等のいずれかを用いるにしても、研修で到達目標が定まっていなければ評価指標を決定することは難しい。

　レベル 1 の指標は、これまでにも頻繁に活用されてきた指標である。しかし、これまでのアンケートでは、研修の満足度に関するものが多かった（日本総合研究所、2022）。中原ら（2022）はカークパトリックの評価モデルに関する先行研究を概観し、レベル 1 の研修満足度はレベル 2 の学習やレベル 3 の行動を予測しないこと、レベル 3 の行動に関係しているのは、研修した内容を職務で実践できると確信する程度、つまり自己効力感であることを指摘した。そのため、従来の満足度評価から研修で学習した内容と職務との関連や学習した内容を実行できる効力感の測定に変更すべきであろう。

4……研修評価の改善に向けて

　ここまでにおいて、一時保護職員対象の研修評価の実態を概観し、研修評価において測定の対象とする能力をコンピテンシーモデルに基づいて整理した。そして、コンピテンシーとパフォーマンスを評価するための情報収集について、カークパトリックの新たなモデルに基づいた方法を提案した。最後に、研修評価する際の留意点を記す。

　まず、一保や研修を管理・運営する自治体の部署には、既に様々なデータが存在している。職員の自己評価や児童アンケート、児童の特性指標（Strength and Difficulties Questionnaire：SDQ）、OFF‒JT の事後アンケートなどが蓄積されている。「2　研修評価の実際」で測定状況を概観したとおり、一時保護職員への法定研修は定められていないため、一保や自治体によって差がある。そのため、各一保や自治体で保有している定量・定性的なデータ

が、それぞれどの評価レベルに該当するのかを整理し、現状を観察する必要がある。現状を観察したうえで、評価システムとして不足しているレベルを改善し、機能してきたレベルを補強することを検討すべきである。

　次に、研修評価のためには客観的な測定方法を用いることが望ましいが、評価者の主観や評価者と被評価者との関係性が影響する。とくに、知識やスキルのように目に見えにくいコンピテンシーを評価する際には、主観や関係性の影響は大きくなる。渡部（2017）は、コンピテンシー評価の方法には、パフォーマンスからコンピテンシーを推測する方法があり、パフォーマンスは文脈に基づくとしている。つまり、多忙な職務環境においても冷静な判断を行う能力や限られた情報を統合して児童の行動特性をアセスメントする能力はコンピテンシーであり、その時々のケアやアセスメント資料として見えたパフォーマンスからコンピテンシーを推測できるであろう。

　渡部（2017）はパフォーマンスからコンピテンシーを推測する評価において、評価は指導という行為のなかで行われており、指導者の主観や関係性が影響することを指摘している。指導者の主観や関係性は、パフォーマンスが発揮される文脈となるのである。指導者が新任職員に対して「熱意があって、きっと伸びる」という評価は、厳格に客観的な尺度で測ったものではなく、指導者が新任職員の職務全体から推測した主観的な評価である。このような主観は、ピグマリオン効果（教師期待効果）として知られているように、その後の新任職員のパフォーマンスが最大限に発揮され、向上させる文脈になるであろう。

　このように、コンピテンシーの評価においては、指導者の主観や指導者との関係性が影響することを踏まえたうえで、効果的に活用することが望まれる。最低限に求められる態度や倫理観の基準を明確にすることは必要だと考えられるが、これらの見えにくいコンピテンシーを厳密に評価基準にて定義すると、新任職員は評価基準に沿った学習しかしなくなり、自身の伸びしろに限界を設け、評価基準の中でしか行動できなくなってしまうことが危惧される。コンピテンシーは、主観的な評価も含まれ、評価者との関係性も影響することを十分に理解したうえで、学習者が主体的にキャリアデザインに向

けて行動できるような評価システムの構築を期待する。

[太田研]

引用文献

Kirkpatrick J. D. & Kirkpatrick W. K.（2016）. *Kirkpatrick's four levels of training evaluation*. ATD Press

Niimura, J., Nakanishi, M., Okumura, Y., Kawano, M., & Nishida, A.（2019）. Effectiveness of 1-day trauma-informed care training programme on attitudes in psychiatric hospitals: A pre–post study. *International Journal of Mental Health Nursing*, 28（4）, pp.980-988

Richardson, M. M., Coryn, C. L., Henry, J., Black-pond, C., & Unrau, Y.（2012）. Development and evaluation of the trauma-informed system change instrument: factorial validity and implications for use. *Child & Adolescent Social Work Journal*, 29（3）, pp.167-184

新たな社会的養育の在り方に関する検討会（2017）「新しい社会的養育ビジョン」 https://www.mhlw.go.jp/file/05-Shingikai-11901000-Koyoukintoujidoukateikyoku-Soumuka/0000173888.pdf（最終アクセス：2022年12月23日）

厚生労働省．雇用均等・児童家庭局長通知（2022）「児童福祉司等及び要保護児童対策調整機関の調整担当者の研修等の実施について」子発0413第5号 https://www.mhlw.go.jp/content/000616838.pdf

才村純・高橋重宏・庄司順一・柏女霊峰・小山修・斉藤進・加藤博仁（2001）「児童相談所職員の現任研修等のあり方に関する研究」『日本子ども家庭総合研究所紀要』（37）、pp.181-198

志賀利一（1983）「行動変容と親トレーニング（その知識の獲得と測定）」『自閉症児教育研究』6、pp.31-45

鈴木勲・和田一郎・仙田考・太田研（2021）「児童相談所一時保護所及び一時保護機能を有する児童養護施設の人材育成──研修体系モデルの開発に関する調査研究」2020年度公立大学法人会津大学競争的研究費採択事業・報告書

鈴木勲・和田一郎・仙田考・太田研（2022）「児童相談所一時保護所の効果的な研修パッケージモデルの開発及び評価のあり方に関する調査研究」2021年度公立大学法人会津大学競争的研究費採択事業・報告書

ライル・スペンサー、シグネ・スペンサー（1993）梅津祐良・成田攻・横山哲夫訳（2011）『コンピテンシー・マネジメントの展開［完訳版］』生産性出版

独立行政法人教職員支援機構（2018）「教職員研修の手引き2018 ──効果的な運営のための知識・技術」 https://www.nits.go.jp/materials/text/files/index_tebiki2018_001.pdf

中原淳・関根雅泰・島村公俊・林博之（2022）『研修開発入門「研修評価」の教科書──「数字」と「物語」で経営・現場を変える』ダイヤモンド社

日本総合研究所（2022）「一時保護所職員に対して効果的な研修を行うための基礎的な調査研究——報告書」令和 3 年度子ども・子育て支援推進調査研究事業報告書 https://www.jri.co.jp/MediaLibrary/file/column/opinion/detail/2021_13364_1.pdf（最終アクセス：2022 年 12 月 23 日）

森田展彰（2019）「児童相談所の実態に関する調査「職員の配置および人材育成体制の実態、通告されたケースの実態および長期化した一時保護ケースの実態」結果報告書」平成 30 年度 子ども・子育て支援推進調査研究事業国庫補助事業報告書

和田一郎（2016）「エビデンスに基づいた一時保護所のシステム向上にむけて」『児童相談所一時保護所の子どもと支援——子どもへのケアから行政評価まで』明石書店、pp.237-263

渡部信一（2017）「教育現場における「コンピテンシー評価」とは何か？」『教育現場の「コンピテンシー評価」——「見えない能力」の評価を考える』ナカニシヤ出版、pp.193-206

III
現場からの声

第7章
シェルターで守る
子どもの権利

　私は、東京弁護士会の子どもの人権と少年法に関する委員会に所属し、1987年ころから、学校問題、少年司法、児童福祉などの分野で、子どもの人権救済活動に従事してきた。2004年からは、今晩泊まるところがない十代後半の子どもたちの緊急避難場所、子どもシェルターを運営するNPO法人（現在社会福祉法人）カリヨン子どもセンターの活動に関わってきた。子どもシェルターは、児相の一保と同様の目的をもつ場である。子どもシェルターの現場から、児相、一保における子どもの権利保障の考え方や実践を見ていると、疑問を感じることが少なくなかった。児相、一保の第三者評価に参加するようになり、その感をさらに強くしている。

　本稿では、児相、特に一保における子どもの権利保障が、どうあるべきなのかについて、これらの体験を踏まえて、考えてみたい。

1……児童相談所の子どもの権利保障

子どもの人権とは何か、子どもの権利とは何か

　この問いには、いろいろな説明がなされているが、私が本稿で、この用語を使う場合は、以下の意味で用いているということを、説明しておくにとどめる。

　子どもが人権を有するとは、子どもがひとりの人間として、尊厳ある存在であるということを意味する。子どもの人権保障とは、子どもの尊厳が認められ、尊重されることである。困難を抱える多くの子どもたちとの出会いの

中から、子どもの人権保障には、三本の柱があると教えられてきた。その点については、次項で述べる。

　子どもの権利とは、子どもの人権を守るために、子どもが自ら行使することが認められ、行使できるよう手助けを受け、行使することが期待されている、具体的な手段である。その権利のカタログが、国連子どもの権利条約である。

　子どもの権利条約については、ここであらためて解説するまでもないが、この条約中、児童福祉の領域に関わる条項が、どれほどあるのかと、読み直してみたところ、その多さに驚いた。これはつまり、困難を抱える子どもの人権擁護のために、この社会の中で最も役割を期待されているのが、児童福祉の現場での権利行使だということを意味する。

　2016 年に改正された児童福祉法第 1 条は、「全て児童は、児童の権利に関する条約の精神にのっとり、」と謳った。児相、一保に関わるおとなたちが、国連子どもの権利条約に示された子どもの権利について、十分にその本旨を理解し、子どもが行使できる手助けをしなければ、児童福祉の目的は果たせないということである。

子どもの人権保障の 3 本の柱

　私が出会ってきた子どもは、いじめ、非行、虐待などの深刻な状況の中にいた。その子どもたちから話を聞き、どのような被害を受け、どのような思いをもち、何を望んでいるのかを聞き取ることが必須である。当初は、子どもが受けてきた被害の壮絶さに、返す言葉もないほど打ちのめされ、解決策も解答も自分には見つけられないという、無力感、無能感に陥った。

　今でも、自分にはどうすることもできないという思いは、変わらない。しかし打ちひしがれて、おろおろしている私を見た子どもから、「こんなに一生懸命に、話を聞いてくれるおとながいると思わなかったよ」という言葉をかけてもらう中で、「そうか、自分にはこれしかできないのだ、解決できる、解答がだせるなんて思うほうが、思いあがりだったのだ。そばで話を聞いて、

おろおろしていても、子どもが少しでも元気になってくれるなら、自分にも続けていけるかもしれない」と気づかされ、励まされ、現場を離れることなく、活動を続けてくることができた。

　子どもの思いを聞き取り、課題を整理し、子どもと相談をしながら、また親や、弁護士以外の医療や司法、教育、福祉の関係者らと相談をしながら、子どもの人権回復に向けて、様々な手立てを講じていくことになる。選択肢は、いつもそれほど潤沢ではなく、子どもが望むとおりの道筋を用意できるということではない。それでもその中から、子ども自身に選択してもらう。生きていることすら辛いと思うほどの状況にある子どもが、何がしかの希望を見つけて、立ちあがり、歩み出すまで、伴走することになる。

　その過程で、侵害されている子どもの人権とは、具体的には何なのか、何が人権救済なのかという問いに、悩まされ続けてきた。そして子どもがどんな時に元気になるかという体験から、どの子どもにも共通する苦しみの中身を、一つずつ、つかんできた。それが、次の3点である。

①　こんな自分は、生まれてこなければよかった、死んでしまいたい。自分が生きていることは、親にもまわりの人にも、迷惑なのだ。

②　自分は、ひとりぼっちだ。自分の辛さや悲しさなど、人にとってはどうでもいいことなのだ。この苦しさは、ひとりで抱えていくしかない。

③　自分はおとなの奴隷だ。自分のことを自分で決めさせてもらったことなどない。どうせこれからだって、全部おとなが決めるんだ。

　この3様相に陥っている子どもに、どんな言葉をかけたらいいのかという試行錯誤の末にたどりついた三つの言葉。それが、私が現場で最も大切にしている、子どもの人権保障のための3本の柱である。

①　生まれてきてよかったね。

②　ひとりぼっちじゃないんだよ。

③　あなたの道はあなたが選ぶ。

　人権の要素として、安全、安心、自信という3点が掲げられることがよくある。上記の3本柱のどれがどれに対応しているのかというところまで、明確にはできないが、およそ同じことを表現しているのだと思う。ただ上記の

３本柱は、子どもに伝える言葉として、あるいは現場でおとなたちが、子どもへの対応を判断する場合の指針として、より具体的で、わかりやすく、使いやすいと考えている。カリヨン子どもセンターの運営にあたっては、常にこの３本柱を意識し、活動の指針としてきた。現在、子どもシェルター全国ネットワーク会議では、子どもシェルターの運営指針を策定しているのだが、その根幹に、この３本柱を立てようということになっている。

　児相、一保における子どもの人権、子どもの権利への取り組みを検討するときに、是非使ってみてほしいと思う。

2……児童相談所を必要とする子ども

一時保護所にやってくる子どもの状況

　子どもの人権擁護、子どもの権利保障を、具体的に実現するためには、そこに存在する子どもが、どのような状況にあり、どのような思いを抱え、何を必要としているかを知り、これに応えることが必要である。子どもの権利は、権利章典に羅列された抽象的概念ではない。

　児相相談所、特に一保にやってくる子どもは、家庭での不適切養育や虐待のために、親や家族と一緒に暮らすことができなくなった子どもである。命をないがしろにされ、必要な支えを得られず、ひとりぼっちで放り出され、常に人生を周囲のおとなたちに決めつけられてきた、いわば、人間としての尊厳をずたずたに傷つけられた子どもなのである。その実像から、出発しなければならない。

　その子どもたちの思いは、どのようなものだろうか。お腹が空いた、寒い、からだのあちこちが痛い、かゆい、眠い、疲れた、何もする気がおきない、おとなはみんな冷たい、ひとりぼっちだ、自分は生まれてこなければよかった、死んだほうがましだ、こんなところに連れてこられて、いったいこれからどうなるんだろう、怖い、心配だ、お父さん、お母さんはどうしてるだろう、弟や妹は大丈夫だろうか、あの親と会わないですむのは、ほっとした、

でもまた連れ戻されるんだろうか、でも自分には何もわからない、教えてもらえない、どうせ全部おとなが決めるんだ……。

　それぞれの事情はあるにせよ、児童福祉の支援を必要とする子どもの思いの根底に流れているのは、こうした不安や怒り、そして諦めだろう。

　この状態を、子どもの人権侵害という視点から見るなら、上述した、子どもの人権保障の三本柱のどれ一つとして、守られていないということである。そして、子どもの権利という視点から説明するなら、行使できることとされている様々な権利を、全く行使できなかった子どもなのである。

　いじめ、差別などによる人権侵害を受けている子どもは、あちこちにたくさんいる。この世界では、その子どもの救い手、支え手となる者として、まず親がその役割を期待されている。それが、現在「親務」「護務」「親責任」などへの用語自体の変更が議論されている、「親権」の中核にある使命である。しかし児相にやってくる子どもは、親によって守られるという、子どもの生命線ともいえる権利が奪われている。それどころか支え手になるべき親が加害者になっているという意味で、より深刻な被害者なのである。

子どもが権利を行使する場

　そうであるなら、児相・一保は何をしなければならないのか。深く傷つけられた子どもの人権を回復し、子どもが権利を行使できるようになるまで、支援しなければならない。つまりそこは、子どもの人権救済、権利行使支援のための活動拠点なのである。

　児相・一保は、既に、子どもの福祉の実現、最善の利益保障という立ち位置で、運営されてきているはずである。しかしそこにはまだ、子どもを保護の対象として、大人中心、大人目線で支援するという発想が充満している。今一度、あらためて、児相・一保は、子どもの権利救済、権利行使支援の場なのだと認識することにより、新たな光をあてたい。

　これまでの人生において、人権を尊重される体験のなかった子どもの人権回復、人権保障をするということは、子どもには未知との遭遇である。人権

を尊重しあう人間関係が、この世界には存在するということを、子どもが実感できなければならない。言葉かけも、子どもへの対応も、子どもがこれまで出会ってきたおとなとは、全く異なるものとなっている必要がある。

　具体的に、いつ、だれが、何を行うことが求められているかについては、子どもシェルターの実践を紹介したうえで、あらためて検討するが、場面としては、入居時対応、日々の生活、ケースワーク、退居時対応、アフターケアなどが考えられる。それぞれの場面で、子どもの人権回復のために、何をなすべきかという視点で、考えていくことにより、見えてくるものがあるはずである。

　その際に重要となるポイントが、子どもとおとなの対等なパートナーシップの実現と、子どもを真ん中にした、多機関、多職種のおとなたちの、対等かつ緊密な協働である。

子どもとおとなの対等なパートナーシップ

　この言葉は、国連子どもの権利条約が採択された翌年、1990 年に国連犯罪防止会議が採択した、「少年非行予防のための国連ガイドライン（リヤド・ガイドライン）」に用いられていた表現である。

　私は、子どもの権利条約に触れたときに、国際社会では、子どもの権利について、ここまで進んだ議論がなされているのだと驚愕をした。しかしリヤド・ガイドラインの、この言葉に出会ったときには、棍棒で頭を殴られたほどの衝撃を受けた。端的にまとめると、「子どもの非行は、幼いときから人権侵害を受けた子どもの SOS である。だから子どもの非行を予防しようとするなら、幼いときから、子どもの人権を保障しなければならない。そのためには、子どもとおとなが、対等かつ全面的なパートナーとして、関係構築をしていかなければならない」ということである。

　子どもの人権保障を、念頭において活動しているつもりでいても、おとなはどこかで、子どもとの関係を上下関係でとらえている。おとなは一人前、子どもは半人前。おとなは成熟、子どもは未熟。おとなは子どもを養育して、

教育して、一人前のおとなに育てあげる責務がある。というようにである。

　到底、子どもと自分が、対等な人間どうしとして、パートナーとして生きていくという発想など、持ちようがなかった。だから衝撃を受けたのである。「そんなこと、できるはずがない」と思った。

　しかし、弁護士として出会ってきた子どもとの道のりを、よくよく考えてみると、私は子どもの上に立てたことなどなかった。子どもを前から引っ張ることも、後ろから押すこともできなかった。私にできたのは、子どもの傍らにいて、おろおろしながら、一緒に歩くことだけだった。その中で、子どもが元気を取り戻し、自分の道を見つけ、歩き出していった。そして伴走してきたおとなたちに、「何もできなくてもいいんだよ。でもひとりぼっちにだけはしないで。そばにいて。一緒に考えて。それさえしてくれれば、自分の道は自分で歩いていくからね」と励ましてくれて、成長させ、希望を与えてくれたではないか、子どもこそ、私のパートナーだったのだと、気づいたのである。

　わが家に戻り、幼い子どもたちと自分がパートナーとして生きるというためには、どうしたらいいのかというほうが、ずっと難問だった。それこそ悪戦苦闘、失敗の連続だったが、その点の報告は、本稿では割愛する。

　パートナーシップを築くためには、目の前の子どもと、対等な人間どうしとして、敬意を払いあえるか、子どもの言葉をきちんと聞いて、尊重できるか、子どもにわかる言葉で語りかけられるか、上から目線で命令したり、決めつけたりしていないか、課題や状況、情報を共有し、話し合い、相談してものごとを進められるかというようなチェックを、常にしている必要がある。

　子どもの人権、子どもの権利保障は、子どもとの対等なパートナー関係の中でしか、実現できない。そのことをおとなたちが十分に理解し、実感して、実践することが求められている。

子どもを真ん中にした協働

　困難を抱える子どものケースワークは、あらためていうまでもなく複雑で

難しい。解決などは望むべくもなく、とにかく現在の苦境をいくらかでもやわらげ、再び傷つくことのない生活へつなげていかなければならないのである。

　子どもの困難をひとりで抱えようとしたら、担当者は倒れるしかない。だから児童福祉司はチームで対応するようになっているし、スーパーバイザーも配置されている。

　心理士、医師、弁護士、学校教師との連携も、不可欠である。さらに肝心なのが、子どもと共に日々生活をしている、一保の職員である。

　子どもの権利保障のためには、関係者どうしが、対等な立場で連携し、協働することが必要であり、その中心に子どもがいなければならない。その実践については、カリヨン子どもセンターの活動を、次節で述べる。

3……カリヨン子どもセンター（シェルター）の実践

発足の契機

　弁護士会の子どもの人権救済センターの電話相談に、十代後半の子どもたちから、帰るところがない、どうしたらいいのかという相談が入ってくるようになった。付添人として関わった子どもが、少年院から戻ってきて職場を解雇され、寮から追い出されたとか、児童養護施設を出されて、行き場を失った子どものケースもあった。児相では18歳以上の子どもの一時保護はできない、一保が定員超過状態で、幼い子どもを優先せざるを得ない、高齢児用の個室が用意できない等々。

　弁護士には、子どもの生活を24時間見守り、食事を共にし、病院へ同行し、おしゃべりをしたり、遊んだりする余裕がない。子どもシェルターがほしいという願いが生まれた。東京弁護士会が1994年から行っている、子どもたちと弁護士が作るお芝居「もがれた翼」公演で、2002年に、子どもシェルターがほしいという夢を込めた作品「こちら、カリヨン子どもセンター」を上演したことを契機に、市民や児童福祉関係者らの間で機運が盛り

上がり、2004年に、本当に子どもシェルターが生まれた。

　難問はいくつもあったが、一つは、親権者から逃げてきた子どもを、どう守るかということであった。児童福祉法に基づく一時保護の権限をもたない、民間の子どもシェルターに、子どもが合法的に避難できる仕組みが必要だった。そこで、一人ひとりの子どもに、弁護士を選任するという方法をとった。家庭を離れたい、親と会いたくない、シェルターに入居するという子どもの意思を確認し、子どもの代理人として、これを親権者に対して代弁する役割である。弁護士会の子どもの法律援助制度を用いて、子どもが費用を負担することなく、弁護士を選任できる仕組みを作った。子ども担当弁護士（略称コタン）という。

　児相との協議により、カリヨンに避難してきた子どもの虐待通告をする、児相は一時保護決定をして、カリヨンに一時保護委託をするという仕組みもできた。

　子どもの生活は、シェルター職員が守り、子どもの日々の思いを聞き取り、コタンや児童福祉司にも伝える。コタンは、子どもの相談相手となり、児相との連携、学校や勤務先などとの交渉、関係調整、虐待に起因する刑事上、民事上の法的手続きなどにも関わる。

　概ね2か月を目途に、子どもの心身の傷を癒す方法を模索し、子どもが自らの状況、課題、希望を整理し、語れるようになり、様々な人間関係を調整し、転居先探しをして、子どもが次の一歩を踏み出すまで、皆で伴走する。

　つまり、緊急避難とケースワークを、子どもの人権の回復、子どもの権利保障を理念として、職員、弁護士、児童福祉司、心理、医療関係者、学校などの多機関の協働作業により、短期集中的に行う活動である。

権利保障のための工夫

●一時保護所の状況を反面教師として

　2004年の開設当時、東京都の児相の一保の状況は、現在とはだいぶ異なっていた。集団処遇が基本で、個室は用意されず、団体行動をとり、厳格な

規律を守ることを子どもに課していた。児童養護施設最低基準並みに、職員一人に子ども何名という職員配置基準が適用され、必ずしも虐待を受けた子どものケアについての専門性をもたない、数少ない職員が多数の子どもに対応していた。

子ども間の接触が禁じられ、子どもの頭髪が黒染めされ、命令指示口調で子どもを律し、問題行動を起こしたとされる子どもには、隔離などの措置が取られていたこともあった。子どもの人権の回復、子どもの権利保障などという理念は、顧みられていなかったと思う。ひとたび一保を経験した子どもが、二度と入りたくないという感想を述べることも、少なくなかった。

だから、カリヨンを開設するにあたっては、いわば、一保を反面教師として、アンチテーゼをめざしたといってもよいかもしれない。

子どもは一人ひとり、ゆっくり個別対応ができるよう、少人数で、家庭的な雰囲気をもつ場とする。子どもの生活スケジュール、食事のメニューなど、できる限り、子どもの状況や希望にあわせる。

建物はできるだけ一般の家庭に近い構造とし、子どもが自分で鍵をかけ、プライバシーを守れる個室を用意する。職員の数を増やし、弁護士を含め、一人の子どもに関わるおとなの数を多くする。子どもの話を聞くことを、最優先課題とする等々。

●理念を掲げる

そして理念は、上述した子どもの人権保障の3本柱の実現とし、あらゆる場面でのおとなの言動の基本とする。声がけ、まなざし、要望への対応、子どもとの距離の取り方など、一つ一つが、生きていてよかったね、ひとりぼっちじゃないよ、あなたの道はあなたが選んでいいという、内実を持つものとなること、そして子どもとの対等なパートナーシップの実現をめざすということである。

運営指針を、理事、職員共同で作成し、これを少しずつ修正しながら、毎年度最初の全職員会議で、読み合わせをし、自覚を新たにしている。理念が常に完璧に実現できるなどということはない。しかしめざすこと、実現をしようと努力することはできる。職員会議、法人内研修、外部研修などを積極

的に行いながら、自己研鑽を積み、かつ現場での意見交換、共通認識の維持にも努めている。

●子どもの言葉を聴く

シェルターには、子どもの事前情報がないことの方が多い、成育歴や家族構成、子どもの受けてきた被害の実態、学校での様子、友人関係、子どもの抱えている困難の内容、子どもの夢や希望など、基本的にすべて子ども自身から、聞きとらなければならない。

誰の話でも聞けるわけではない。子どもとの相性もあるし、子どもの選択もある。とにかく関わるおとなたちは、子どもと接しながら、最も話しやすい人を見つけてもらって、子どもが語れるようになることを待つ。

言葉を聴くということは、情報としての話を聞くということだけではない。人の語る言葉がどこから生まれてくるかに思いを馳せると、その人の内奥の深いところから、その人のもっている歴史や知識や感情をベースとしながら、その人が自ら行う複雑な選択や構成の末に、言葉が発せられているという重みに気づく。言葉はその人の存在、その人の命と、分かちがたく結びついている。

私は大学の哲学科出身で、「ハイデッガーにおける言葉」をテーマに、卒業論文を書いた経験があるのだが、その中に「言葉は存在の家である」という、ハイデッガーの表現があった。このことを、子どもの人権に寄せていうなら、「子どもは、自分の言葉に命をのせて、自分の存在をかけて、そっと差し出している。その言葉をしっかり受け止めるということは、子どもの命を、子どもの存在をしっかり受け止めるということなのだ」となる。

子どもの言葉を聴くときには、そのくらいの思いをもって、相対する覚悟が必要である。そして、それだけの重い言葉と対話をするのだから、大人の方も、自分の命、自分の存在をかけるくらいの気持ちで、真剣な応答をしていかなければならない。

子どもは、自分の言葉がしっかり受け止められたかどうかを、敏感に判断する。自分は大切にされていると感じ、ひとりぽっちではない、おとなを信じていいのかもしれないという芽が生まれる。それが子どもの人権回復への、

最初の一歩なのである。

● 選択肢をふんだんに用意する。

　自分の人生を何も決めることができなかった、選択肢を示されることなどなかった子どもたちである。突然に、家に戻るか戻らないか、学校を続けるかやめるかなどという大問題に直面して、選択を迫られても、どうしたらいいかわからない。

　日常生活には、朝食にパンを食べるか、ご飯を食べるか、お風呂に何時に入るか、個室で過ごすか、リビングで過ごすか等々、選択を要する場面が次々とでてくる。子どもシェルターでは、そうした小さな選択の場面を大切にし、子どもに選び、決めるという経験を積んでもらう。好き嫌いで決められることもあれば、こちらだとこうなる、あちらだとこうなるという情報や、こちらの方がいいかもしれないという助言を得て、最終的に自分で決めるということもある。

　年齢の高い子どもたちなので、さほど時間を要さずに、自分のことは自分で決めていいのだ、決めることができるのだということが、実感できるようになる場合が多い。そして、人生の岐路となるような選択を前に、揺れて、何日も悩みつつ、最終的に自分が決めなければならないと覚悟し、決断をくだす。その瞬間に立ち会うと、子どもの誇り高さに感動することがよくある。自分の人生を自分で選ぶということが、人間の尊厳を維持するうえで、どれほど重要なことかを、教えられる瞬間である。

● 多機関のスクラム連携

　「子どもを真ん中にした多機関のスクラム連携」——これはカリヨンの活動の骨格を表現した言葉である。

　子どもが抱える困難は、あまりに複雑で、深刻で、進むべき道がなかなか見えてこない。子どもの怒りや不安の振れ幅は大きく、その暴発が暴言や自傷、虚言、無断外出などの形で起きる。ひとりのおとなが抱えていたら、そのおとなの方が滅入り、無力感に襲われ、心身に傷を負い、燃え尽きてしまう危険がある。

　だから様々な立場の弱いおとなたちが、子どものエネルギーの暴発の前に

倒れてしまうことがないよう、しっかりとスクラムを組んで支えあい、子どもを真ん中にして、この子をひとりぼっちにだけはしないという覚悟で、抱きしめ続けていく。それが、子どもシェルターの活動である。

シェルター職員、子ども担当弁護士、児童福祉司、心理、医師、教師などの関係者が、子どもにきちんと顔を見せ、子どもから聞いた話を含む情報や課題を共有し、方針を一致させて、それぞれの役割を果たし、子どもにフィードバックしながら、子どもの命を守り、人権を回復し、権利行使を助けて、ケースワークを行うということである。

● 子どもが参加するケース会議

そしてこれを、具体的に見えるようにする活動の一つが、子どもが参加するケース会議の実施である。カリヨンでは、ケース会議には、必ず子ども本人が参加する。おとなだけで打ち合わせをする場合は、関係者会議という。

原則として、入居後1週間以内に、子ども、職員、コタン、児童福祉司、スーパーバイザーが出席する会議を行う。ほとんどの場合は、おとなたちがシェルターに集まる。日程調整が結構大変ではあるが、コロナ禍でIT化が進んだおかげで、オンライン参加も可能となった。ケース会議の直前に関係者会議をもち、それぞれがもっている情報や見通しを共有し、ケースの整理をしておく。それから子ども本人に入ってもらい、会議が始まる。

スーパーバイザーや職員が、子どもの緊張を解きほぐしながら、会議の趣旨を説明し、おとなたちのもっている情報を確認しながら、子どもから直接に話をしてもらう。健康状態、生活上の不都合の有無から始まり、シェルターに避難した理由、家族の状況、困りごとの内容、親との対応の方向性、学校や勤務先への連絡、転居先についての希望などを聞き取りつつ、しなければならないことを整理し、誰が何をいつまでにするかの役割分担をする。その結果をどのように本人に伝えるか、そのうえで、次の段階では、いつ何を決めるかの見通しをもつ。通院、心理テスト、親への手紙の作成、学校の課題など、子ども本人がしなければならない作業についても、確認をしていく。

私は、ケース会議の際、子どもが船団を率いる船長であり、おとなたちは

その指し示す方向に向かって、一緒に航路を進んでいく応援団であるという説明をする。子どもが参加するケース会議は、実に充実するし、何が正解なのかと、かじ取りに悩んでしまうおとなにとって、救いである。子どもの人生を、おとなが決めようとしていたことの愚かさに気づくからである。子どもが参加することにより、関係者会議で検討していた方向性が、全く変更されることもあるが、それを応援団が納得できれば、それでいいのである。

　またケース会議では、当面の難題の話をするだけではなく、将来的に子どもがめざしたい進路や夢を聞き、カリヨンのデイケア事業であるカリヨンハウスを利用して、コーチから手ほどきを受けたり、遊んだり、学習したりすることを提案する。カリヨンが準備している奨学金制度などについて説明することも心がけている。辛い現実を抱えて、生きていかなければならないのだけれど、人生には楽しいこと、面白いこともあるのだということを知ってほしいからである。

　子どもの日々の生活の様子は、子どもが特定されない表現を用いながら、シェルター職員とコタン、スーパーバイザーらが、毎日共有する。またそれぞれが行っている役割の進行状況、新しく発生した課題、子どもの意見の変化なども、随時共有している。児童福祉司との連絡調整は、主に電話で行うことになるが、児童福祉司の忙しさは生半可ではなく、連絡がなかなかとれないという実情は、相変わらずである。それでも協働体制の維持のために、当事者一同が工夫を重ねているというところである。

　状況の変化、子どもの意思の変化などにより、方針の見直しが必要になった時には、再度ケース会議を開く。また転居が決まった時にも、転居時ケース会議を開き、転居後の生活についての見通しや課題、困ったときの対応の方法、相談相手が身近にいなかった場合には、カリヨンハウスやコタンには連絡できるし、カリヨンハウスでシェルター職員とおしゃべりすることもできる、OG・OBとのクリスマスパーティーやバーベキュー大会があることなどの案内もしておく。

●おとなの人権、おとなの権利保障

　おとなが、子どもと対等なパートナーとなることのできる環境を作るため

には、おとなどうしが、互いに人権を認め合い、敬意を払いあう、パートナー関係を築いていなければならない。おとな間に上下関係、支配命令関係があり、たとえば弁護士が職員に上から目線で発言をするとか、理事が職員に問答無用の命令をするなどという環境であったとしたら、どうして職員が子どもに対し、対等なパートナー関係を維持できるだろうか。実は現場においては、このおとな間の対等なパートナー関係の創出、維持が、重要課題なのである。

　職員の労働環境が良好であることも必須である。おとなが自らの人権を保障されていなかったら、子どもの人権を大切にするなどという意識はもてない。職員が疲弊したり、職員間に葛藤、対立があったり、賃金や勤務時間に不満があったりすると、子どもへの対応は、とたんにぎすぎすしてしまう。

　子どもの権利保障のためには、関わるおとなたちの権利が保障されていなければならない。おとなたちも、生まれてきてよかった、ひとりぼっちではない、自分の道は自分で選ぶということが、人権として守られていなければならないのである。

●短期間でも、小さな光を

　子どもシェルターに滞在する2か月程度の短期間で、子どもの人生が変わるほどの何かができるのか。たとえそのような時間があったとしても、カリヨンを出たあとの社会は、再び子どもに厳しいものになってしまう。子どもシェルターで甘やかされた子どもは転居後の環境との落差に、より一層傷つくのではないか。そのような疑問を呈されることが、よくあった。

　しかし違うと思う。私たちは、子どもの人生を丸ごと背負うなどということはできない。それでも、この世界には、あなたのことを大切に思い、あなたを決してひとりぼっちにしたくないと願い、あなたに誇り高く自分の人生を歩んでほしいと願っているおとなもいるということを、忘れないでほしいと伝えたい。

　ある子どもが言った言葉がある。「カリヨンに来るまでは、真っ暗闇で、ひとりで下を向いて、膝を抱えているしかなかった。でも今、小さな光だけれど、光が差し込んできている。真っ暗闇が、灰色くらいになって、ぼんや

りだけど、周りが見えるような気がする」。

　自分なんかいない方がいい、誰も信じられないと思って生きてきた子ども
に、この世界には、そうでない場所もあるという希望を短期間の間に実感し
てもらい、その記憶をしっかり埋め込んであげたい。そうしたら、この先、
その子どもが死ぬしかないと思い込んだ瞬間に、思い出すことがあるかもし
れない。生きていてほしい、ひとりぼっちにしないと願ってくれたおとなが
いたことを。その小さな記憶が、子どもの生死を分ける時があるかもしれな
いのだ。これまで出会ってきた何十人、何百人の子どもたちのその後の人生
から、私はそうしたことが起きることのあることを、知らされてきた。

　私たちにできることは、あまりに少なく、小さい。それでも人間が人権を
回復する、尊厳を回復するという萌芽があれば、その芽が少しずつ大きく育
ち、真っ暗闇にいた子どもが、いつか光に向かって生きていくエネルギーに
なるだろう。そうであってほしいと祈る。

4……子どもの権利保障を実現するために

　以上に述べてきたことから明らかだと思うが、私が一保に望むのは、子ど
もの人権を回復するための3本柱の具体化であり、子どもとの対等なパート
ナーシップの実現であり、多機関の対等な関係における協働なのである。意
見表明権の保障については、項をあらためるが、そのほかの要点について、
以下にコメントをしておく。

　そのようなことの実現には、あまりに大きな困難が伴うと思われる向きも
あるかもしれないが、既に、各地の新しい児相において、一保のあり方を根
本的に変容させ、子どもの権利保障を中核に据えた運営を始めているところ
もある。不可能なことではないはずである。あきらめずに、発想の転換に挑
んでほしい。

入居時対応

　入居した時の子どもの不安な心情を推察して、まずは労り、共感する言葉をかけてあげてほしい。ここは、子どもが大事にされる、安心できる場であり、信頼できるおとなであることを感じさせてあげてほしい。施設を案内し、生活の様子をゆっくり説明する。子どもが一保に来ることができてよかったと思えることが大事である。

　最低限のルールの説明は必要だろうが、それも子ども本人が居心地よく暮らすために、必要なのだという視点からの説明であってほしい。心身ともにずたずたになっている子どもに、一保へ来た理由を考えなさいとか、他人への配慮をして、行動しなさいと言ったりすれば、児相の人たちは、それまで出会ったおとなと同じだと思わせるだけである。

　子どもの権利ノートを作成している児相・一保も増えてきていると思う。ただこれまで私が見ることのできたノートの範囲での感想であるが、これを子どもたちにどう渡すのか、渡された子どもは何を感じるのかという疑問をぬぐえないでいる。

　子どもの人権、子どもの権利について、おとなの側がどれだけ深く理解しているのか、現場で、目の前にいる子どもの人権を回復するために、何をしようとしているのか、その子どもの権利行使のために、具体的にどのような手助けができるのか、という検討なくして、子どもに権利の説明をし、行使を促すことができるだろうか。

　一保に入所した子どもは、人権が侵害されつくし、権利行使など考えたこともない状態にあるのである。その子どもが、あなたには権利がある、権利行使できる、不服があれば申出ができると説明されたノートを見ても、絵にかいた餅にしか見えないのではないか。そしておとなたちが、これまでのおとなと変わらず、子どもを管理、保護の対象としてしか見ていないと感じたら、おとなはきれいごとを言うだけだと、再び、もっと深く傷つくのではないかと、心配になるのである。

　権利ノートを渡すのであれば、児童福祉司、一保の職員らが、子どもが受

けてきた虐待や不適切養育により、どれほど辛い思いをしているかを理解していることを示し、大変だったね。もうひとりぼっちにはしないからね、と約束し、その約束を守るおとなであることを示してからではないか。せめて権利ノートの最初に、そのことを書いて、伝えてほしいと思う。

個別的処遇

30人近い、あるいはそれ以上の子どもが暮らさなければならない一保で、どこまで個別処遇が可能なのかと考えると、解決策は見えない。一保の「ガイドライン」が変更され、危機的状況にある子どもたちを集団で処遇することが、どれほど困難であり、また危険であるかに着目し、子どもの人権救済の場としての位置づけを明確にするという視点から、一保の規模や職員配置基準などが、変更されることを期待する。

その困難な条件下であっても、子どもたちは、ひとりひとり、自分がきちんと見守られているという確認を常に欲している。忙しい仕事の中ではあるが、声掛けやまなざしの中で、あなたのことを見守っているよというメッセージを伝える努力をしてほしい。可能な限り、ひとりひとりが特別だと感じさせてあげる工夫をしてほしい。

遊び、余暇、休息の重要性

一保における権利保障というと、学習権保障が重要課題とされる傾向にある。もちろんそれも大切である。しかし生きていくことさえ辛いと感じている子どもが、生きるという方向での元気を取り戻すためには、遊び、余暇、休息への権利が十分に保障されることが必須である。ある意味、学習は、一保を出てからでも間に合う。それよりは生きる喜び、生きる元気を取り戻すことが、一保の使命ではないかと思う。自由に場所や時間を使うことができる機会、楽しいと感じられる機会が多いことが、何より大事だという認識にたった生活設計を考えてほしい。

外出、通信、面会

　子どもシェルターでも、この点についての制約は大きい。職員やコタン付き添いの外出、コタン経由の通信などの工夫はしているが、出入り自由にはできない。やはり親権者や、交際相手などから、子どもが安全を脅かされることがないようにするために、やむを得ない措置だと考えている。子どもに何故、制約をせざるを得ないか、それはあなたの安全を守るためなのだということを、繰り返し説明するという対応をとるしかない場面も多い。

　だからこそ、一時保護期間を短くするための努力は、惜しんではならない。

ケースワーク

　カリヨンでのケースワークの方法については、前述したとおりである。年齢によるので、すべての場合に可能とはいえないが、ある程度の年齢に達した子どもであれば、今自分について、何がおこなわれているのかを、しっかり理解したいはずである。理解できるように、しなければならないのである。

　子どもが参加するケース会議をすぐに実現することは無理だとしても、子どもの人生を、おとなたちが勝手に決めてはいけないのだということを念頭において、子どもからの十分な聞き取り、意見聴取を行い、児相が得ている親側の情報の共有、検討中の方針、見通しなどを、子どもに伝え、意見交換をすべきである。

　そのためには、児童福祉司だけでは無理で、生活を共にしている一保の職員も、ケースワークの重要な担い手であるという意識改革が必要だと思う。子どもの意見を聞き取り、代弁することも、提示された方針への不安や異議を子どもが述べたときに、すぐにキャッチして、方針検討を促すことも、子どもの生活状況からみて、検討されている転居先での生活に不安があるという意見を述べることも、一保の職員だからこそ、できることである。

　カリヨンの活動で述べたとおり、子どものケースワークに、シェルター職員が果たす役割は、非常に大きい。職員の意見は重い。児相においても、観

察会議の実施により、児童福祉司と一保職員の情報共有、意見交換が行われているのであろうとは思うが、それでもまだ一保職員の位置づけは、ケースワーク担当の一員というところまでには、なっていないと思う。

　後述する意見表明支援においても、一保職員の役割を再認識すべきだと考えているが、この点は、児相、一保における子どもの権利保障の実現において、重要な課題だと考える次第である。

退去時

　家庭復帰の場合であれ、施設や自立援助ホーム、あるいは里親への転居であれ、一保を離れて、新たな生活に入る子どもは、またしても不安でいっぱいだろう。退去後の生活について、見学や面接を通じて見通しを伝えておくことはもちろんのこと、そこでの困りことがあったときの相談の手段をしっかり伝えておくこと、アフターケアとして、一保の職員ができること、できないことを説明しておくことなど、退居に向けての準備も大切である。転居先への十分な情報提供、連携協力の手段の提供も、行ってほしい。

　かつては、当日突然に転居が通告され、慌ただしく子どもが転居していくというような場合もあったということであるが、刑罰の宣告ではないのである。一保で培ったおとなへの信頼が、揺らぐことなく、次の場へも引き継がれていくよう、ケースワークに携わった関係者が配慮してほしい。

5……意見表明支援制度について

意見表明権保障に関する法整備

　いうまでもなく、子どもの意見表明権保障は、国連子どもの権利条約12条に定められた、この条約の中でも重要な権利の一つである。

　同条約3条には、子どもに対するあらゆる措置については、常に、子どもの最善の利益を最優先に考慮すべきとされているが、子どもは自己に影響を

及ぼすすべての事項について、意見を表明する権利をもち、その意見は年齢、成熟度に応じて考慮されるとされる。つまり最善の利益とは何かをおとなが勝手に決めていいということではなく、何が最善であるかについて、子ども自身が意見を表明する権利を有するのである。

そして12条2項において、子どもは、直接あるいは代理人その他の団体を通じて、意見を聴取される機会を与えられるとされている。

2016年改正児童福祉法2条では、上記条約にのっとり、子どもの意見が尊重され、最善の利益が優先して考慮される旨を、規定した。

2017年に施行された、家事事件手続法65条には、親子、親権等に関する手続きにおいて、子どもの陳述を聴取し、意思を把握するよう努め、その意思を考慮しなければならないと定めた。これに基づき、家事審判事件において、子どもの意見を聴取、代弁する子どもの手続代理人制度も制定された。

2022年に公布され、2023年4月に施行されたこども基本法第3条3項には、子どもの意見表明の機会および社会的活動に参画する機会の確保が定められている。

2022年の児童福祉法改正により、第33条の3の3に「意見聴取等措置義務」が定められ、第6条の3の17号に、意見表明等支援事業が新設された。条文から読み取る限り、意見表明等支援事業は、意見聴取等措置の対象となる子どもについて、児童の福祉に関し、知識または経験を有する者が、適切な方法で、子どもの意見、意向を把握すること、そしてその内容を勘案して、児相その他の関係機関との連絡調整を行い、その他必要な支援を行うとされている。この制度の実施は、2024年からとされている。

同事業の実施については、あらためて実施要領が示されるだろうが、現時点で、まだ詳細は不明である。ただこれまでの法制審議会での議論、あるいは2023年1月に発表された東京都児童福祉審議会提言を見る限り、子どもの意見を聴取し、これを必要なところに代弁をすることまでの役割を持つ意見表明支援員の導入と、これを勘案して連絡調整を行う児童福祉審議会の役割が想定されているようである。果たして、そのような役割分担、あるいは手続きが、子どもが表明した意見への迅速な対応に資するのかどうか、疑問

がないわけではない。実施状況を見定め、検証しながら、よりよい制度の構築をしていくことが必要だろう。

意見表明支援とアドボカシー

　いくつかの児相では、上記意見表明支援員制度を先取りする形で、一保に、子どものアドボカシー活動をしているNPO法人、あるいは弁護士会に委託して、外部から意見表明支援員を導入している。

　それらの活動について、ここで詳細を報告することはできないが、いずれも定期的に一保を訪問し、希望する子どもから話を聞くという活動であり、子どもが求める場合は、これを職員や児童福祉司に代弁する。

　弁護士の場合は、伝えた相手の意向や措置を、子どもにフィードバックし、また意見を聴いて、相手方に伝え、結論が出るまで調整活動を行うこともあるとのことである。そのような活動は、子どもシェルターでの担当弁護士が行う役割にごく近いものといえよう。

　ただ子どもの年齢にもよるが、必ずしも、どこかに向けて意見表明をしたいとか、誰かに伝えたいということばかりではなく、おとなに話を聞いてもらうことで、満足するという子どもも多いようである。

　意見聴取等措置義務とは、児相による措置、あるいは措置解除に先立ち、子どもの意見聴取が義務づけられることになるわけであるが、そうした重大な岐路に立たされた子どもが意見を表明するためには、措置についての十分な説明を受け、措置がとられた場合の利害得失の予想、他の選択肢の存否などを聞いて、意見を形成することが必要である。つまり、意見形成の支援である。

　そのうえで、児相の示した方針に対しての意見を述べるということになる。年齢、成熟度に応じ、子どもの意見は判断の重要な要素とされる。子どもの意見が措置に大きく影響するのだから、意見形成支援に携わるおとなの責任は、重いと言わざるを得ない。児童福祉の現場に詳しく、施設や里親について情報をもち、子どもの選択後の行く末が見通せる専門性のあることが、要

請される場面であろう。

　アドボカシーという言葉自体は、意見の聴取、代弁、発言、政策提言など の広い意味に使われているので、明確な定義づけが、私にはできない。

　ただ子どもの意見表明支援についての、アドボカシー——ガイドライン案 に掲載されているアドボカシージグソーによると、子ども自身が自ら意見を 発言できるようになること（セルフ・アドボケイト）をめざし、それを手助け するために、4種類のアドボカシーが想定されているとする。

　①ピアアドボカシー　社会的養護の経験者など
　②制度的アドボカシー　児相職員、里親、施設職員等
　③非制度的アドボカシー　親、家族、市民社会等
　④独立専門アドボカシー　意見表明支援員

　一保における制度的アドボカシーは、児童福祉司、心理、一保職員などと いうことになる。制度的アドボカシーが十分に機能していたとしても、外部 の独立アドボカシーが入り、また別の立場で子どもの意見を聴取するという ことは、必要かつ有益ではある。子どもの意見は必ずしも、一つではなく、 聞く人により、話すときの心境により、変わることもある。昨日と今日で、 思いが変わることもある。

　どのような立場であれ、子どもに関わるおとなは、自分こそが子どもの意 見を聴きとることができ、代弁できる者だという思い込みを捨てて、謙虚に 子どもの言葉に耳を傾けられるよう、研鑽を積む必要があるだろう。

**　一時保護所の子どもが求めていることは何か**

　意見表明権の保障が関心を集めているのは確かだが、それだけが、子ども の権利保障の最優先課題であるかのように錯覚してはならない。本稿で述べ てきたとおり、一保は、傷つけられた子どもの人権の回復に取り組む場である。 子どもの言葉に耳を傾けることは、そのためのツールとして、とても有

益ではある。しかし聞き取ったからといって、それを外に向かって公表することが、子どもの権利保障につながらないことも多いはずである。おとなであっても、今の時代、人に話した意見を、すべて公表されたら、ネット上にさらされて、自分の身を守れないほどの危険に陥るかもしれないのである。

そこをはき違えることなく、子どもの言葉のもつ重みを受け止めながら、慎重に傷の癒えることを待つ時間が大切になるだろう。子どもは話を聞いてほしいと願う。それは、子どもの存在を肯定し、ひとりぼっちにしないと約束してくれる人が、子どもと共に歩むパートナーとなってくれることを求めているからである。

そのためには、先にも述べたとおり、一保の職員の役割、立ち位置を、根本から考え直す必要があると思う。子どもの言葉に耳を傾け、子どもの存在を大切に受け止め、傷ついた子どもの人権の回復をはかり、子どもの権利行使の手助けをする、ケースワークにおいては、子どもの代弁者となり、最も身近な支え手として、子どもの幸せのために意見を述べなければならない。

カリヨンの子どもシェルター活動は、シェルター職員のそうした役割が果たされなければ、行い得ない。一保も同様であるはずである。どうか子どもの権利保障の担い手として、一保の職員の役割を見直してほしい。そして配置基準、資格、児相内での位置づけ、待遇、研修など、すべての面でその役割にふさわしい条件を見出してほしい。

現在各地で起きつつある、一保の変容の動きを歓迎しつつ、児相・一保が子どもの人権回復の場、子どもの権利保障の砦として、その役割を十分に果たしていける場となることを、心から願う。

［坪井節子］

関連条文等
「児童福祉法」(e-Gov)
https://elaws.e-gov.go.jp/document?lawid=322AC0000000164

「家事事件手続法」(e-Gov)

　　https://elaws.e-gov.go.jp/document?lawid=423AC0000000052_20230614_505AC00000000

　　53&keyword= 家事事件手続法

「こども基本法」(こども家庭庁)

　　https://www.cfa.go.jp/policies/kodomo-kihon/

「一時保護の用件について」(厚生労働省)

　　https://www.mhlw.go.jp/content/000995913.pdf

第**8**章
中野区の
児童相談所の設置と運営

1……新規設置へ向けて

設置の背景

　児童福祉法等の一部を改正する法律（平成28年法律第63号）により、特別区は児相を設置することができるようになった。特別区は法律改正以前から、一貫した迅速な判断や、きめ細かい地域支援の実現のため、児相の移管を東京都に求め、検討・準備を進めていたところであるが、法改正を機に、各区による児相の設置が現実のものとなった。中野区は、令和2年度の江戸川区、世田谷区、荒川区、令和3年度の港区に続き、令和4年4月に児相を設置した。

　中野区は15.59k㎡の面積に人口33万人余が暮らす非常に人口密度が高い自治体である。子ども人口は3万人余であり人口に占める割合は低く、若者世代が多く暮らし社会的な人口移動が多いという特徴がある。児相設置以前の子ども・家庭にかかる相談体制は、区内4か所に展開し、地域により身近な保健福祉の総合窓口であるすこやか福祉センターと、児童虐待通告を含む対応を行う子ども家庭支援センターが担ってきた。すこやか福祉センターは妊娠期からトータルに関わりながら子ども・家庭へのきめ細かく寄り添った支援を行い、虐待の未然防止や早期発見、発達・養育支援の役割を担っている。一方、子ども家庭支援センターは虐待の早期対応やその後の継続した支援の役割を中心に担い、要保護児童対策地域協議会の調整機関となり地域連

携の核として機能してきた。中野区は子ども家庭支援センターを平成12年に設置し、東京都のサポートを受けながら児童虐待にかかる対応スキルの蓄積を図ってきた。子どもを家庭から分離、保護するなど何らかの措置等が必要な重篤な案件については、東京都の児相と連携し対応を行ってきたが、初動における危機感が伝わり難かったり、対応に時間を要し適切な支援につながり難かったりといった状況も少なくなかった。そうした背景の中においても虐待通告件数は年々増加し続けており、初動から一貫したより迅速な対応や、地域と連携したきめ細かい支援を進めるとともに、専門性を高めることにより地域全体の対応力の向上を図り、虐待の未然防止、早期発見、早期対応、そして、再発防止につながる体制の確立を図る必要があった。

中野区では平成25年から東京都の児相へ職員派遣をはじめ、翌年には児相設置準備担当を配置し準備を進め、平成28年の法改正を機により具体的な検討を本格化させ、令和4年4月の開設を迎えた。児相設置後の子ども・家庭にかかる相談体制は、すこやか福祉センターは従前と変わらない形で地域に身近な子育て支援の拠点として残し、子ども家庭支援センターの虐待対応を含むケースワーク機能と児相機能を統合した。児相設置にあたり、子ども・若者支援センターを整備し、児相に加えて、要保護児童対策地域協議会の調整機関としての役割や養育支援サービス等及び若者相談を担う子ども・若者相談課を新設した。子ども・若者支援センターには教育センターも併設されており、必要な関係機関連携が適時適切にきめ細かく行いやすい環境となっている。

運営の基本

運営にあたっては、児相として、権限を有する中にあっても、子ども・家庭を中心として向き合うケースワークはぶらさずに、家族が主体的に子どもの安全を守る仕組みをつくることをあらゆる人と手を携えて支える取り組みを基本としている。設置にあたり、こうした取り組みの基本について職員間で議論を重ね基本方針として明文化し、組織として共有している。

中野区児童相談所運営基本方針

基本姿勢

　　私たちは子どもの命、安全を確保した上で、子どもの夢と希望を実現
　　するため、あらゆる人と手を携え、子どもの最善の利益が達成できる
　　よう、努めます。

基本方針・取組

○子どもの命、安全を最優先に行動します。

○子どもに会い、夢と希望を教えてもらうことから始めます。

○家族が主体的に子どもの安全を創り、夢と希望を実現できるように支
　援します。

○支援者、地域、関係機関と手を携え、支援の隙間に落ちることのない
　よう、家族の取組を支えます。

○専門性を高める努力を惜しまず、常に実践から学び、児童福祉の専門
　家として 誇りを持って職務に取り組みます。

地域に身近な児童相談所

　令和4年4月に児相を設置し1年が経過した。現段階において、地域に身
近な児相ができることで実感する変化について整理すると主に次の3点があ
げられる。一つ目は相談を受け付けてから、対応に至る迅速性である。地域
に身近であるからこそきめ細かくかつ素早く調査を行うことができ、早期対
応につながっている。また、一時保護の権限や一保を有することにより、現
場の危機感、リスクアセスメントを共有し、一貫した判断で子どもの安全を
守る行動を迅速・適時に行うことができている。二つ目は地域と連携した支
援の充実である。子ども家庭支援センター機能を含む児相であるからこそ、
ケースワーカーがさまざまな地域資源を知り、関係機関等と顔が見える関係

性を築き、お互いの仕事を知って家族の取り組みを隙間なく包括的にサポートすることができている。三つ目は心理、医療、法的対応等の専門的な支援が子ども・家族及び、支援者に身近なものとなり、地域の対応力の向上につながる環境が整えられている点である。

　こうした中でも最も重要な事項の一つが一保の運営である。一保が適切な規模で、子どもにとって心身ともに安全で、安心できる場所として確保されることは、ケースワークの展開の中で大きな要素である。家族が主体的に子どもの安全を守る仕組みをつくることをあらゆる人と手を携えて支える児相運営の基本の中における一保の取り組みを次に紹介していきたい。

2……一時保護所の取り組み

運営の基本

　一時保護の目的は、児童福祉法（昭和22年法律第164号）において「児童の安全を迅速に確保し適切な保護を図るため、又は児童の心身の状況、その置かれている環境その他の状況を把握するため」と定められている。また、その運営においては、「ガイドライン」（平成30年子発0706第4号厚生労働省通知）において「子どもを一時的にその養育環境から離す一時保護中においても、子どもの権利擁護が図られ、安全・安心な環境で適切なケアが提供されることが重要である」とされ、「できるだけ家庭的な環境」「個々を大切にした個別的なケア」が求められている。中野区では一保の設置にあたり、一時保護の目的と求められる運営を現実のものとするため、運営基本方針と方針ごとの行動指針を定めている。これらは、施設の環境整備及び事業運営の際に立ち返るものとして位置づけられている。

中野区児童相談所一時保護所運営基本方針・行動指針
○子どもの安全を守り、安心して穏やかに過ごせる環境を提供します。
　私たちは、子どもの安全を脅かす危険について、常に意識し、危険の

未然防止や早期対応を責任を持って行います。

私たちは、家庭的で心地よく楽しいと思える環境を子どもと職員で一緒につくっていきます。

私たちは、子どもが安心して失敗や試行錯誤ができるために、失敗しても責められず、失敗から学び、自分の強みに気づけるように支え励まします。

○子どもの権利とアドボカシーを保障し、一人一人の生活を支援します。

私たちは、子ども自身が大切な存在であることに気づくことができたり、自分の気持ちや想いを表現することが良かったと思える実体験ができるように支援します。

私たちは、子どもが一時保護所でどのように過ごしていくのかを子どもと話し合って決めていく過程や、子どもの想いや希望が方針や退所後の生活に生かされるように、児童福祉司・児童心理司等と連携協働し、保護者や子どもに関わる支援者に橋渡しをすることを大切にします。

○子どもの想いを受け止め、子どもに寄り添います。

私たちは、子どもの特性や愛着の課題、これまでの背景、大人を試す行動などの姿をまずは受け止め、どのような想い、悩み、生きづらさを抱えているかを子どもから教えてもらいながら、子どもへの理解を深めます。

私たちは、特に入所時の関わりは福祉の入り口であり、その後の支援に大きな影響を与えたり、大人になってからの福祉のイメージにもつながっていくことを常に意識しながら丁寧に関わります。

○専門性を高める努力を惜しまず、常に実践から学び、児童福祉の専門家として誇りを持って職務に取り組みます。

私たちは、エビデンスに基づく実践力を高めるための学びの機会を確保します。

私たちは、外部からの意見を踏まえ、常にチームでの支援の振り返りと専門性の学び直しを繰り返していきます。

私たちは、職員同士が互いにフラットな関係性で率直な意見交換をしたり、相手の立場や意見を尊重することが、子どもに向き合う態度につながることを意識します。

私たちは、この職場で働き続けたい、新たな人材が働きたいと思える職場、チームになります。

定員

一保の定員は12名、内訳は幼児2名、学齢女児5名、学齢男児5名である。これは、東京都の児相における中野地区の保護実績のおよそ倍の規模を想定したものである。児相設置以前において、子どもの安全確保やアセスメントのために一時保護が必要と考えるケースを保護することが適時、適切に行われにくい状況があったと認識しており、定員の設定はそれらを反映したものである。こうした想定においても実際の運営では定員を超過する保護を一時的に行わざるをえない場面もある。児童養護施設等への一時保護委託の他、東京都と特別区間は広域で連携し、必要に応じて相互に一時保護委託を行える仕組みを整えており、定員超過時等はそれらを活用している。

空間づくりの工夫

中野区は人口密度が非常に高い自治体である。人口過密都市において効率的に必要な建物規模を確保するため、施設構造は複数にフロアがわかれるかたちとなっている。こうした構造は運営状況を網羅的に把握するには工夫が必要となるが、活動の性質によって場面を明確に分けることができる利点がある。フロアは居室フロア、日中活動フロア、個別対応フロアに大別される。居室フロアには個室を中心とする居室や家庭でのリビングの役割を想定した共有スペースを配置し、家庭的な空間を創出している。日中活動フロアには主に学習、運動、食事などに必要な諸室を、個別対応フロアには主に入所時

のインテーク、個別面接、静養室、医務室、リラクゼーション等に活用するフリー個室などを配置している。

　一保の設置は1か所であり、主訴にかかわらず混合処遇となるため、場所の秘匿性や安全性を確保する必要がある。一方で、居心地の良い、安心して落ち着いて過ごせる空間づくりという点では、開放性や、外とのつながりを保つことも必要である。都市部であり建物が密集する中で双方を満たすことは簡単ではないが施設整備にあったていくつか工夫することができた。まず、施設内で過ごすことが多い場合でも子どもが自然の外気や光を感じることができる工夫として、活動諸室や居室を南側中心に配置し、日中に自然光が十分に室内に入る構造とした。また、日中活動フロアの中央に上部吹き抜けの中庭デッキを配置し、スライド窓構造により開放することができるつくりとしたことで、施設内においても外気にふれ、一定の解放感を創出することができている。居室フロアの共有スペースも中庭上部の吹き抜けに面しており、閉塞感を緩和する要素となっている。

　また、構造上の工夫とともに、建物内のしつらえについてもできうる限りの配慮を行った。まず、全体として、穏やかさ、温かみを演出するため、諸室、廊下、階段すべてを木目のフローリング仕様とするとともに、窓枠カバーや巾木等についてもできる限り木目を基調としている。居室フロアは子どもたちが上履き等をはかずに家庭と同様に過ごすことを想定し床材はクッション素材のものとした一方で、日中活動フロアは硬質のフローリングとし上履きを利用するなど、施設内の生活の中での場面の切り替えを演出している。

　居室は個室を中心としており、子どもが自分のプライベートな空間として居心地よく過ごすことができるよう、調度品も含めて様々な議論を重ね空間づくりを行った。居室には、ベッド、机、洋服等整理棚、時計、空調設備が個々に配備され、南に面した窓には温かみのある色調のカーテンを設置するなど、家庭における子ども部屋と同等のつくりを意識している。また、職員であっても子どもの居室には無断で入らない運用とし、子ども自身がプライベートな空間として認識し、家庭から離れた共同生活の中で少しでも安心感

を得られるようにしている。

個別的な支援の実践

●学習支援

　一時保護中の学習については、子どもの地域での生活を可能な限り保障するため、在籍校への通学や、在籍校と緊密な連携を図った学習展開が求められている。中野区では、地域に身近な自治体としての関係機関連携の強みを生かし、子どもの希望や置かれた環境等を考慮したうえで、通学支援やきめ細かい学習連携を実施している。

　開設初年度において学齢児童の2割程度が何らかの形で在籍校等へ通学している。プロセスとしては、第一に子どもの希望を確認するとともに、子どもの心身の状況や家族の動向、受け入れ先の環境等を調査の上、組織として、子どもが安心して、安全に通学できる状況であるかについて協議、確認している。続いて、具体的な通学手段、通学前後の準備や受入方法等の詳細を調整し、通学の開始に至っている。小学生、中学生は職員が同行し、高校生は自主通学することを基本としている。また、一時保護をきっかけに学校以外の居場所として教育委員会が設置する教育支援室の活用を開始する例も出てきている。一保には、子どもに寄り添って、子どもの通学や個別支援を担う会計年度職員として生活支援員を配置しており、登下校や通学前後の活動等をサポートしている。こうした形で子どもの地域での生活につながる支援を展開できる体制は継続すべきであるが、運営する中で課題も見えてきている。一つは子どもへの負担の大きさである。一保に入所中の子どもにとって、日中を在籍校で過ごすことは日常生活とのつながりを保障するものであるが、一方で、下校後は家族から分離された一保という非日常の中で過ごすこととなるギャップを日々体感することでもある。子どもによってはそうした積み重ねが負担となる場合があり、通学を中断する事例も出てきている。様々な状況を想定し、子どもの思いを教えてもらいながら、子どもを中心に据えたより良い支援のあり方を個々に模索してくことが必要である。また、安定的

に通学を継続するための人的確保も課題の一つであり、生活支援員で対応しきれない場合は、児童福祉司や児童心理司が通学の同行を行う必要が生じている。いずれも、保護期間が長期化する場合に課題が顕在化しており、多角的な検討が必要である。

　一保内で学習を支援する場合は、できる限り在籍校での学習を引き継ぐことを基本としている。一時保護等が行われている児童生徒の指導要録に係る適切な対応及び児童虐待防止対策に係る対応について（27文科初第335号文部科学省通知）に示される「児童相談所の一時保護所の学習環境が出席扱いを認めることができるかを判断する際の目安」を満たすものとなるよう教育委員会と連携し対応を図っている。一保には、教員免許を有し、子どもの学習支援について一定の経験のあるものを会計年度職員の学習支援員として配置している。学習支援員等が入所した学齢児童にかかる学習の進捗状況等について在籍校に確認した上で、個々の特性や学力に応じた学習支援を実施し、退所の際には一保における学習支援の進捗を在籍校へフィードバックしている。これらにより、個々の状況に応じてできる限り継続性を保つ仕組みを構築している。学習の時間は平日のみで午前、午後2コマずつ設定している。週の学習時間は20コマと限りはあるが、国語、算数・数学、英語の時間を確実に確保するとともに、体育、理科、社会、音楽、図工等他の科目を行う時間もあらかじめ設定し対応している。また、英語については事業者に委託しており工夫されたプログラムにより専門科目として質の高い授業が展開されている。一時保護中の子どもは、学習に向き合うことができる心身の状況にない場合も少なくない。そうした場合はその状況を受け止め、学習を始めるタイミングや場所を工夫したり、少しでも興味・関心をもてるものから始めたりする等、子どもと話をしながら個々にあわせた対応を行っている。一方で、定期考査や受験を控え、子どもがより多くの学習時間を望む場合もあり、それらについても居室での自主学習等、個々の状況に応じて対応している。

　また、学習支援とは異なるが、未就学児童の一時保護が長期化した事案では、同年代の児童との集団活動への参加を保障するために、近隣保育所に協

力を仰ぎ、一時保育の形で集団保育に参加する機会を得ることができた。このように、児童ごとの状況に応じた決め細やかな支援の取り組みを大切にして一保の運営を行っている。

●生活の流れ

　生活の流れは、起床、朝食、朝活動、午前学習（幼児保育）、昼食、午後学習（幼児午睡）、おやつ、自由時間、夕食、自由時間、就寝、という基本的なパターンで構成している。学齢児童は、朝食からおやつの間は日中活動フロアで過ごし、自由時間から起床まで（夕食を除く）を居室フロアで過ごしている。これは、日常生活において、家庭での生活の場面から学校での活動の場面に移行することと同様の動きを意識したものである。こうした場面の移行が難しい子どももおり、その要因は、医療的な面も含めて起床に何らかの課題があったり、学習場面に何らかのトラウマを抱えていたり、活動そのものに向かう心身の状況でなかったりと様々である。そうした場合には、子どもと話し、状況を教えてもらいながら個々にあわせた過ごし方を子どもと一緒に考え、保健・医療、学習面での連携も含め対応を工夫している。この場面の切り替えでみせる子どもの状況とその対応は一保におけるケアアセスメントのポイントの一つとなっている。自由時間は入浴や就寝準備の他は思い思いに過ごしている。居室フロアの和室やラウンジ等の共有スペースでテレビ視聴、ボードゲーム等を子ども同士や子どもと職員で行うこともあれば、個室でマンガ、読書、音楽、映画等を個々に楽しむ場合もある。男女別の少人数であり、個々の様子がうかがいやすく、子どもの嗜好や人との関わり方などを確認する機会となっている。職員との個々の対話についてもこうした時間に状況にあわせて実施しており、子どもと向き合う貴重な機会であるが、夜間は日中と比較して職員配置が少なく時間の確保が課題である。

●外出

　子どもの安全が確保できる状況を確認したうえで、子どもの外出の機会を設けている。日々の生活の中では朝食後の朝活動を行っている。子どもの希望も踏まえての実施であるが、近隣の公園や公共施設へ移動し活動するなど、できる限り外気にふれ、体を動かす機会の確保を図っている。また、入所期

間が2週間を超える子どもには、入所期間に応じて使用できる金額を設定し、遊戯施設等への外出や買い物等を職員と個別に行う個別外出等生活支援事業を実施している。子どもと一緒に計画を考え実施することを基本としており、具体的には動物園、水族館等の見学や、外食と買い物等様々であるが、入所中の日々の生活から離れ、特別な一日を過ごすことができる機会となっている。

　子どもにとってこうした特別に配慮された時間ではなくとも、医療機関への通院等も個別外出の場面と捉えることができる。子どもの希望や心身の状況に即応した対応には限界がある中でも、子どもの安心感を積み上げていくため、生活の場から離れ職員が子どもと個々に対応する機会を意識して確保していくことが必要である。

権利擁護

　一保は、日常生活から分離され、家庭とは異なる共同生活をおくる場所であり、子どもにとっては負担を感じることも少なくない環境である。そうした中においてこそ、子どもの権利が守られることが重要であり、子どもの権利や権利が侵害されたときの解決方法の説明、意見表明の保障等を十分に行い、一人ひとりの生活を支援することが必要である。

●インテーク

　入所時のインテークは「ウェルカムルーム」で行うことを基本としている。ウェルカムルームは木目を基調とした個室で、シャワー室、トイレを室内に配備し、ベッドやテレビを備えており、状況に応じて室内で寝泊まりができるつくりとしている。インテークでは、入所する事情がどのようなものであっても「よく来たね」と子どもを受け止め、安心して過ごすことができる場所であることを伝え、この機会が子どもにとって福祉の入り口となることを意識している。子どもへの一保での生活の説明は、「入所のしおり」に加え、所内の様子を録画編集した動画を用いるほか、幼児には絵本による説明を行うなど、個々の状況に合わせた対応を行っている。内容は主に

・子どもが安心して過ごすためにできた施設であること
・食事、遊び、活動、休息ができること
・一緒に暮らす子どもや頼ることができる大人のこと
・生活の流れや子どもと大人がともに一保の生活について考える「いちほ会議」のこと
・意見箱のこと

　等についての案内である。一保では子どもは大切な存在として受け止められ、主体者として尊重されることが伝えられるよう意識している。

●いちほ会議

　「いちほ会議」とは子どもと大人が「一保がもっと良くなるための方法や考え方」を話し合う場であり、心理療法担当職員をファシリテーターとして月3回定期的に実施している。運営は「心と体のケア」「アイデア交換」「話し合い」を基本としている。「心と体のケア」では「子どもの権利」「安心・安全」「信頼」「ストレス」「強み」「上手な人とのつきあい」「いちほの大人」などのテーマについてのレクチャーやアンケートによる振り返り等を行っている。こうした活動は、一人ひとりが大切な存在であることを意識することや、自分自身の状況を知ることにつながり、意見を伝える準備として捉えることができる。「アイデア交換」では「より良い一保にしたい」という思いを叶えるための話し合いのテーマ探しや意見の交換を行っている。また、「話し合い」ではアイデア交換を踏まえて一保で検討した対応について子どもに伝え、それについて子どもと一緒に話し合いを行っている。また、いちほ会議の内容は実施した回ごとに概要をまとめ、居室フロアに掲示しオープンにしている。一連の流れは子どものエンパワメントにつながるものであり、また、こうしたプロセスを一保職員が一緒に体験することは子どもを知り、尊重することの大切さを実感する機会ともなっている。

●きくぞう会、退所時アンケート

　きくぞう会は、日々の支援には直接的には関わらない一時保護所長や一時保護係長が子どもから直接話を聴く会である。事前に一保の生活にかかるアンケートを実施し、希望に応じてアンケートを踏まえた聴き取りを行ってい

る。聴き取った事項は、うまくいっていること、心配なこと、もっとこうしてほしいことなどにまとめ子どもと内容を確認するとともに、一保の職員等に共有することについて意思確認し、意見等への対応を調整している。

　また、退所時アンケートも実施している。

　こうした機会に知ることができる子どもの声は、自分たちの支援を振り返るきっかけとなり、改善に向けた原動力になるとともに、思いもよらない子どもからの温かい声が職員の励みにつながることも多くある。

●意見箱、第三者委員

　意見箱、第三者委員は、区本庁の権利擁護部門が運用している。意見箱は共有部分の他、子どもの居室や浴室などプライベートな空間にも設置し子どもが投函しやすい工夫を図っている。第三者委員は弁護士及び民生・児童委員に依頼し月2回子どもからの聴き取りを行っていただいている。投函された意見や第三者委員が聴きとった意見は権利擁護部門を経て児相に伝えられ、対応が求められている。児相はその対応結果について権利擁護部門に報告する仕組みとなっており、第三者性を確保している。令和5年度からさらに独立性を担保するため、子どもの声を聴く専門性を有する団体にこれらに類する事業の運用を依頼している。

理由や見通しの説明

　子どもが安心して一保での生活をおくるためには、一時保護の理由や入所後の見通しが子どもに分かりやすく伝えられていることが重要である。入所時には児童福祉司等が保護理由等について一定の説明を行っているが、保護の期間が長くなるにつれて子どもの不安が高まることは少なくない。中野区では、虐待を主訴とするケースを中心に、保護者から、これまでどのような思いで子どもを養育してきたか、どのようなことがあって保護に至ったのか、今誰とどのような話し合いを行っているのか、どんな家族の姿をめざしているのかといったことについて絵と言葉（ワーズ＆ピクチャーズ）を用いて、子どもに直接伝えていただく取り組みを行っている。また、家族が子どもの安

全をつくる仕組みを考えるプロセスの一つとして、子どもに家族との生活などについて上手くいっていること、心配なこと、夢や希望を直接記載してもらい（マイスリーハウス）、子どもの許可を得て家族と共有している。これらは、中野区児童相談所の運営基本方針に基づくケースワークの一環であるが、子どもの権利擁護に深く寄与するプロセスであると認識している。

一時保護所と相談部門の連携

　一保における行動観察に基づく行動診断は、社会診断、心理診断、医学診断とともに、援助内容を総合的に協議、決定する重要な要素の一つである。また、社会調査や心理判定の内容を踏まえ、子どもの生活を支える一保とアセスメントや支援の方向性を共有することは、子どもの支援を一貫性をもち安定的なものとするために必要である。これらの実現には一保と相談部門の連携が重要であり、一保と児相本体が離れた場所にあるからこそその点に工夫をした運営を行っている。

　一保と児相本体はオンラインで常時接続されており、一時保護を検討する緊急受理会議や、保護児童の処遇にかかる援助方針会議の際には、オンラインで一保が参加している。毎週、一時保護中のケースにかかる進行管理を行い、家族の状況や今後の方針及び、一保における子どもの様子などについて共有するとともに、一保が隔週で主催する観察会議には、対象児童を担当する児童福祉司及び児童心理司が参加し支援の方向性を協議、共有している。加えて、先に述べた学校との連携をはじめ、家族や施設等に一保での子どものアセスメントを一保の職員が直接伝えるアウトリーチ活動も積極的に行っている。子どもの支援を行う現場からの言葉は、関係者の深い受け止めや共感につながり、評価を得ている。また、児相システムによりすべての記録や会議での協議・決定内容が共有されている。こうした連携の仕組みを複合的に整え、一定の効果を得ているところであるが、実際には連携が難しい場面もある。これは物理的な距離もさながら、日々の生活場面を観察する一保が体感する支援のスピード感やきめ細やかさと、家族や関係機関と時には対峙

しながら家族が主体的に子どもの安全を守る仕組みつくりを支える取り組み
との関わりの角度の違いにより生じるものでもある。研修等を通じて双方の
コミュニケーションを図るしくみを設けるなど、意識的に連携をサポートす
ることが必要である。

3……取り組みを支える基盤

　中野区児童相談所一時保護所は、新たに設置する一保として「ガイドライ
ン」を踏まえた運営を実現できるよう、小さな保護所なりに様々な取り組み
にチャレンジしている。これらは、人材確保・育成の基盤や必要な予算の確
保により可能となるものである。中野区では子ども所管部局のみでなく区全
体で児相設置への理解を得て準備を進めることができた。また、児相経験者、
弁護士、医師等の専門家の方々の力添えもこうした様々な取り組みを行うこ
との大きな支えとなっている。加えて、職員の心理的な負担を支える仕組み
も重要である。心理療法担当職員が実施する定期的なアンケートにより各職
員の行動の振り返りとフォローの機会を設けたり、悉皆の外部カウンセリン
グ等を受けることができたりする体制を整えている。

人員体制

　一保には一時保護所長、一時保護係長、保護児童支援担当係長、看護師、
支援員を常勤で 23 名配置し、内 20 名がローテーション勤務で 24 時間 365
日の運営を行っている。この他、学習支援員、生活支援員、夜間指導員、心
理療法担当職員を会計年度職員として配置している。また、清掃及び洗濯、
食事の調理、英語学習は外部委託を実施しており、職員への負担を軽減して
いる。夜勤は男女 2 名ずつの体制で、それぞれ常勤と会計年度職員のペアで
運用している。夜間指導員の多くは心理や福祉を学ぶ学生である。大学と連
携をしながら児相の理解を深める講座を出前で行うなど、相互に安心して子
どもの支援に取り組める仕組みを構築している。

人材育成

　中野区児童相談所では、職員の経験を初任期、中堅期、エキスパート期に分類し、各期ごとの到達目標をたて、それに向けた研修計画を全職種共有及び職種ごとに策定している。児童相談初任者研修や児童福祉司の任用にかかる研修、面接の基礎を学ぶ研修、トラウマ・インフォームド・ケア、CARE、サインズ・オブ・セーフティ、ストレスケア・メンタルヘルス等の研修は一保職員も職種共有事項として受講することを基本としている。また、一保職員研修としては、専門研修、実務者研修、セカンドステップ、健康管理にかかる研修、一保で生活する子どもの理解と支援をテーマとする研修等の受講を計画的に実施している。一保はローテーション勤務であり参加が難しい場合もあることから、一部の研修は録画し、後日勤務の都合に合わせて視聴できる環境を確保している。一保の支援は日時で動きがあり、入所状況によっては研修受講が厳しい場面もあるが、研修は日々の支援の質を支えるものであり、組織として受講を勧める意識をもつことが大切である。

子どもの権利を支えるチーム編成と係横断チーム

　一保では、生きるを支える、育つを支える、守られる・参加を支える、運営を支えるといった子どもの権利擁護を意識したテーマごとにチームを編成し、関連する業務の企画・運営を行っている。また、児相の運営にかかる係横断・多職種の検討 PT についても、システム、司法面接、医療連携、権利擁護、実践共有等をテーマに設定されており、一保職員もチームに即したPT に参加し、日々の直接的な処遇から離れ、全体の動きを知りチームの動きに反映させる他、多職種でコミュニケーションを図る良い機会となっている。

4……今後の展開

　今回、令和4年4月開設後の状況として、準備の段階で大切にしてきたことの実践について述べてきた。様々な方々の協力を得ながら、明確なお手本がないまま手探りで、準備、実践を進め、他自治体等から一定の評価をいただけるチャレンジが行えていると認識している。今後もこうした取り組みを維持、向上させながら、さらに子どものことを決める場面への子どもの参画や、個々の支援をよりきめ細かく子どもの状況にあわせた内容で行うための仕組みの確立に取り掛かる予定である。

　歩みを滞らせず、職員が安心して自信をもって業務を行うことができる環境のもとに運営基本方針・行動指針に基づく実践を継続して積み重ね、子どもにとって一保が安全基地となり、次に進む力を蓄え、子どものエンパワメントにつながる機会となるよう、取り組みを続けていかなくはならないと改めて認識するところである。

［神谷万美］

第9章
自治体の
新たな取り組み

　ここまで述べてきたように、社会の様々な変化のなかで、児童の幸福の追求は難しい状況を迎えている。

　しかし、個別的な支援の実践や児童のための日課、権利擁護の取り組み、所内外の機関との連携、人材育成、多様な一時保護機能（一時保護委託先の確保や一時保護里親など）の展開など、新たな視点に基づいた取り組みによって、より良い結果を出す努力が多くの一保で行われている。

　また、今後、新たに各地で児相一保の開設も予定されている。新規の保護所だからこそ、「ガイドライン」を最低基準にしつつ、ハード面、ソフト面で基準を上回る水準の支援が行われることを望みたい。

　そのためこの章では、4か所の中核市及び特別区における、一保の新しい取り組みを紹介していく。具体的には、①通学支援（明石市）、②アドボカシー（江戸川区）、③グループカンファレンスや職員育成（堺市）、④充実した長期的視点の研修計画と実施（相模原市）である。

　保護児童にとって日常が保証されることは重要であり（①）、一保でのアドボケイト活動についての実践例も貴重である（②）。さらに、観察会議やチームでの活動を通じた人材育成の方法についても参考になる事例が集まっている。同時により良い職場作りと職員の専門性の育成が、結果として児童の幸福につながる事例についても具体例を挙げている（③、④）。

　これらの先進的な取り組みを、各地の一保がそれぞれの自治体の現状に合わせて取り入れていき、児童にとってより良い環境を作り出すことに尽力して頂ければ幸いである。

［鈴木勲］

1……明石こどもセンターについて

概要

　明石市は、兵庫県南東部に位置し、2018 年から中核市に移行している。「子どもを核としたまちづくり」を進め、総合的に子ども支援を展開し、2019 年 4 月に明石こどもセンターを開設した。基礎自治体が設置する児相としての強みを活かし、子ども目線に立った運営を行っている。児相の業務と子ども家庭総合支援拠点の業務を一体的に担い、身近な子育て相談から、虐待の発生予防、早期支援、子どもの保護、措置、家庭復帰後の地域支援まで総合的で一貫したサポートを行っている。関係機関や地域の支援主体との連携を強化し、子どもの人権を保障し最善の利益を考え、最適な支援のコーディネートに努めている。その一つとして、一時保護中の児童の通学支援を学校と連携して行っている。

組織体制

　①緊急支援課（緊急性の高い虐待事案の対応等）、②こども支援課（養護、非行、障害相談、家庭復帰後の支援、要対協調整機関等）、③さとおや課（里親支援における一連のフォスタリング業務等）、④こども保護課（一保の運営、安全で家庭的な環境を提供、行動観察等）、⑤総務課（総務管理、一時保護中の子どもの通学支援等の充実に取り組む等）の 5 課体制で運営している。

2……通学支援の実際

明石こどもセンターでは開設当初より、「一保から在籍校への通学」を実現するための通学支援に継続して取り組んでいる。

これまで（2022.11.10 時点）、98 名の一時保護児童に対して、市内（一部市外の私立校等を含む）20 か所の小学校、15 か所の中学校、10 か所の高校に延べ1174 日に及ぶ通学支援を実施している。

本市は、人口約 30 万人、面積 49.42㎢、東西に 15.6km、南北に 9.4kmの比較的コンパクトな市域を持つ。明石こどもセンターはそのほぼ中心に位置し、市内の公立小中学校は、一番遠い学校でも自動車で 30 分以内の距離にある。

こうした物理的な好条件もあり実現できている取り組みともいえるが、組織としての考え方やその具体的な内容について紹介し、各所での実施の参考になればと考える。

支援の概要

●考え方（スタンス）

一保から在籍校への通学は「ガイドライン」（子発 0706 号第 4 号令和 2 年 3月 31 日改正）においても推奨されているところであるが、当所では開所時より子どもにとって不利益にならない限り当然のこととして実施している。

目的は、子どもの学習権の保障はもちろんのこと、何よりも「子どもの日常を保障すること」を最も大切に考えている。「学校に通い、学び、教師や友人を通じて社会とつながること」が子どもの生活（日常）に占める割合は大きく、一保における通学支援は「子どもの日常」の大半を保障することに他ならず、明石こどもセンター全体としてできる限り支援するスタンスをとっている。

一保で優先するべきこととして、子どもの権利（学習権及び日常）の保障が、行動観察（アセスメント）やケア（エンパワメント）に同等か、それに勝るも

のと考え取り組んでいる。

●支援内容

　通学に伴う送迎は、児童の安全確保の観点から原則、明石こどもセンター職員1名が付き添いの上、公用車又はタクシー※を利用して行っている。

※参考：タクシー活用にかかる予算措置：3600千円（2022年度予算）

　また、地理的に通学可能であり、安全確保につき問題がないと判断した場合は、徒歩や自転車により単独で通学させることもある。

　付き添い職員は、一保の児童指導員だけでなく、管理職や担当児童福祉司など、明石こどもセンター全体で当番制により担当している。

　通学する児童は、登校中、保護以前と同様の生活を送ることとなり、起床、食事の時間は保護所内に残る児童とは別メニューでの日課を過ごすため、個別の対応が必要となる。

　登校時は、学校ごとの出発時刻に合わせ、起床の促し、食事の提供、準備物のチェックを行い、「行ってらっしゃい」の声掛けで、付き添い職員とともに送り出す。

　下校時は「お帰りなさい」で出迎え、宿題等、学校から出された課題を中心に学習を支援し、おおよそ夕食前の時間帯から全児童が合流する。連絡帳での教師とのやり取り、翌日の登校準備を、児童指導員とともに完了して一日を終える。

●支援体制

「通学支援は明石こどもセンター全体の業務」として以下の体制により実施している。

　・通学にかかる在籍校との種々の調整は、ソーシャルワーク部門（緊急支援課、こども支援課）の職員（保護児童の担当児童福祉司）が行う。

　・送迎にかかる担当者の割り振りや児童個々の登下校スケジュール（時刻設定）表の作成、タクシーの配車予約など必要な事務手続きを、総務部門（総務課）が行う。

　・登下校の付き添いは、明石こどもセンター全課の職員が当番制により担う。

●支援にかかる具体的なスケジュール（種々の調整）

　児童により異なるが、概ね1週間以内に以下のスケジュールでの調整を終え、支援開始となる。

　・一時保護開始

　・児童福祉司、児童心理司との面接による初期アセスメント

　・児童福祉司が学校側（校長、教頭、担任、生徒指導担当等）と登校方法[※]について調整。併せて必ず保護者の同意を得る

　※登下校時刻、送迎場所（駐車位置）、子どもの引継ぎ方法など

　・保護所での支援体制の確認（児童の起床時刻、食事提供時間の変更等の調整）

　・送迎担当者の割り当て（1週間ごと）（総務部門が担当）

　★通学開始（初日の送迎は主として担当児童福祉司が行う）

実施による成果と意義

●児童にみられる変化

　好事例としては、一時保護以前は不登校であった児童が、当所での支援を通じて継続した登校を達成し、退所後の生活の安定を図ることができたなど、本人の意欲及び学力向上に寄与したケースを挙げることができる。

　一方、学校での不適応を課題とする児童も多く、通学を渋るケースは多々ある。登校の促しに困難が伴う場合も少なくはないが、他の児童が頑張って登校する姿に触発され、嫌々ながらも一歩を踏み出す機会とできる児童が大半である。

　通学を拒否する児童を、無理やり登校させることはしていないが、保護者の状況やその後の処遇に鑑み、通学可能な環境にある児童は概ね通学できている状況である。

　なお、通学児童数が増え、支援に手が回らない状況では、指導員からの「周囲のみんなも協力してね」の声掛けに快く応じてくれる児童の姿がしばしば見られ、他者からの要請に応えることによる自己効力感の増進につながる効果が見られる。

表 9-1 保護所から通学する児童へのアンケート意見

設問	回答（人）	内容（主な記述意見）
[設問1] 保護所から学校に通学できたことはあなたにとって良かったですか	「はい」41人	・歩かずに学校に行けたところ ・勉強ができるようになった ・1日のリズムが整った ・友達ができた ・勉強が少し楽しく思えた ・外での気分転換ができたことや得意科目に遅れがあまりでなかったこと ・あんぜんでした ・途中で行こう（無断帰宅しよう）と思えば行けたけど、子どもが「きちんと戻ってくる」と信じて送り出してくださってうれしかったです。だから絶対戻ってこようと思えました ・期末考査を受けられたこと ・部活に参加できたこと ・検定受験して合格した ・通学（朝の散歩）が楽しかった ・タクシーで行けたこと ・みんなにそこまで疑われることなく、（転校前に）みんなに会えてよかったです ・家では（学校）行けなかったけど、ここに来て行けたし、家でも行けるようになるための練習になって、行けそうと思えるようになったから ・ストレスがたまるのを減らすことができたことと、学校が好きだったからです ・友達がわたしが学校を早退したとき、学校に行っていなかったら、友達が心配するかも。だから行けて良かったなと思いました ・せんせいに、なぞなぞした ・おともだちがあそんでくれた
	「どちらでもない」3人	・わかりませんが、学校に行った方が良いと思った ・タクシーは快適だったけど、学校のクラスに入るとき、ちょっと恥ずかしかったです
	「いいえ」4人	・学校に行きたくなかったから ・さみしかった ・学校まで歩けないから暑さに弱くなってしまうこと ・タクシーで行くから、友達に「なんで?」と聞かれて答えられない ・あまり楽しくなかった
[設問2] 通学にあたって何か困ったことはありましたか。または、こうしてもらいたかったということはありますか	「あった」5人	・タクシーで行っているとき「何でタクシーに乗っとるん」って言われて、すこし困りました ・（タクシーの）運転が荒くて酔った ・タクシーで行くのは恥ずかしかったです ・タクシーの時間が早すぎて困った。もっと時間遅めにして欲しかった ・たいしょするまで、ほごしょで、こめこぱんを食べたかった（学校給食より保護所で食事をしたかった）

	「特になかった」43人	―
[設問3] その他、通学について、思ったこと、職員に伝えたいことがあれば何でも自由に書いてください		・いつも「がんばって」と送り出して下さってありがとうございました。学校生活は今までより楽しかったです ・算数いやだー ・雨のときタクシーとすれ違いになった(待ち合わせの失敗) ・ぜんぜんない ・(地域の)ソフトボールに行けて良かった ・夏休み中でも、タクシーに乗るときは職員がついていて欲しかった ・みんなが元気で過ごしてください。からだに気をつけてね ・いっしょにあそんでくれて、ありがとう ・たくさん休んでいたけど、学校に行くのはとても楽しかったです

　保護所からの通学を実施した児童に対するアンケート意見（表9-1）としては、「友人関係の保持」「学力の向上・維持（授業での遅れが出なかったこと）」「気分転換になったこと」などの理由により、通学に関して「良かった」と答える児童の割合が圧倒的に多い。「困ったこと」としては、友人から「なぜタクシーで学校に来ているのか」「今、どこに居るのか」など尋ねられ、返答に窮した等の事例が若干数ある。

◉通学支援に取り組む意義

　一保からの通学を通して得られる効果として、子ども自身が、自分と社会とのつながりを実感できること（一時保護による社会的な断絶の回避）、不登校状態から脱却する契機となり得ること、日常生活に近似した場面での子どもの行動観察ができること、児相と学校の連携強化、通学（外出）を契機とする子どもと職員との信頼関係の構築など多数の良い面を挙げることができる。

　実施当初に懸念されていた、対立する保護者による在校（通学）中の取り戻し行為、在校（通学）中の事故による怪我、学校からの無断帰宅（無断外出）など、児童の安心及び安全を脅かす重大なインシデントは、ほとんど発生していない状況である（学校から無断で抜け出した事例：2件、校内での転倒による受傷事例：1件、保護者による取り戻し事例：0件、送迎中の交通事故：0件）。

3……ソーシャルワークと通学支援

　一保からの通学は、「なるべく早期！」を基本として、登校の開始の判断は、担当者（児童福祉司や児童心理司）が行い所属長の許可を得て進めていく。

　一時保護をされ感情的あるいは攻撃的になっている保護者もそうでない保護者も、登校のニーズは高く、同意もスムーズに得られ、登校に必要な物（教科書や体操服等）を持参してくれる等、協力的であることが多い。通学支援がきっかけとなり保護者と担当者の協働関係が構築されることもある。また、学校との連携・協働がすすみ一時保護解除後の家庭の見守りが強化される等の効果もみられている。

　通学支援開始当初は、担当者からは、子どもの行動観察ができない、心理検査や面接ができないことで、子どもの心の安全の評価がわからないため通学させることへの不安がある等の意見があった。しかし、通学支援を行っていく中で、子どもの日常を分断させないことや学習権の保障等、職員が一時保護中の権利擁護の重要性に気づき、子どもの権利や子どもを中心としたソーシャルワークの展開につながっている。

4……まとめ

　開設以来、一貫して取り組んできた通学支援であるが、「子どもにとってメリットは数えきれずある。デメリットはない。あるのはセンター職員の大変さ」であると言い切ることができる。

　子どもの権利擁護やソーシャルワークの観点から、多くのメリットが確認できており、試行錯誤の中、苦労して取り組む職員（支援者）にとっても、それを実感することができる「価値のある取り組み」であると考えている。

[秋末珠実、水野賢一]

1……温かみのある場をつくる

「はあとポートのおうちに早く帰りたい」

一時保護中の児童が、担当職員との面接を終えた後につぶやいた。江戸川区児童相談所（以下、児相）には「はあとポート」という愛称がある。親しみのある名前として浸透している。

その一保を「おうち」と表現する子どもたちにとっては、帰りたくなる居心地の良さや、温かみのある場所として感じられるのかもしれない。子どもたちにこのような感覚を抱かせる一保を目指して、令和2年4月、東京都特別区（23区）の児相として、江戸川区児相はスタートした。

一保は、4階建ての児相の1〜2階部分にある。中心部は吹き抜けになっているので、子どもたちの生活場所に自然の光が差し込み、爽やかな風が吹き込む。江戸川区児相は、子どもたちが、心穏やかに過ごせる場所を提供するとともに、第一の理念として「権利擁護を最優先に」を掲げた。厚生労働省が発出している「ガイドライン」（令和2年3月）には、一保の在り方として、「子どもの権利擁護として一時保護において子どもの権利が守れらることが重要であり…（中略）…また、子どもの意見が適切に表明されるような配慮が必要である」との記載がある。江戸川区児相一保では、開設当初より子どもの権利擁護を支援の根幹とし、子どもの意見表明権を尊重することを目的として、令和3年度より子どもアドボカシー事業を開始した。

アドボカシー活動の導入

毎週土曜日にアドボケイトが一保にやってくる。必要な研修を終えた外部の社会人が中心である。一保の子どもたちは、児童養護施設などに措置され

ている子どもと違って、入れ替わりが激しい。

　1～2週間で退所する子どももいれば、2か月超、一保で生活しなくては いけない子どももいる。一保でのアドボケイト活動には、子どもたちの生活 期間が一定ではないという難しさはある。しかし、言いたいことがあれば意 見を発信していいという、子どもの認知を促す「意見形成」を経験すること は重要な権利擁護である。子どもたちがアドボケイトに出会うのは、おおい に意義のあることだといえる。

　毎週来所するアドボケイトは、新しく入所した子どもに「意見表明のワー クショップ」を行い、意見形成の気づきを促す。そして、子どもと一緒に遊 びながら、傍にいて時間を過ごす。そのことが「ケア」となり、子どもの意 見形成が自然な形で促されていく。「子どもの意見形成は関わりの中でしか 生まれない」と考える、当区児相のアドボケイト活動の特徴である。アドボ ケイトに話を聴いてもらう中で、「意見表明」をしたいという意思が確認さ れた場合は、「お話ししたい確認書」をアドボケイトと一緒に作成する。「確 認書」は、その内容によって一保の生活に関すること、ケースワークに関す ることに分けられる。ケースワークに関することの意見表明がされた場合は、 児相内のアドボケイト担当職員にその後の対応が託される。

　アドボケイト活動の報告は月に一度、アドボケイト協議会の中で行われる。 そこでは子どもの意見表明がどう扱われたか、一保の職員による権利侵害な どがなかったかどうかを、子どもの権利擁護担当部署の職員同席のもとで確 認している。

アドボケイト担当職員の役割

　当区児相のアドボケイト担当職員は、ケースワークに関する内容の意見表 明があった場合、「お話ししたいこと確認書」に記載された内容を確認する ために子どもと面接をする。アドボケイト活動は、子どもの声を大きくする マイクのような存在だと言われている。毎週土曜日に来てくれるアドボケイ トがマイクとなり、子どもの声を聴き、確認書に「録音」する。担当職員は

録音した内容を、「編集」したり「削除」したりせずに受け取る。ところで、アドボケイトが子どもと一緒に意見形成し作成した確認書がケースワーカーに届くまでにはタイムラグがある。そのため、子どもの気持ちに変化が生じる場合もある。子どもが意見表明した内容は何よりも尊重されなければならないが、子どもの権利を保障し、主張を実現するためには、マイクで録音された内容を整理し再度確認する必要がある。その役割を担うのがアドボケイト担当職員である。

権利実現の事例

　事例（情報は一部改変している）を紹介する。一時保護された中学生の女児がアドボケイトに対し、「友人宛に手紙を書きたい」と意見表明した。児相への一時保護は突然の出来事であるため、友人の反応が気になるのは当然のことである。その気持ちをアドボケイトが受け止め、手紙を書く子どもに寄り添った。確認書を受け取った担当職員は子どもと面接し、手紙を渡したいという子どもの権利を保障しつつ、手紙の内容について児相が確認する必要がある理由を伝えた。また、子どもと母親との関係性修復が大前提となるケースワークであったことから、手紙はまず保護者宛に書き、友人宛の手紙を保護者に委ねる流れとした。このように、子どもの権利を優先するためには、ケースワークの中で調整をしながら実現していく必要がある。それは、仲介役を担うアドボケイト担当職員の大きな役割である。

2……最善の利益と権利擁護は共存できるか

　アドボケイトは、一時保護中の子どもの意見形成を支援し、マイクとして子どもの声を受け止めている。彼らは、子どもの最善の利益を追求している児相と業務上どのように共存しているのだろうか。子どもアドボケイト活動が「自由に自己の見解を表明する権利を保障する」ことであっても、児相として、子どもの最善の利益を守るために譲れないものがある。支援の現場で

は、児相主導の子ども支援が大前提であり、児童福祉法、こども基本法や子どもの権利条約でも規定している通り、「子どもの最善の利益が第一義的に考慮される」ことが最優先となるからである。上記の事例では、友人に手紙を渡したいという子どもの権利を保障するために、手紙を自由に書きたいという子どもの意見が尊重されている。しかし、内容の確認もせずに一保の外に手紙が出ることで、子どもに不利益が生じることを、避けるべきだと考える。実際、手紙に封をするかどうかについても議論を重ねた。権利擁護、子どものプライバシーの保護を考慮するなら、手紙に封をすべきだが、本人の利益にならないことが書いてあるかもしれない。このように、一保でのアドボケイト活動には、子どもの権利擁護と子どもの最善の利益との葛藤が常に存在する。一時保護中の子どもに対するすべての責任は児童相談所長にあり、集団生活をしている保護所には生活上のルールがある。一保の集団生活と子どもの権利擁護とをどう共存させていくのかも大きな課題である。

アドボケイト活動はピースの一つ

当区のアドボケイト活動は、個別の面接ではなく、子どもの生活の中に自然な形で入っていく。当初は、「子どもの話は私たちが十分に聴いている」「子どもの話を聞きっぱなしでその後の面倒はみない」と、批判的な印象を持つ職員もいた。そこで、職員向けのアドボカシーの研修を行い、児相職員もアドボカシージグソーの一つであり、独立したアドボカシーも同じピースの一つであること、毎日一緒に生活するからこそ、子どもが話しにくいこともあることについて理解を広めていった。児童福祉司からは、子どもの意見表明の内容を聞いて「自分は子どもの話を丁寧に聴けていなかった」「子どもの意向を違う視点から聞けて助かった」という意見も出るようになった。子どもの衣食住を保障し、安全な生活を通して、子どもの権利擁護を日々実践しているのは一時保護職員である。それを「線」とすれば、アドボケイト活動は「点」である。線の上に子どもの安全、安心は保障される。その中に「点」として子どもが意見を表明する。その「点」にアドボケイトが光を当

てることで、よりきめ細かい子どもの権利擁護活動となる。

これからのこと

　これまでのアドボケイト活動は、保護所での生活に関することと、ケースワークに関わる意見表明が中心であった。今後は、児童福祉法の改正によって、措置に関する子どもの意向や意見聴取も行っていくことになる。そのため、児相以外のフォーマルな第三者の立場も必要になる。また、令和4年度に成立したこども基本法では、すべての子どもの意見表明の機会の確保が謳われている。児童養護施設などに措置された児童や、家庭引き取りになった児童の意見表明について、引き続き保障していくことも課題となる。アドボケイト活動は、子どもの権利擁護の一部であり、その活動は、フォーマルなものからインフォーマルなものまであり、単一のものでなく濃淡があっていい。当区でのアドボケイト活動はまだ、始まったばかりである。職員の理解をさらに深めると同時に、一保の中での子どもの権利擁護や意見表明権の保障と、子どもの最善の利益とを、どのように共存させていくことができるか、子どもの声を丁寧に聴きながら考えていきたい。

[木野内由美子]

引用・参考文献
　厚生労働省（2020.3）「一時保護ガイドラインについて」
　全国子どもアドボカシー協議会　安孫健輔「子どもの声を聴く」2022年社会福祉法人子どもの虐待防止センター CAP ニューズ
　堀正嗣（2020）『子どもアドボケイト養成講座』明石書店

1……観察会議の位置付け

　堺市子ども相談所一時保護所は、堺市の政令市移行に伴い平成18年4月に開設された子ども相談所（児相）の一保として、平成19年8月にスタートした。「どんな理由で入所した子どもにも居心地の良い一時保護所」であることをモットーとして、一時保護解除後の生活環境へのつながりを意識した支援・ケアの実践に努めている。年齢も性別も保護を必要とする背景も様々な子どもたちが、生活日課や余暇を同じ空間で共に過ごす混合処遇の形式をとり、変則交代制勤務の職員は男女混合のチーム対応で子どものケアにあたる。行動観察においては、生活日課への適応の状況や職員との関係、子ども同士の関係などを通して、子どもの行動の背景について理解しようとする姿勢が一保の職員に求められる。パニックや自傷・他害、暴言・暴力などの行為、情緒の不安定さや不定愁訴等、生活場面で表れる様々な行動上の問題に対して、個別的配慮をもった治療的ケアを行うことを通じて、行動の背景や子どもが抱える課題と強みについてアセスメントした結果を援助方針に反映させ、その後の支援につなげることが一保の重要な役割と考えている。

　日々の生活日課や時間帯によって対応する職員が交代するなかで、その時々の生活場面で子どもがみせる姿を把握して一貫性や連続性をもった行動観察を行うには、引き継ぎ・申し送りや観察記録等を通したチーム内での綿密な情報共有の仕組みが必須である。さらに、虐待によるトラウマ体験の影響やアタッチメントの課題について評価するうえでは、対応する職員や場面による子どもの反応・振る舞いの違いは非常に有用な情報となる。複数の職員が交代で子どもに関わることによって、子どもの行動を客観的かつ多面的にとらえることができるというチーム対応の利点も実感している。一保におけるケアを通じたアセスメントには、職員間での意識共有・相互理解のもと、

良好なチームワーク、そしてチームとしての高い専門性の発揮が求められるのである。

　「ガイドライン」には、行動観察や観察会議について、「種々の生活場面のなかで子どもと関わりながら子どもの状況を把握し、定期的に他の職員と観察結果の比較検討をする等して、総合的な行動観察を行う」「アセスメントに際しては、職員が一人で把握するのではなく、チームで情報共有しながら行うことが必要である」とあり、「原則として、週1回は一時保護部門の長が主宰する観察会議を実施し、個々の子どもの行動観察結果、聴取できた子どもの意見、そこから考えられる子どもの行動の背景、それに基づく一保内における援助方針について確認するとともに行動診断を行い、…」と示されている。このような機能を備えた観察会議を定期的かつ高頻度に実施し、グループスーパービジョンの場としても位置付けることで観察会議が担う機能を充実させ、チーム対応におけるケア・アセスメントの専門性の向上を図る堺市の一保の取り組みについて紹介する。

2……観察会議実施の工夫

　観察会議は「原則として、週1回」と、実施する頻度が示されている。しかし、一保は夜間休日を含めた交代制勤務であり、日中に勤務する職員は子どもたちの対応の現場から離れて別室に集まること自体が難しい。観察会議に限らず職員が集まって会議や研修会を開くとなると様々な制約が生じ、「週に1回、会議の時間を確保するのが大変」との声も聞かれる。これらの制約をクリアするために以下のような方策が考えられる。当所では、学習指導員が中心となって対応する学習保障・学習支援の方法を工夫することで、子どもたちの学習の時間の裏で観察会議を実施している。学習は日曜祝日以外の午前の日課として設定されているので、朝の職員間の引き継ぎ・申し送りを拡大、時間延長する形で、夜勤明けの職員と日勤の職員の勤務が重なる時間帯に観察会議を実施することにより、少しでも多くの職員が参加できるように設定している。また、観察会議に長時間をあてることは難しいので、

1回につき30分～1時間程度にとどめて週に2～3回実施することにすれば、一人ひとりの子どもについて話し合う頻度が確保でき、交代制勤務のなかで各々の職員が観察会議に参加する機会を増やすことにもつなげられる。

だが、それでも職員全員が同時に会議に参加することは永久に実現しない交代制勤務の事情はあるので、観察会議の内容を記録等によってチーム内で共有する工夫も必要である。行動観察に基づくアセスメント、一保内での援助方針の確認、行動診断の結果などが経過とともに把握できるように、個々の子どもごとに会議録シートを作成して共有することで、参加メンバーが入れ替わっても観察会議の連続性の維持が可能となる。

3……行動アセスメント尺度の導入

行動観察結果をもとにアセスメント、行動診断へとつなげていく際には、複数の職員による多面的な行動観察が求められる。観察会議では、生活の様々な場面で観察された行動についての情報を交換・共有・集約し、チーム内の協議・検討のもと、行動アセスメント、行動診断を実施する。

茂木は、行動診断の課題として、行動診断書の様式が項目ごとの自由記述式で、作成者の主観が排除しきれない点、行動診断の全国統一基準がない点を指摘し、客観化・共通化を図るためにCBCLやSDQ等の行動アセスメント尺度の導入を提案している（茂木、2016）。

SDQ（Strengths and Difficulties Questionnaire「子どもの強さと困難さアンケート」）は、子どもの情緒や行動についての25の質問項目に親または学校教師が回答する形式の短いアンケートである。子どものメンタルヘルス全般をカバーするスクリーニング尺度としてGoodman Rにより英国で開発され、世界各国で広く用いられ、日本版SDQの標準化も4歳から18歳までの年齢範囲を対象に実施されている。困難さに関する4つの下位尺度（情緒の問題、行為の問題、多動／不注意、仲間関係の問題）と強みに関する1つの下位尺度（向社会的な行動）について、それぞれ5項目、計25項目を「あてはまる」「まああてはまる」「あてはまらない」の3件法で評定し得点化することによ

って、下位尺度ごとの困難さまたは強み、および、総合的困難さ（TDS：Total Difficulties Score）における支援の必要度を把握することができる。

SDQ は全25 項目のチェックで包括的な評価ができる簡便な質問票である。職員がひとりでチェックすれば5 ～ 10 分ほどで終えられるものであるが、当所では、観察会議の場で参加する職員たちの協議のもと、この項目チェックの作業を行っている。標準化された尺度を使用することでより客観的にアセスメントができる利点に加えて、職員の個人的感覚によって評定にばらつきが生じることを防ぎ、チェックする際の視点や基準の共通化を図ることができる。また、子どもの具体的な行動や振る舞いに照らし合わせて「あてはまる」のか「まああてはまる」のか「あてはまらない」のかを議論するなかで、各々のチェック項目がどんな行動をとらえているのか、発達状況を踏まえた行動の標準はどの程度なのかといった理解を深め、チーム全体に対して行動観察のスキルを高める効果ももたらしている。

4……グループスーパービジョンの場としての観察会議

児相運営指針は、一保の長の職務として、以下の三つを挙げている。
①一時保護所の業務全般の総括
②一時保護所職員に対する指導及び教育（スーパービジョン）を行うこと
③観察会議の主宰
一保の生活支援やケア、アセスメントは、子どもの権利を擁護し最善の利益を最優先に考慮しながら、それぞれの子どもの特性や背景に合わせた個別的配慮をもって適切に行われなければならず、観察会議が一時保護された子どもたち一人ひとりについてのチームカンファレンスの役割を担っている。個別的・治療的アプローチについての共有や役割分担など、一保内における援助方針については観察会議で十分に協議されることが望ましいと考える。子どもたちに関わる複数の職員が参加し、一時保護所長やチームリーダーを務める職員らによる指導や教育、先輩職員からの助言やレクチャー、職員相互の意見交換など、活発な議論を交わすことで、有意義なグループスーパー

ビジョンの機能を果たすのである。職員全員が観察会議をグループスーパービジョンの場として位置付ける認識を持って積極的かつ主体的に参加することが重要と考えている。

5……グループスーパービジョンと職員育成

観察会議では、子どもの好ましい行動をどう取り上げてエンパワメントするかについての検討や、子どもが表出する問題行動に対してどんな見立てをして、チームの誰が子どもの言い分を聴き、誰が指導的な対応をするかといった具体的な対応の役割分担など、アプローチの方法や方向性・ねらいの確認・共有が、話し合いを通して行われる。先輩職員のインテーク面談や指導的な対応の場面に新任職員が同席するといったOJTの機会を計画的に設けることもある。また、個々の子どものケアに関する検討の他、生活の枠づけや集団運営の課題、ルールの運用に関する検討事項が議題にあがることもある。そこでも、理念や基本方針を踏まえた適切な取り組みに導くことができるよう、専門的知識・スキルの裏づけを持ったスーパーバイズが求められる。

観察会議への参加を通して、職員一人ひとりが主体的にチームアプローチに参画し、その根拠となる知識やスキルを習得しながら現場で実践する経験を重ねることによって、経験知を積み、自己効力感を高め、活き活きと楽しみながら一保の仕事に向き合えるようになることを期待している。チームアプローチの一翼を担って活躍できる職員を育成することがチーム全体の専門性の向上をもたらし、その積み重ねが質の高い支援・ケアの実現につながるのではないだろうか。

[小積律子]

文献
和田一郎編著（2016）『児童相談所一時保護所の子どもと支援』明石書店
厚生労働省（2018）「一時保護ガイドライン」
厚生労働省（2022）「児童相談所運営指針」

相模原市の人材育成と実施

1……課題

　筆者の勤めている相模原市児童相談所は、平成22年に相模原市の政令指定都市移行に伴い開所された。その4年後の平成26年に、一保はスタートを切った。

　一保開設にあたり、職員たちは他自治体の児相や養護施設での現場研修を行ってきた。しかしながら、一保の生活支援は当初考えられていた以上に難しかった。

　保護される子どもの言動に職員は翻弄された。経験値の浅い職員集団では、その言動に対し場当たり的な対応しかできなかった。こうした中で、子どもにとっての「安心・安全」の意味が徐々に変わっていってしまった。

　子ども同士のトラブルがあれば、当事者だけでなく周りの子どもも影響を受ける。そのため、職員は問題を起こさせない生活ルールや規則の統一を図った。子どもたちが「規則正しい生活」を送ることが、職員の一番の目的、役割となっていった。しかし本来、一保は子どもが心から安心できる場所でなければならない。

　一保の目的、役割、理念が明瞭でなければ、経験値のない一保はすぐに向かう方向を見失ってしまう。そのために、長期的な視点を持った人材育成が必要になってくる。

2……傷ついた子どもたち

　保護される子どもの多くは、深く傷を負った状態で保護される。保護者からの分離は社会生活からの分離でもあり、それは友人や地域社会からの分離とも言い換えられる。子どもたちはその中で、私たち大人が想像できないほ

どの大きな不安と恐怖に襲われる。

　一保に来る子どもたちは、嘘をつく子、暴れる子、自分を傷つける子など様々である。そんな状態の子どもたちと最初に出会う大人として、どんな言葉をかけ、どのような受け止め方ができるのか。職員の専門性が問われている。

3……必要な力

知識

　発達障害やアタッチメント障害、知的障害等の子どもの支援をする上で、一般的な特性、法律、制度の知識は必要不可欠である。一時保護解除後の措置先となる施設の特徴も知っておかなければならない。

　しかし、保護される子どもの行動は一般的な特性を知っているだけでは理解できない。被虐待経験のある子どもの行動には、複雑な環境での生活が大きく影響している。様々な角度から行動を観察することで初めて、その本質が見えてくる。そのために、多くの知識の引き出しを用意しておく必要がある。

技術

　コミュニケーション力や面接力は、子どものマインドをコントロールする技術ではない。対等な立場から、子どもの声を「聴く力」なのである。

　そして、他職種との連携や調整をするソーシャルワーク技術は、他者に子どもの声を正確に「伝える力」である。

　このインプット、アウトプットこそ、技術として習得すべきものと筆者は考える。

価値観・倫理観

　価値観・倫理観は、職員一人ひとりがこれまでの生活を通し身につけてきたものである。それゆえに個人においての絶対的な指標になりやすい。自身の考えに固執せず、積極的に他者との価値観・倫理観の共有を図ることが、柔軟な対応へとつながる。

　子どもに対する権利擁護の意識も、他者の考えに触れることで醸成されるものである。

姿勢・態度

　最も重要とされる姿勢・態度は、自尊感情、自己覚知等の力である。これらから生まれる豊かな感情はモチベーションにつながり、他者にも影響を与える。

　醸成するには、自己を深く理解すること、経験から多くを学ぶことが必要である。

　これらの「必要な力」は、簡単に養成できるものではない。多くの経験や周囲とのコミュニケーションを経て形にしていくものである。

　そしてなにより職員一人の「力」の向上だけでは、安定した支援は難しい。組織全体としての「力」の向上が、安定した支援を維持する上で重要である。

4……取り組み

　職員は、お互いの意見を言い合えるグループワークの場を積極的に設けてきた。一保で行っている取り組みを紹介する。

グループスーパービジョン

　グループスーパービジョンは、職員が出したテーマを参加者内で話し合い、

深め合うものである。これまで、職員と子どもの距離感、精神疾患を抱えた子どもの対応等のテーマを様々な角度から深く掘り下げてきた。テーマによっては、幼児グループと学童グループの間でも大きな思考の違いがあり、新たな気づきがあった。

　視点を変え視野を広げる。それが予想もしなかった発見を生んでくれるのである。

実践報告会

　実践報告会は、支援から得た課題や成果を全体に報告、共有するものである。それによって、チームとしての知識・技術を蓄積することを目的としている。

　上手くいった、いかないに関わらず、これまでの実績は職員にとって大きな自信につながるものである。

　例えば、夜驚症状がひどい子どもを児童養護施設へつないだ事例では、多くの学びがあった。子どもが成長する姿に触れることで、職員のモチベーションが向上した。さらに、一保の役割や機能を再認識するよい機会となった。

外部スーパーバイザー研修

　外部スーパーバイザー研修は、社会的養育の専門家である外部講師から、スーパーバイズを受ける取り組みである。

　客観的な立場による助言は、私たちが支援の中でつい忘れてしまいがちな、「子どもの視点で考える」ことを思い出させてくれる。

ひまわりのタネの会

　相模原市児童相談所では、権利擁護委員会（ひまわりの会）が設置されている。ひまわりの会では、権利擁護についての研修を行い、また児童福祉司

や児童心理司を含め、全体での事例検討等を行っている。

　そして、一保には「ひまわりのタネの会」が設置されている。これまで職員が子どもの目線に立って行う生活体験や、子どもの権利擁護について考える取り組みを行ってきた。これによって、施設の課題、生活の課題が見えてくるのである。

のびのびクラブ

　のびのびクラブは「子どもも大人ものびのびと」をコンセプトに、日々感じるジレンマや悩みを職員間で話し合い、自らの価値観に気づき、考える時間である。

　一保は、皆で話し合ったり、コミュニケーションを取り合ったりする機会が少ない職場である。それゆえに、自主的にこういった場を設けるようにしている。

　この時間は、職員集団に新たな風を吹き込み、チームとしての結束力を高めてくれる。

5……環境が人を育てる

　良い土壌作りをしなければ、そこにいくら良質な種を蒔いたとしても作物は育たない。良い土壌作りには長い時間を要するが、一度できた土壌はそう簡単には痩せない。継続的な手入れができていれば、どんな種からであろうと立派な作物が実るはずである。今は肥料をたくさん与え、土壌を肥やす時期である。

　一保の職員として求められる専門性の獲得のためには、OJT、OFF‐JT、SDSを重層的、かつ効果的に活用することが必要である。それらは日々繰り返し、研鑽しながら習得していくものである。

　長期にわたって、チームを作る、一人ひとりの意識の醸成が、組織の熟成につながるのである。

生活支援を通しながら、子どもと向き合う中で職員も一緒に成長していく。これまでの価値観、倫理観にとらわれずに、子どもたちから新たな気づきや考えを教えてもらうのである。

　どんな場合においても、職員は生活支援を行いながら、子どもの声を聴き、彼、彼女らが抱える問題を一緒に考える存在でなければならない。

［馬場貴孝］

IV
これからの一時保護所に向けて

第10章
改革には
何が必要なのか

1……急速に進む少子化

人口減でも減らせないもの

日本の人口減は悲観的な状況である。推計によれば、出生数は2033年に80万人を割り、70万人割れ（2046年）、60万人割れ（2058年）と減少し続けると見られている。

子どもの数が少なくなることで、子どもへの支援のための予算も減少するという財政の視点がある。一面では正しく、子どもの人数に依拠する政策に関しては、一人当たりの手当額が一定ならば、総額は減少傾向となるだろう。

しかしながら支援のうちケアに関する部分、特に児相が行う領域に関してみると、その視点は異なってくる。人口規模が大きい自治体ほど児童虐待対応業務に追われる傾向があり、そのため現状でさえ、いじめや不登校、引きこもりなどの対策は不十分なままである。

各国で法制度や機能は異なるが、おおよそ先進国では、それら虐待対応業務を担う相談所が人口20〜40万人に1か所程度存在している。一方、日本では、国の基準が50万人以下であり、なおかつ現実にはその基準さえ満たさず、管轄人口が100万人以上の児相がある。児相は虐待対応だけで手一杯となり、育成相談や養護（その他）等の相談に対応できないのが実状だ。

虐待対応は他の主訴に比べ一時保護率が高く、管轄人口が多い児相ほど一保の入所率は高く、定員超過が慢性化している保護所も見られるなど、現在

の一時保護のシステムでは不具合が生じている。児相が児童福祉法に基づく業務をまっとうするには、いじめや不登校、そして8050や9060問題（80〜90代の親が50〜60代の引きこもりの子の面倒を見る）と言われる、長期化する引きこもりへの早期対応にコミットする必要がある。そのためには一時保護のシステムを柔軟に拡大しなければならない。

　その一つの方策として、一保の拡充が必須である。保護所では虐待だけでなく、他の主訴についての一時保護も十分に行い、行動観察や短期入所指導などによる子どもの特性把握や生活改善指導等など、本来行うべき業務にその機能を発揮しなければならない。急速な少子化が起こり、人口が減少していく中ではあるが、児相の数は国の基準である50万人に1か所に縛られることなく、むしろ増やすことを検討すべきだ。少子化は、児童相談システムの人員減や予算減の根拠にはならないのである。

少子化による人材不足

　少子化の影響を受けるのは、児相の利用者数の減少ではなく、勤務する職員人材の減少である。現時点でも採用募集人数（定員数）を集められない自治体がある。また、応募者数が定員数を上回った場合でも、採用できる人材が少ないこともしばしばだ。その理由として2段階が考えられる。

①福祉・教育系の大学の不人気

　少子化はその名の通り子どもが少なくなるので、家庭単位で見ればより少ない子どもに資源投入ができる状況になる。そのため私立大学への進学率が増える傾向がある。2022年度入試では、私立大学全体の受験者数は前年度より増加している。学部別に見ると人気のある学部とそうでない学部にはっきりと分かれており、福祉関係や保育士などへの人材供給元となる社会福祉養成系・教育系の学部は、ワーストレベルの受験者数減少率である。

　すでに福祉業務の過酷さや、それに見合わない賃金体系などは、一般社会に浸透しており、「やりがい搾取」と言われるそのような業界には、学生も保護者も、進むことを望まない状況だ。そのため、偏差値が低下したり、入

学してくる学生に当事者性を抱えた学生が増加する傾向があり、それに従って教育現場での負担が強まるし、中退率も高い。

　追い打ちをかけるのが、福祉系の大学教員の多忙さだ。講義以外にも実習など多くの教育業務で手一杯であり、研究成果を発表することが難しくなっている。携わってきた業務を価値付け公表することができず、そのため待遇も上がらない。国は、子ども家庭福祉領域で、職員の高度化・専門化を検討しているが、仮にそのための研修を受講しても、待遇が上がる保証がない。

　さらに厳しい状況として、コスト削減のためにこの領域の学部学科の整理統合などが検討されており、退職教員の補充をせず、非常勤講師で運営するところがみられるなど、研究者の安定した環境もなくなってきている。

　これらがみな悪循環となり、高校生や保護者に、福祉への進路をためらわせる原因となっている。定員割れもせず偏差値低下もしていない福祉分野のトップ校の学生ほど、卒業後に児童福祉の現場に進まず、企業への就職や公務員行政職を選択する傾向にあるのだ。

　その結果、社会的養護領域においては、無資格（社会福祉主事任用資格もない）の者を採用をせざるをえない施設が見られるだけでなく、それでも人が集まらずにユニットの廃止など縮小してきている施設も見られ、たいへん由々しき問題となっている。

②母集団減少による質の低下

　福祉系学部の志望者や進学者が減少していく、つまり将来福祉に携わる可能性のある母集団が減少していくと、顕著に表れるのが職員採用の困難さである。募集の趣旨におおよそ沿った職員を採用するには、定員の３〜５倍以上応募がないと困難と言われている。自治体の応募状況の年度比較を見ても、実質倍率が２倍以下の自治体数がここ３年だけでも 20％増加しており、その結果、A.定員が埋まらないまま、B.基準に達しない人を採用、のどちらかとなってしまう。

　Aの場合は、試験終了後、任期付き職員等で何とか埋め合わせをしようとするが、そこでもまた採用基準に達しない応募者が多く、そして定員を満たさない。また、Bで採用すると短期間で離職してしまう傾向が明らかにな

っている（この短期間の原因については各自治体様々な分析をしているが、各自治体の内部情報でもあり、公表は難しい）。

　このような状況の中で、継続して勤務できる職員は重宝される。子どもに安定的に関われるからだ。そのため現在、福祉領域の職員採用は一般的な公務員試験より一歩先に、より民間企業に近い採用方式になってきている。ある自治体でSV（スーパーバイザー）になったり、もう少しでSVになろうかという十分経験を積んだ職員が、他の自治体の児相や保護所に転職しているのだ。児相の新設増加もその一因ではあるが、一般社会が脱終身雇用になっているなか、福祉領域が公務員採用の最先端にいると見ることもできる。であればなおのこと、自治体の魅力、児相や一保の魅力を積極的に公開していかないと、新規職員不足＋転職による退職増加で、児相のシステムが持たなくなってしまうだろう。

2……迫り来る課題

　もっとも大きな課題は上述の人員確保であるが、それ以外に迫りくる課題も多いので、以下に列記する。

人事システムの問題

　一保職員の職員配置は、いまその基準の変更作業が進んでいる。現在そのための基礎資料が集められている段階だ。

　この調査研究には査読がないため、実際導入される場合にはそこで判明したエビデンスも骨抜きにされる可能性が高い。最近成立したLGBT法案の場合は逆に、「調査研究」から「学術研究」へと変更された。「学術研究」であれば査読があり、エビデンス性が高いのだ。しかし「調査研究」だと、その結果も考察も国のコントロールによって左右され、エビデンスとしても採用されにくいのである。

　さらに、調査研究レベルで人員増加となったとしても、上述のような職員

がますます集まらない現状で、質を保ちながら人員増が達成できるのだろうか。

　職員の質については、人事システムの問題がすでにある。悪しき事例を一つ紹介したい。。

　ある自治体は、保護所職員、保護所に勤務する人のスキルが、福祉司になるための「研修程度」にしか考えておらず、その理念で保護所を運用している。新卒採用後、最低限の研修等で知識を得た後（それさえない自治体もある）、すぐに保護所で指導員等として配置する。そして数か月〜2年程度の勤務後に、福祉司に異動するのである。

　このシステムには、次の課題がある。

①政策としても、実情を見ても保護所は高度で複雑な課題を持つ子どもが入所するようになってきており、それに対応できる専門化した保護所職員の育成が必要である。その育成をせずに、福祉司になるための研修の一環として配置するのは職員にも指導するSVにも過酷な環境にならざるをえない。

②子どもの視点からみると、短期で異動するような職員がうまく子どもたちをケアできるスキルを身につけられるのか、疑問である。一部自治体では、保護所と福祉司を定期的に異動させるプログラムの自治体もあるが、多くは若手時代の保護所経験から福祉司への片道切符（管理職として戻るときもある）であり、それは一保のケアワークの軽視である。さらに知識とスキルがないと管理的な運営になることが他領域を含め様々に実証されており、そのような自治体の保護所のルールは管理的になることも明らかになっている。

　一方、自治体のシステムとは別に、児相内でも失敗事例がある。例として挙げられるのは、心理司で採用されたにもかかわらず知識とスキルがあり、使い勝手が良いために福祉司に任用されてしまい、しかしどうしても仕事があわずに休退職／転職等が増えてしまう事例だ。こうしたことが少なくないのだが、それも全て採用のミスマッチ、人事システムの問題だと言える。

　一保で働きたい、ケアワークをしたいと福祉職の門を叩くも、短期の勤務

しかできず不本意なポジションにつかされるのは、個人の専門性と希望に添った適切なシステムとは考えにくい。それでも最近では、新たに児相を設立した自治体で、自治体内保育士から一保（のみ）を勤務先として希望者を募り、中長期の職員育成を試みているところもある。また、公立保育所と一保を行き来することにより、地域での子どものケアワークに活かしている事例もある。このような職員の割合が多ければ多いほど、トラブル時の対応の手際よさが見られ、子どもの見方などケアワークの専門的知見が集約していく。人事システムは、そうした少ない事例を参考に、再検討が必要だ。

政策の不備と現場の疲弊

一時保護の需要は、国の政策によって変化する。調査保護や「躊躇なく保護すること」などの国の政策変更により、一時保護のリソースも変更する必要がある。加えてわが国は、司法が子どもの権利を守ろうというシステムになっておらず、警察署に社会福祉士が常駐する制度もなく、子どもが短期滞在できる保護機能がない。また非行が主訴の場合でも、鑑別所等が中心に対応することが政策に記載されておらず、そのため児相が対応せざるをえないなど、本来ならば司法で対応すべき子どもが身柄付き通告で児相に移送される。さらに、子どもの症状から見て明らかに医療が必要な領域であっても、一保で保護せざるをえない。

一保で対応困難な例は「あまりに子どもが暴れるので当精神科病院では対応できない。一保で見てほしい」というケースである。これは本末転倒であり、自傷はおろか、職員への数週間の治療期間を要する暴力があってさえ、精神保健福祉法により子どもに対応しにくい現状がある。筆者が一時保護入所児童の全数調査を行った際にも、一時保護入所児童のうち、司法または医療で対応すべき事例は4割程度であった。

現状は、司法または医療の領域が機能せず、福祉領域である一保で対応している。この制度矛盾が、現場を混乱と疲弊に陥れているのだ。

さらに様々な調査において明らかになったのが、一保出所後の生活が決ま

った子どもであっても、措置先がないために、長期に保護所で生活せざるを
えない状況である。その理由として、顕著なものは以下である。

　①高齢児童（特に高校などに所属していない、他害傾向）
　②親権者の精神・障害の回復が困難（子どもがヤングケアラー、ネグレクト、
　　トラウマ等の被害等）
　③子ども自身の発達やメンタルの課題（自傷・他害傾向）
　④保護先の拒否（措置制度にもかかわらず、児相からの入所措置を拒否する施設
　　が多い。例えば小学生以下の女の子のみしか受け入れられないなど。①～③を満
　　たす子どもを受け入れる施設は極小である）

　こうした窮状が政策の不備による課題となっていることは、強調しておき
たい。

里親委託の課題

　社会的養護における里親委託率の向上が推進されている。しかしながら十
分な研究知見や実践のデータベース化がなされていないまま急激に推進され
ており、以下のような課題が露呈してきている。

●コミュニティが使えない日本

　わが国の里親制度は認定制度である。書類／実習による評価により認定さ
れることになっており、その認定率が高い。しかしその認定制度の下でも、
里親に必要な学問なのか、科学的なエビデンスによる指標をもとにしている
のか、そして里親として真に必須なスキルが身につく研修支援システムにな
っているのかなど、疑問も多い。

　里親政策や里親委託率などの議論になると、海外ではどうなのか、先例に
学ぼうとする意見も見られる。では先進国の里親制度がどうなのか、概要を
言えば以下のようなものだ。

　まず里親になるための研修科目が体系化され、履修科目が多く、ハードル
が高い。そしてこのハードルの高さには、理由がある。

　多くの科目を取得するには、長期的な計画が必要となる。多くが男女とも

働く先進国では、仕事を休まなければならず、とても有休だけでは足りない。宿泊をともなう長期現場研修への参加もあり、里親希望者に実子がある場合は、実子の面倒を見てもらう人も探さねばならない。

　このような様々な課題を乗り越えるためには、里親希望者が地域の子育て資源を知り、それを使いこなし、地域の間で信頼感を得ている必要がある。そうでなければ、実際問題として、研修に参加できなくなるのだ。よって、そのような研修を修了したということは、里親になってもそのコミュニティのリソースを使って、里子を育てることができるいうことになる。これが、そのハードルの高さの理由だ。

　一方、わが国の里親制度は、実子がいない申請者（理由は不妊治療等を含め様々）が多く、地域の子育てコミュニティに属していなかったり、地域の交流も少なく孤立しがちな状態である。虐待につながる子育て不安の大きな因子の一つは孤立であるが、その孤立を防ぐような里親認定育成支援でないために、里親と里子との関係悪化を予防的に軽減する地域システムになっておらず、里親からの措置変更を含めた一時保護が増えてきているのだ。

●実親が抱く里親への不安

　社会的養護の法制度は、子どもと実親のためにある。それは里親のための制度ではない。これは研修等で繰り返し説明されているはずだ。子どもと関わる人間は里親を含め、プロの援助者である。プロである以上、「やりがい」や「承認欲求」「自己実現」を優先させるものではない。援助者はあくまで、子どもの最善の利益のために、法の枠内でケアを行うのである。

　ところが、「子どもを思う」という大義のもと、実親や児相に連絡せず里子との養子縁組を申請したり、自身の承認欲求のために関係者のへの同意なくSNSへ情報発信をしたり、社会に対するディスインフォメーションを繰り返すような里親が見うけられる。これらは明らかに児童福祉法の趣旨に反しているが、こうした里親は自己陶酔型が多く、児相などを攻撃する際にメディアと協調することさえある。そのため、ネガティブな情報が必要以上に広がり、実親が里親委託を拒否する事例が増えてきている。

　一方で、どのようなKPI（重要業績評価指標）が里親のスキル向上になるの

か、適切な分析がなされていない。そのため適切な里親へのトレーニング手法が提示できずにいる。これでは数千世帯の里親の質の維持や向上ができるはずがない。現状、たかだか数百ほどの乳児院や児童養護施設の適切なガバナンス・品質評価さえできていないのだ。

里親の推進は一時保護のリソース増加に必要不可欠であるが、品質評価ができなければ、根本的な問題解決にはつながらないであろう。

研究者の課題

研究者は時として、独自の用語を作って学術的に認知されないまま、社会に公表することがある。これは注意すべき事象であり、多くは既存の概念で説明可能である。

例えば「里親アドボカシー」だ。これは労働問題として、説明可能である。労働問題であるにもかかわらず、その概念を社会的養護に取り入れるなら、その論旨は児童福祉法の趣旨に反することになる。その上この造語に関する論文が1本もないにもかかわらず、メディアを使ってアピールし、社会に浸透させようとする非科学的な言動さえ見受けられる。

「子どもアドボカシー」もそうだ。これはそもそも、国家資格である社会福祉士の試験科目である、「相談援助の基盤と専門職」「相談援助の理論と方法」といった科目にあるように、相談援助の技術論である。それが、科学的なプロトコルに基づかないまま、議員へのロビイングやブランディング活動により、2022年度第208回国会で成立した児童福祉法の一部を改正する法律において、「意見表明等支援事業」が努力義務となった。

しかし国家資格の必要もなく科学的根拠もないプログラムを受けさえすれば、誰でも子どもの声を聞き取り措置や一時保護の決定に関与できるのだとなれば、児童福祉法の根本的な否定につながる。当然、自治体政策部局や児相、実親、研究者からの疑義が殺到し、本事業のマニュアル案ではそれが汲まれ、そして主として弁護士（団体）をはじめとする「子どもアドボカシー」の実践者の尽力によって一定の成果は上がっているものの、制度が確

立したとは言いがたい。本来ならば、子どもも親も家庭復帰を望んで環境調整すべき事例であっても、未熟な聞き取りにより「施設措置が望ましい」など誤った処遇をしてしまう可能性があるのだ。

そうした処置は、場合によっては、実親や成長した子どもから、「適切ではない意見表明をされた」と訴えられることも考えられる。その責任は、非科学的なアドボケイトを導入した児相などに向かうであろう。発達、心理、精神医学、行動科学等の知識や専門性がない短時間のプログラムで、どんな子どもの声も聞き取ることにする、という制度なのだから。

自治体は、メディアに流れる造語に流されることなく、その現状を冷静に分析していただきたい。そして研究者は、自らの承認欲求のために学術的基礎がない造語を氾濫させ、子どもや親、援助者を混乱させることは、厳に慎むべきである。

行政の課題

行政の課題としては、メゾ領域（本庁レベル）とミクロ領域（児相、職員レベル）にそれぞれある。ここではメゾ領域がミクロ領域に及ぼす課題を挙げる。

第三者評価委員会の検証が必要になった場合、正当なプロセスを通さずに不適切な委員会を作ってしまうことがその例だ。

これはとくに、メディアに掲載されるような大きな事例が発生した場合に起こる。児相の正職員として責務を負った経験がない／社会福祉士や公認心理師の資格がない／専門的に児童領域の学術を学んだ形跡のない人が、専門家を名乗り、「自分を委員にせよ」と行政に売り込んでくるのである。通常のスキームを外れた、悪しき事例だ。

自治体が日々情報を収集し、適切な法的プロセスで対応していれば、ふつうはこうした人を委員に選ぶことはない。しかしながらやっかいなことに、こうした人は首長や議員／国会議員の圧力／政党／メディアなどを利用して、強引に自らを委員にさせる。

このような委員の加わった委員会の報告書には、以下の特徴がある。

○思い込みや情熱等の感情論

・「職員に子どもを救う思いが足りない」

・「職員に子どもを救う気持ちがない」

・法を遵守するよりも「時には法を破っても子どもを守るべきだ」

○リスク管理等の学術知識不足

・「介入するチャンスが何回もあったのにしなかった」

・「なぜあのとき保護しなかったのか？」

・「なぜ保護所で暴れる前に防げなかったのか」

○守秘義務の違反

・自治体やその被害者（残されたきょうだいなど）の同意を得ず、学会のシンポや講演会、メディアで委員会の内容を公表してしまう。

こうした報告書はまるで検証になっておらず、また委員も報告書を出すのがゴールと思っており、その検証結果による具体的施策を提言しない。

当然、このような委員会を設定してしまった自治体では、報告書が不適切で改革が進まない。そんな事案が多数発生しているのである。

残念なことに、自治体間に横のつながりや連絡がないため、この不適切な委員はある自治体の経験を「実績」として謳い、他の自治体にまた売り込むことがある。自治体にとっては「被害を被った」状況でありながら、その被害が食い止められないのだ。結果として、的を射ない報告書によって余計な業務が増えるばかりで、肝腎な子どもの最善の福祉は置き去りになり、職員の負担だけが残るのである。

さらにメゾ領域では、ミクロ領域（児相／一保）との意思疎通が良好ではないところが見られる。あまり予算をかけずに大きな成果を上げる人員配置や事業などがあるにもかかわらず、両者の領域間で連携が取れていれないために、その多くが実行されずにいる。この点でも、一時保護運営の支障について、行政本庁の責任は大きい。

このように、各方面で多くの課題を抱えているため、一保の改善は難しい

状態である。そてでも大きな問題を数年掛けて解決した自治体等のグッドプラクティスをもとに、提言を行いたい。

3……自治体にできる処方箋は?

　一保に入る子どもたちの問題は、年々複合的かつ深刻になっている。それゆえなおさら、子どもたちのケアは十分に行わねばならない。それには時間がかかるが、さらには、措置先が見つからなかったり、家庭復帰への調整も長引くことも増えてきた。そのため、今にいたるまで、一保での長期滞在は増える傾向にある。

　里親委託が進む国でさえ、施設型（集中ケア）に数か月〜数年入所することもある。であるならば、「一保」という名でも長期滞在が可能で、それによって子どもも職員も苦痛を受けないシステムにすべきである。

　現状のシステムで対応するには限界が見えているので、よりよい一保のあり方を検討する必要がある。

　まず、一時保護のあるべき姿を、明確に定めたい。

　　一保は、長期滞在を前提としてシステムを作り直し、長期滞在が可能な
　　ケアワークの場とする（＝制度を高度化する）。

　この方向に舵を切って、効果を上げている一保もすでにある。海外や他分野のシステムを参考に取り入れているのだ。それらを参考に、なにができるか、どうしたらよいか、考えてみたい。

●人事システムの変更

　先に述べたように、一保職員を、福祉司になるための研修過程としてとらえている自治体がある。筆者の見たところ、そうした自治体ではおおむね職員の育成に失敗している。

　今後さらに深刻な課題を抱えた子どもが入所してくる状況を考えれば、職員は専門化しなければならない。だが専門化を重視するあまり何十年も同じ

勤務を続けていると、意味のないルールや慣習が増えてしまうのは、組織論や行動論の知見が示すとおりだ。長くいるだけの経験論だけの職員が跋扈してしまい、職員同士の心理安全性が低下することも、明らかになっている。

その改善のために、職員専門化のプロセスのなかに、定期的なローテーションを取り入れるべきだろう。具体的には、職員を同一箇所に留まらせず、大学院への派遣や他一保への長期研修を実施し、長い目で見た学びのアップデートを、職場の中に組み込むのである。

ここ数年顕著な実績を上げている保護所では、幹部の多くがこのような経験を経ている。そうした姿をまた、若手職員が目標にし、好循環を生んでもいる。

現場の経験論だけで仕事を進めると、何か失敗が起こったときに全てをその職員に負わせてしまいかねない。また近年の研究には、数十年保護所に勤務している職員が他の職員や子どもにハラスメントを与えてしまう例も報告されているが、その対策にもなるだろう。

福祉職職員の募集が定員割れする現状で、長期研修や派遣によるスキルアップ・専門化は、応募者へのモチベーションにもつながるはずだ。夜間土日の研修や大学院進学であれば、自治体の財政負担もほとんどない。給与を上げるのが難しい公務員であるからこそ、ぜひともこの方策を全国的に導入してもらいたい。

付け加えれば、備品／物品管理や勤務管理など専門知識が必要ない業務は、事務職員に配すべきだろう。実際に事務職員を複数配置している一保では、専門職員の負担が減り、大きな成果を上げている。莫大な経費を必要とせずに大きな改革ができるのだから、そうした先例を学び、取り込んでゆかねばならない。

●長期化へ向けて

あらためて述べるが、一保は、長期滞在を前提とすべきである。

長期滞在のためには、ぜひ個室を導入してほしい。子どもには、家庭に近い環境が望ましいし、個々の権利を保障することにもなるだろう。

個室などのハード面だけではなく、管理や規則にも注目しなくてはならな

い。ルールで縛るよりも、トラウマインフォームドケアや心理的安全性など
の学術的知見を取り入れた運営システムが必要だ。すでに、外出できたり、
通学、部活、買い物など、普段と変わらない日常生活ができる保護所が増え
てきている。

　またもう一つ、長期化に向けて必要なのは、職員の心理安全の確保だ。現
在、国も保護所の職員定員等の基準を新たに作成している段階だが、職員数
も今後増えることになるだろう。増員した職員の配置も含め、より働きやす
く安心できる職場づくりを、専門家と協働して設計する必要があるだろう。

●不必要なルールや規則をなくす

　「紙は自由に使わせない、渡したらすぐ回収する、なくしたら見つかるま
で探させる」。かつてはこのような規則のある保護所が多かった。理由を調
べると様々であったが、一例を挙げれば、「紙を使って子ども同士で連絡し、
保護解除後に何か事件が起こったら責任が取れない」というのがあった。

　一方、専門家を入れてルールを変更した保護所もある。紙は自由に使え、
居室（個室）で絵を描いたり、勉強に使ったりしている。

　この違いは何か？　職員としての業務領域の理解の差である。職務＝職権
（ルール作り）＝職責の範囲をどこまでと考えるのか、大きな差があるのだ。

　心理安全性の最新の理論からも明らかだが、仮に職員に「してはいけない
こと」の説明が職務としてあるなら、それを説明した時点で、責任は果たさ
れているのである。説明された子どもたちが、退所後に住所交換などしてど
こで会い、何をするかは、その職務の範囲外のことだ。ところがその範囲外
のところまで、責任を負うかのように誤解されているのが、上記の例だ。

　責任を果たそうと懸命になるのは判るが、そのために職務の範囲を超えて
ルールを作り、ルールを作れば作るほど、それが理不尽になり、その理不尽
さの責任はまた作成した側の責任として戻ってくる。ルールが破られると、
さらに強化したルールが作られるわけだ。

　「なぜ退所後の責任まで負わねばならないのか」という話し合いをもとに、
ルールを簡潔にした自治体もある。ルールの作成と厳守は、実は職員に大き
な負担になっているのだ。何が不必要なルールなのか、各自治体は専門家を

交えて、再考した方がよいだろう。

実現するためにどうすればいいか?

●第三者評価の利用

　本書では既に、第三者評価について述べている。第三者評価とは、他自治体等の事例や学術を知る専門家がともに改善点を検討するもので、そうした点で、監査や査察とは異なる。

　先に「行政の課題」として、重大事例における第三者評価委員選出の課題を述べたが、もちろんそうした悪例とは別に、まっとうな委員からなる機関もある。国の児相／一保の評価委員をベースに、児相出身者や勤務者が集まってできた J-Oschis（ジェイオスチス）など、専門性や中立性を理念として掲げる第三者評価機関も設立された。それらは、「また次も受注したいがための行政側に心地よい評価ではなく、たとえ行政に嫌われても（もう受注できなくても）、正当な評価をして運営していけるシステム」を目指して活動している。

　そうした評価機関では、自治体とやりとりしてその地域の実情や制度を踏まえ、ミクロ（職員）、メゾ（児相や社会的養護）、マクロ（本庁、国）等、社会福祉の各領域における改善点を含め、評価をしている。大いに利用すべきである。

　第三者評価は原則として公開が前提だ。評価結果は、広く住民（有権者）に開示され、その代表である議会や行政に改革を促すためのものだからだ。よって、該当自治体の議会、あるいは委員会や首長の発言などに、評価結果が反映され、採用されてゆくのが、あるべき姿だ。うまく進めば、改善策の採択や予算の執行まで進むことになるし、ほとんどの自治体はそうなっている。

　第三者評価は定期的に行われるので、二度目以降の評価では、当然ながらこれら議会や行政の記録も評価対象になる。それらで評価結果がどの程度言及されたか、それによって、前回からの改善度／達成度があらたに評価され

るのである。そしてもうすでに、そうした調査に AI が使われるようになっている。

●研究者の利用

　児福審や検証委員会において、研究者は重要な存在である。ただし彼らの発言は、「○○すべきだ」という提言で終わるのではなく、「具体的にどうすればよいのか？」まで踏み込んだものであるべきだ。さもないと、何人研究者を並べても、報告書は形骸化する。

　現場児相の所長さえ悩むような、「行き場もなく、トラウマの酷い子どもをどうするか」といった問題では、専門家の出番だろう。例えば死亡事例が発生したとき、その発生時期の業務量、保護所のリソースなどを丹念に調べ上げ、児相ができたこと／できないことを客観的に把握し、実現可能な抜本的施策案を提示することは、死亡検証委員の力に掛かっている。そして研究者は、報告書を出して批判すれば終わりではない。その報告書が活用されなかったり現場や子どもの環境が改善されなければ、研究者として敗北である。そうならないためには、ずっとその自治体の良きアドバイザーとなり、ともに歩んでいく姿勢が必要で、現場や行政との対立ではなく、心理安全性に基づく、行政を凌駕した知識が求められる。

　行政側にも、ともに改革可能な研究者を選択し、ともに改善策を見いだすという姿勢が大切だ。大きな事件が起こったときなど、メディアでは往々にして、現場にしてみれば理不尽な責任追及が報道される。そんな際にも、「決定は児相がしたが、研究者の助言も受けて十分検討した結果の選択だ」と、最善の手段を取ったことを広く知ってもらわねばならない。そして現場のみならず、一般の住民を含めた誰もが納得できるよう、エビデンス、リスク評価、科学的見地を合理的に提示しなければならない。そのためにも、研究者の参加は重要である。

　もう一つ、研究者の利用で付け加えたいのが、ユーザー（保護所利用経験者）による評価を研究対象に入れてもらいたいことだ。

　第三者評価と同様に、利用者による評価は重要である。筆者も一保を経験した方々の評価研究をしているが、厳しい指導をした一保職員と、入手可能

な自治体の職員名簿等を分析して、自立支援施設から一保に直接異動する方がトラブルを起こしがちということを突き止めた。その結果を受けて、具体的な人事異動の変更やトラウマインフォームドケア等の研修の充実を主張している。この分析結果は、ユーザーの声に依るところが大きかった。利用者の声を聞くことにより、新たな知見が生まれ、より具体的な改善策を見つかることができる。それも研究者との協働の利点である。

● 一保情報の外部発信

　ここ数年、かつて閉鎖的管理的な一保の改革が進んでいる。外部委員会の評価もその一因だが、それに加えて、若手職員の活動も改革の原動力であろう。

　現場では職員の意識が変わり、かつてはほとんど学会や研究会に出席しなかった自治体（情報収集を禁止されていたようである）が、積極的に参加する姿が見られる。外部と接触すれば、情報交換もあり、ごく自然に外部へ情報発信することにもなる。

　一方、社会的養護を経験した人のなかで、その経験で同情を誘い何らかの地位や金銭を得ようとするいわゆる「プロ当事者」がいることもまた、事実である。

　メディアに向かって、「一保が酷い」「少年院／鑑別所より酷い」「話もできない」「トイレにも許可が必要」「一保は退屈……」などと発言し、その情報はたちまちネット記事となり、SNSで拡散される。しかしそれらが元当事者（成人しており、すでに社会的養護の当事者ではない）の入っていた何年も前（たいていは10年以上も前）の情報である。

　ところが情報の受け手は、現在もそのような状態が続いていると思い込む。それで実親や子どもに躊躇を生む事例が増えている。

　なかには、以前はたしかに酷かった一保ながら、文字通り現場の血の滲むような努力の結果、いまや「ここにいてよかった、ここにまた来たい」と言われるまでに至った例もあるのだ。それを踏みにじるようなメディアの扱いも問題だが、一保側も、自らの改革の結果やその効果をどんどん公開すべきである。情報をアップデートしてゆくことで、地域も親も子も安心するし、

またそれが良い職場として職員採用にもプラスに働くだろう。

●徹底的な効率化

　これから職員確保も難しくなり、入所する子どもは多様化して複雑な課題を抱えるなか、一保に必要なものは、徹底的な効率化である。既述の事務職員導入による事務作業の減少もその一つだが、プロである職員がより子どもの関わりに集中できる時間を作るには、最新のデータサイエンス領域、特にテクノロジーの技術の導入が求められるだろう。

　例えば：

　・死角などの安全確認
　・子どもが不安を抱えていそうな状態の把握
　・職員や子ども同士のトラブルが起こりそうな前兆の把握
　・職員や子どものメンタルヘルスの把握
　・言葉に出ない子どもの思いや気持ちの可視化

これらは、すでに最新の技術によって、実現可能となっている。

　危険察知や防犯等を職員が行うのではなく、AIを含めたテクノロジーが24時間体制でカバーする。その分職員は余裕が生まれ、子どもにも豊かな対応ができるようになる。こうした体制整備が必要だ。

　子どもの特性や習熟度に合ったカリキュラムを提供したり、認知行動療法や子どものメンタルな回復も、AIによるシステムが開発されつつある。一保こそ、そうした最先端のテクノロジーを導入して、職員は子どものケアワークに専念できるようにすべきだ。

4……おわりに

　これら処方箋を実行するには、国の協力が必須である。しかし国には、個々の現場をよく理解できない。

　例えば保護所の改築に、国は補助金を出す。対象になるのは、一定の入所率以上の保護所だ。当たり前のように思えるが、しかし現場はどうか。入所率の高い保護所の自治体で意識の高いところは、子どもの権利擁護が守られ

ないために、一時保護委託などの整備を進めて、入所率を下げてきたのである。こうした「頑張った」自治体が、国の補助金の対象外になってしまうのが現実だ。

　他にもある。現行のシステムでは、子どもの問題が児相や保護所に負わされ、医療も司法もひっくるめて児相任せになってしまう。現場では、一保の入所児童の約4割は、福祉で見ることが適切ではない医療や司法で対応すべき子どもと見られているのだ。これは明らかに政治の責任だ。

　こうしたチグハグさは、予算や人員を増やしただけでは解決できない。現場を理解するといっても、単に「情報共有」すれば済むものでもない。「情報共有」とは一見してよいことに思えるが、最近の学術的知見によれば、この「情報共有」というキャッチコピーこそ、その児相に全責任を負わせる魔法の言葉となっているのだ。大切なのは「情報共有」のその先で、いまここで一つキーワードを挙げれば、「役割分担」だろう。人数も足りず、予算も少なく、働く者がステップの一つにしか考えず、小賢しい「知識人」が小銭稼ぎのネタにくっ付いて回る。そんな現場の焦眉の急は、それぞれが誇りを持った「役割分担」の確立ある。子どもは社会の宝であり、その子どもを社会で育むのに必要なのは、みながその役割を一つずつ受け持つことである。

　こうした現状の責任は、政治にある。国はその役割を、しっかり受け持たねばならない。現場の悩みや苦しみは、専門家が責任を持って言語化しなければならない。委員に選出された研究者は、研究成果によって改革へと邁進していかねばならない――そうしたそれぞれの役割の積み重ねから、社会を変えていかねばならない。何かことあれば、すぐに児相／一保の責任を糾弾するような社会から、現場のそれぞれの役職で、社会のそれぞれのポジションで、個々人がどうやって子どものための役割を受け持てるのか、それを考えるような社会にしていかねばならない。

　よりよい社会のために、現場と研究者が協働し、大きな一時保護改革が起こることを、次世代には強く期待したい。

［和田一郎］

第11章
子どもたちにとって
より良い一時保護所とは

1……はじめに

　「当事者研究」という言葉を目にする機会が増えている。これは何らかの身体・知的・精神障害を有する者／アスリート等の特殊な競技者等が研究に参画した上で、社会や競技生活における自らの心身が直面する不調に注目し、医療や発達心理、教育等の研究者との協働を通じて不調発生のメカニズムの解明やよりよい環境の構築を目指す取り組みである（綾屋他、2018）。貧困や児童虐待の現場から保護される子どもたち、そして感情労働ともされる児相や児童養護施設の職員による当事者研究の創出が期待されるが、前者は発育発達という過渡期にある子どもたちの不安定な状況や苦境にある親との関係性、後者は失敗が許されない職場に求められる高信頼組織や職員の心理的安全性といった課題があると考えられる。

　私は、弟と共に広島県下の貧しい母子家庭に育ち、1970年代後半にある事件で母が死亡した後に児相に一時保護された後、1980年代後半まで広島県と大阪府下にある児童養護施設で生活した。当時としてはごく少数であるが、高校卒業と同時に措置解除された後は学資支援を得た上で大学に進学、在学中は児童養護施設や重度心身障害児一時預かり施設、養護／特別養護老人ホームに非常勤職員として勤務した。大学卒業後は先端光デバイスの研究開発に従事、研究実務と同マネジメント（MOT：Management of Technology）を経験した後、現在は技術営業に従事している。これから述べる元当事者である私の子ども時代の回想、そしてMOTをフックとして考えたことが、児

童福祉の最前線にいる皆様のヒントになれば幸いである。

2……子ども時代の回想

　母や弟と暮らした子ども時代の断片的な記憶の中に「二階建てベッドが並ぶ飯場」「アパートの共同浴場」「弟と二人で食べた鍋」がある。両親が離婚する前、父が働いていた工事現場に併設する飯場に暮らし、小学校入学前にアパートに移り住んだ。離婚後、母は市内にある歓楽街にある店で働き、夜になると三歳下の幼い弟と二人で過ごした。生活は困窮を極め、電気や電話が頻繁に止められたこと、鍋に浮かぶゴキブリを取り除きながら弟と二人でおでんを食べた記憶がある。小学3年生だった冬の日、母がある事件により私たち兄弟の目前で亡くなり、混乱の中で一保に保護された。写真アルバム等の当時の生活に関する記録は全く残っていない。

　一保では別の入所者を通じて水ぼうそうに感染、これが原因で滞在期間が2週間に延びた。寝込んでいる最中、私が風邪にかかると母がよく作ってくれた片栗粉が入った甘いくず湯が食べたいとお願いすると、職員たちがこれの予算について相談する場面を目にし、後に食堂の調理スタッフが自費で材料を提供してくれたと知った。

　広島県下にある児童養護施設に約2年半に渡り生活した後、母の遠縁が暮らす大阪府下にある児童養護施設に措置変更された。私が中学生だった1980年代前半は、施設から高校への進学率は50%以下であり、ほとんどの男子は中卒で鉄筋工や建設業の仕事、女子は美容師や准看護師養成所を併設する病院に住み込みで就職した。当時の施設では学習塾に通うことはできず、施設外に暮らす同級生たちが高校進学に向けて準備していることも知らなかった。その頃に施設に来られた新卒の指導員は私に高校に進学することを熱心に勧め、施設の近所にお住まいだった数学教員OGを学習ボランティアとして迎えた上で受験勉強に取り組むことになった。高校受験を通じて学校の成績や模擬試験の結果に一喜一憂してくれる人がいたこと、成績向上の手応えが受験勉強を続けるモチベーションとなった。

進学した工業高校では、1年生の時期から継続的に職業指導が実施され、多くの卒業生が就職する家電メーカーや電力会社に関する情報に接し、疑うことなく同社の技術者と施設を出た後の自らの将来像を重ねていた。当時の施設には非常勤職員として出入りする福祉系の大学生たちがおり、彼らが私たちに話すキャンパスライフやサークル活動、アルバイトの様子、国内外に旅行した話題が魅力的であり、ぼんやりと大学に進学して工業高校の教員を目指すことを考えていた。

　高校3年生になると、大学の受験勉強と並行して、指導員や施設長と奨学金や施設を出た後の生活について相談を進め、浪人できないことから大学入試と国家公務員採用試験を並行して受験した。大学の工学部に進学した後は、専門科目と並行して履修した一般教養や教職課程において哲学や法学、社会規範について学んだ。大学卒業時は工学系の研究者を志し、通信企業に就職して研究職に従事した。

　二か所の児童養護施設で育った私には、規則正しい生活習慣と学校生活における小さな成功体験の積み重ね、そして児相や児童養護施設の職員、施設に出入りする大学生や学習ボランティア、学資を支援してくれた方々、各学校の教員との出会いがあった。施設における生活には、戻ることのない家庭から離れて暮らすことに起因する不全感を何かで置き換える働きはなく、施設にいる職員や子どもたちには保護に至る経緯や施設の暮らしについて好奇の目にさらされない安心感があった。いずれの成長機会、そして出会いは私の財産である。

3……MOT から考えること

「出会い」のマネジメント

　出会いは偶発的なものとされるが、MOT ではこれのマネジメントを志向し、「計画的偶発性」という言葉で表現する。現代のネット社会の基盤となる半導体やレーザ、光ファイバなどを生み出し、7つのノーベル賞を受賞し

たベル研究所は、異分野の研究者の出会いを「イノベーションの種」と尊重したことで知られる。この思想は研究所の建物レイアウトにも反映されており、事務用オフィスと実験室、カフェテリアが長い廊下を隔てた場所に設置され、人々がすれ違うことを強要される長い廊下で研究者が立ち話することを狙うものであった（ガートナー、2013）。いくつかの研究機関では、新人研修メニューとして隣接分野の他研究部に数か月間移籍したり、メンターを他分野の研究者から選定するなどの施策がある。

　子どもたちの人生において、一保に保護される期間はごく短期間であるが、これを出会いの場とすることが望まれる。ここに示す出会いの対象は、職員を通じて得られる「医療・教育・心理・発達・社会学の知恵」を含め、これらが子どもたち自身を守り、よりよい人生の選択を行うための財産となる。子どもたちのみならず、職員の成長をもたらす、自治体や専門領域を横断する出会いのマネジメントにも期待したい。

職場に求心力を持たせるマネジメント

　児相に勤務する職員が高ストレス環境下で過重労働を強いられる状況を反映し、児相の職員を志望する若者が減り、自治体によっては採用定員を大幅に下回るケースもあるとの報道を目にする機会が増えた[1]。一方、児童虐待防止の最前線に立つ職務の社会的意義の高さは誰もが認めるところである。一保の職員との出会いが子どもたちの将来に影響を与えることを鑑みると、一保には優秀な人材に求心力を持たせるマネジメントが必要となる。

　先端企業では人材獲得競争が続き、GAFA（Google、Apple、Facebook、Amazon）は高額報酬を提示して優秀な人材を集めることで知られる。桁外れの資金力を有する GAFA に対して報酬額で優位性を示すことが難しい一方、いくつかの企業では優秀な人材の求心力となり得る条件を提示する。

---

1)　例えば、「児童相談所 来春採用 2 職種で 2 年連続定員割れ 千葉県（NHK News Web）」https://www3.nhk.or.jp/lnews/chiba/20221004/1080019119.html（閲覧日：2023 年 1 月 28 日）

一つ目の例は「高度なディスカッションができ、自らの成長が期待できる環境」である。多くの先端企業ではスター研究者（Kelley and Caplan、1993）を前面に出し、学生たちに専門家としての成長をもたらす研究者との高度なディスカッションができる環境であることをアピールする。各企業が論文や学会発表、大学における講義を行う目的には学生との接点形成を含み、製品の背景に存在する、高度な技術の存在を世間にイメージさせるブランディングが目的の一つとなる。児相においては苦境にある子どもやその家族の再生という支援活動をアピールすることに加え、新卒の学生を一人前の専門職とする育成環境、各専門職の活動の背景にある高度な支援技術の存在をイメージさせることが優秀な人材の求心力になると考える。

　二つ目の例は「学位取得を奨励」する施策である。国内のいくつかの企業では社員の修士や博士号取得を支援する動きがあり、大学院進学にかかる入学金や授業料などの学費負担から、社会人入試に際して推薦状を発行するなど、働きながら学位取得を目指す社員をバックアップする（月刊先端教育編集部、2022）。これら施策は就職を機に学位取得を諦める優秀な学生の注目を集め、報酬以外の求心力として期待されている。児相に限らず、児童福祉施設の職員の課題にキャリアパスの乏しさが指摘されて久しいが、児相の職員を続けながら学位が取得できることが優秀な新卒者の求心力となりうる。児相の勤務を通じて培われる専門性を、学術論文としてまとめられるパスの形成が効果的と考える。

安心して仕事ができる職場のマネジメント

　2015 年に Google が発表した「心理的安全性が職場のパフォーマンスに与える効果」が注目されている[2]。心理的安全性は「チームのメンバーが、自分の考えを自由に発言したり行動に移したりできる状態」を指す言葉であり、

2) グーグル合同会社「「効果的なチームとは何か」を知る」『Google re：Work』https://rework.withgoogle.com/jp/guides/understanding-team-effectiveness/steps/introduction/（閲覧日：2023年1月28日）

これが高い職場は情報交換が活発になり、人材の定着率が高まるとされる。心理的安全性の議論では職場風土に注目することが多い一方、MOT では業務システムに注目する。通信ネットワークや航空機に代表されるミスが許されない高信頼性組織において、職員が安心して業務遂行できる仕組みの一つが品質マネジメント（QMS：Quality Management System）である[3]。QMS では、マニュアル化により職場から心理的負荷となる不文律をなくし、業務単位の職責を果たす上で必要な権限を明確化、データや情報を分析・評価することで得られる客観的事実に基づく意思決定を原則とする。

　児相や行政に対するバッシングが吹き荒れる中で職員の業務遂行を下支えするのは、IT 技術の活用を通じた業務負荷の軽減やデータ収集の自動化に加え、「意思決定の背後にある裏付け」と考える。通信ネットワークや航空機業界においては、装置を構成する小さな部品の単位で故障率（FIT：Failure In Time）を算出、これの積算を通じて装置全体の故障率や故障発生時の対応策をまとめる。故障モード影響解析（FMEA：Failure Mode and Effects Analysis）や故障の木解析（FTA：Fault Tree Analysis）は、防ぐことができた劣化事故と偶発的な事故を切り分け、故障発生のメカニズムとリスクを可視化し、事故発生時の対応と必要となる保守要員数を算定する基礎データとなる。「これをやっておけば大丈夫」「発生した事故は偶発的である」と言える意思決定の材料を提供することがゴールであり、職場における本質的な心理的安全性を担保する。

　一保の職員が、子どもたちとその家族に安心して対峙するためには、心理や発達、医療や教育の知見に裏付けられた支援に関する意思決定の仕組み作りが必要であり、これが組織の高信頼化と子どもたちの将来を守る職員の心理的安全性を担保するものとなると考える。

3）例えば、中条武志他『ISO 9001：2015（JIS Q 9001：2015）要求事項の解説（Management System ISO SERIES）』日本規格協会（2015）

4……去りゆく一切は比喩にすぎない

アイスホッケーに「ゴーストチェッカー」という言葉がある。これは視界から外れた場所にいる相手チーム選手からの接触を恐れ、不用意なパスを出してしまうプレーである。これを防ぐため、能力の高い選手は自チームと相手チーム選手の位置を常に把握した上で次の動きを予測し、ゴーストチェッカーを作らない。これは苦境の中から保護される子どもたちが対峙することにも当てはまる。自分自身や家族、施設や里親等の養育者との関係性から生じる不全感、そして将来に対する漠然とした不安感といった「ゴーストチェッカー」に対峙するには、子どもたちの心理や発達、医療、そして家族規範を含む社会規範等の社会学に関する知識が力となり、子どもたちが自身の立ち位置、周囲との関係性、そして予測可能性を拡げる力をもたらすと考える。

私が高校生の頃に読んだ寺山修司（1997）の文章で引用していたオスワルト・シュペングラーの言葉「去りゆく一切は、比喩にすぎない」の心境は、苦境の中にあった子どもたちが過去の体験から生じるゴーストチェッカーを克服し、いつまでも去らずに自分にとどまり続けるものを制御できた先にあるのではないか。一保の職員、そして児童福祉に関わる研究者は、子どもたちの前にいるゴーストチェッカーに一緒に立ち向かう存在であって頂きたい。

[山本剛]

引用文献

Robert Kelley and Janet Caplan, (1933) "How Bell Labs Creates Star Performers", *Harvard Business Review*, issue of July-August 1993.

綾屋紗月他（2018）『ソーシャル・マジョリティ研究：コミュニケーション学の共同創造』金子書房

ジョン・ガートナー（2013）『世界の技術を支配する ベル研究所の興亡』文藝春秋社

月刊先端教育編集部「増える社会人博士、企業の博士号取得支援制度」『月刊先端教育』2022年9月号

寺山修司（1977）『ポケットに名言を』角川書店

おわりに

　本書では、児童相談所一時保護所の現在の概要や全国的な傾向を概説してきた。何故いま本書による概説が必要なのか、それは児童虐待の相談件数が増加している現状に対し、児童相談所及びその職員に適切な対応が求められるためである。

　2021（令和3）年度に、全国225か所の児童相談所が対応した児童虐待相談対応件数は過去最多の20万7760件であり、前年度より1.3％（2616件）増加している。相談件数が増加した理由は、社会の多様化にある。面前DV（子どもの前での夫婦げんか）などを含む心理的な虐待の増加、望まない妊娠や若年妊婦の増加、どのように子育てをしたらよいか分からない養育者の増加、家庭の養育力の低下、社会全体で子どもを養育する機能の低下など、虐待が起こりうる要因が複合化し、これまでの知識では対処しかねるケースも見受けられる。また、相談件数の増加は一般市民の協力が浸透してきたことも意味している。もともと児童虐待が疑われる場合の通告は市民の義務であったが、報道などの影響で市民一人ひとりの虐待に対する意識が変わり、かつインターネットの普及で虐待を疑ったときの対応について容易に検索できるようになったことが、件数増加に影響していると考えられる。

　このように児童虐待の問題には様々な要因が関連しているものの、虐待通告により児童相談所が介入した結果一時保護される児童の数は、児童虐待相談件数とともに今後も増加していくものと考えられる。

　そして児童相談所は、件数の増加や背景の複雑化も含めて、児童虐待に関する当事者や個人、関係機関からの通告があった場合、児童の安全を守るために必要な一時保護を速やかに行えるように対応してきた。現在も、児童や

保護者はもちろん、学校、児童福祉施設、病院などの関係機関から、文書や口頭による通告を受け付けている。そして通告を受けた児童相談所は、児童の安全確認や面接を慎重に行っている。安全確認までの時間は通報を受けてから原則48時間と定められており、職員が児童に直接会うことが大前提である。正しく状況を見極め、児童に対して最適な形で支援するためにも、職員は常に学びを深めていく必要がある。

　また安全確認の結果、一時保護となった児童には、新たな問題が浮上する。住み慣れた地域や学校など様々な既存の関係性から引き離されること、短期間とはいえ見知らぬ場所で集団生活を送ること。これらは児童にとって大きなストレスとなる。そのため、特に一時保護所は、児童が安全かつ安心して生活できる場を確保することはもちろん、児童の心身の状況や置かれている環境を把握する必要がある。

　当面の安全確保だけでなく、将来を考えた学力の維持向上も重要となるため、学習指導員・協力員の配置など、児童の学習条件を向上させる取り組みも一時保護所で行われている。また、一時保護所でも第三者評価を受審するようになったため、行政側が運営や支援の質の状況を把握し、他者の視点が入りにくかった一時保護所の支援の質について、客観的な視点で捉え直すことができるようになった。そのため、よい点をさらに伸ばし、状況を把握しながら運営改善に繋げていく仕組みができあがりつつある。加えて、本書で紹介したような、ハード面の改善、教育権やアドボカシーの保障、人材育成など、先進的な取り組みも積極的に行われるようになってきている。

　本書は、上記のような一時保護所の現在の概要を概説した上で、全国の状況や、先進的な取り組みをしている中核市や特別区が設置した一時保護所の事例についても取り上げている。個別的な支援の実践や児童のための日課、権利擁護の取り組み、所内外の機関との連携、人材育成、多様な一時保護機能の展開（一時保護委託先の確保や一時保護里親などの活用）など、新たな視点に基づいた取り組みも始まっているため、ぜひ本書を通じて知見を深めて頂きたく思う。

　今後は、各地で新たな児童相談所一時保護所の開設が予定されている。そ

のような新規保護所こそ、「一時保護ガイドライン」を最低基準とし、それを上回る水準の支援ができる場所でなくてはならない。

　それを可能にするために必要なのは、職員の正しい対応である。まずは、一時保護所に入所することになった児童の感情を深く興味を持って想像し、どうしたら楽しい・幸せだと思ってもらえるのか、どのようにすれば児童の福祉が向上するのかなど、様々な試行錯誤を繰り返しながら、そこで生活する児童や働く職員の声から逆算した新たな一時保護所の可能性を創造していく必要がある。本書には、そのヒントがたくさん詰まっている。一時保護所の職員だけではなく、関係する機関の皆様にもお手に取って頂き、日々の実践に役立てて頂ければ望外である。

鈴木勲

執筆者紹介 ［執筆順］⚫は編者

●**和田一郎**（わだ・いちろう）　　　　　　　　　＊はじめに、第10章

編者紹介欄を参照。

●**鈴木勲**（すずき・いさお）　　　　　　　＊第1章、第6章、第9章、おわりに

編者紹介欄を参照。

安部計彦（あべ・かずひこ）　　　　　　　　　　＊第2章、第5章

西南学院大学教授。博士（社会福祉学）。22年間北九州市児童相談所に勤務。現在は児童相談所・一時保護所の第三者評価を行う一般社団法人の代表理事。主な著書として編著『一時保護所の子どもと支援』（明石書店、2009）など

茂木健司（もてぎ・けんじ）　　　　　　　　＊第3章、第4章、第5章

埼玉県の児童相談所で児童福祉司、児童指導員、各部門のSVなど32年間従事後、大学教員を経て江戸川区一時保護課長。厚生労働省「子ども子育て支援推進調査研究事業」の共同研究者、検討委員に数多く参加してきた。

阪東美智子（ばんどう・みちこ）　　　　　　　　　　　＊第4章

国立保健医療科学院生活環境研究部上席主任研究官。博士（工学）。専門分野は住宅問題・福祉住環境。『児童相談所一時保護所の子どもと支援』（共著、明石書店、2016年）、『これからの住まいとまち』（共著、朝倉書店、2014年）など。

仙田考（せんだ・こう）　　　　　　　　　　　　　　＊第6章

田園調布学園大学大学院准教授、国際校庭園庭連合日本支部代表、PhD。専門分野は子ども環境、保育内容環境、生活科、自然保育、園庭・校庭環境等。環境デザイン研究所、鶴見大学短期大学部准教授を経て、2021年より現職。

太田研（おおた・けん）　　　　　　　　　　　　　　＊第6章

山梨県立大学人間福祉学部 准教授。専門は臨床発達心理学、応用行動分析学。知的・発達障害児を包摂した共生社会の推進のために、公認心理師、臨床発達心理士として、コンサルテーションを通して専門職の職能発達に携わる。

坪井節子（つぼい・せつこ）　　　　　　　　　　　　＊第7章

弁護士。東京弁護士会子どもの人権と少年法に関する特別委員会委員、日弁連子どもの権利委員会委員、東京都児童相談所非常勤弁護士など。2004年から社会福祉法人カリヨン子どもセンター理事長。現在、理事。

神谷万美（かみや・まみ）　　　　　　　　　　　　　＊第8章

中野区児童相談所副所長・一時保護所長（兼務）。2016年度に中野区子ども家庭支援センター所長着任。児童相談所設置準備担当兼務、東京都杉並児童相談所派遣を経て、2022年4月児童相談所設置に伴い現職となる。

秋末珠実（あきすえ・たまみ）　　　　　　　　　　　＊第9章

1999年、明石市役所入庁。保健師。母子保健、要保護児童対策地域協議会の調整機関として児童虐待対応に従事、児童相談所準備担当業務では、関係機関との連携強化や里親推進業務に携わり、2019年から明石こどもセンター副所長。

水野賢一（みずの・けんいち）＊第9章

1993年、明石市役所入庁。2015年から2018年まで要保護児童対策地域協議会の調整機関で児童虐待防止業務に従事。2019年から明石こどもセンターこども保護課長として一時保護所の運営に従事。現在、副所長。

木野内由美子（きのうち・ゆみこ）＊第9章

江戸川区児童相談所心理担当係長。千葉県市川児童相談所心理判定員、児童養護施設心理療法担当職員、船橋市役所心理職、江戸川区子ども家庭支援センター心理係長を経て2020年より現職。ちば子ども虐待防止研究会事務局長。児童心理司、臨床発達心理士。

小積律子（こづみ・りつこ）＊第9章

堺市子ども相談所一時保護所長。堺市に心理職として入庁後、2006年の開設時から子ども相談所勤務。児童心理司、一時保護所心理療法担当職員などを経て、2017年より現職。公認心理師・臨床心理士。

馬場貴孝（ばば・よしのり）＊第9章

相模原市児童相談所養護課長。社会福祉士、公認心理師。国立秩父学園養成所卒業後、神奈川県に入庁。障がい児入所施設、児童自立支援施設、児童相談所の勤務を経て、2010年より相模原市に入庁し、現在に至る。

山本剛（やまもと・つよし）＊第11章

1968年大阪府出身。NTTの研究職を経て、現在は同関連企業に勤務。1998 〜 99年マギル大学客員研究員、Microoptics Conference（MOC）2003/2009論文賞他。母子家庭に育ち、9歳の時に母と死別後は児童養護施設で生活。高卒後は児童養護施設や重度心身障児施設等の職員として勤務しながら大学に進学。

編著者紹介

和田一郎（わだ・いちろう）

学習院大学理学部卒業後、茨城県入庁（行政事務）。在職中に筑波大学にて修士（環境科学）及び博士（ヒューマン・ケア科学）取得後、日本子ども家庭総合研究所にて一時保護等の研究をおこなう。子ども総研が事業仕分けにより廃止になったため大学へ転じ、現在は獨協大学国際教養学部教授（数理データサイエンス領域）。専門は政策評価、行政DX、こども論。

鈴木勲（すずき・いさお）

名寄市立大学保健福祉学部社会保育学科准教授。自治体の福祉職として、障害児支援施設等で勤務の後、児童相談所で児童福祉司や一時保護所の児童指導員として勤務する。その後、新島学園短期大学コミュニティ子ども学科、公立大学法人会津大学短期大学部幼児教育学科を経て2022年4月より現職。社会福祉士、保育士。共著に『子どものための児童相談所——児童虐待と子どもへの政治の無関心を超えて』（自治体研究者、2021）、論文に「児童相談所一時保護所の人材育成に関する基礎的研究」（社会保育実践研究第7巻、2023）などがある。専門は社会的養護、子ども家庭福祉。

児童相談所一時保護所の子どもと支援【第2版】
ガイドライン・第三者評価・権利擁護など多様な視点から子どもを守る

2023年9月30日　初版第1刷発行

編著者	和　田　一　郎
	鈴　木　　　勲
発行者	大　江　道　雅
発行所	株式会社　明石書店

〒101-0021 東京都千代田区外神田6-9-5
電　話　03 (5818) 1171
ＦＡＸ　03 (5818) 1174
振　替　00100-7-24505
https://www.akashi.co.jp

装幀	明石書店デザイン室
編集／組版	有限会社 閏月社
印刷／製本	モリモト印刷株式会社

（定価はカバーに表示してあります）　　　　　　　ISBN978-4-7503-5651-8